어쩌다 보니,
SNS마케팅으로
월 1,000을
버는 사람이
되어버렸다!

어쩌다 보니, SNS마케팅으로 월 1,000을 버는 사람이 되어버렸다!

2nd Edition

2023년 6월 21일 개정판 1쇄 인쇄
2024년 2월 21일 개정판 2쇄 발행

지은이 | 정현주
펴낸이 | 이종춘
펴낸곳 | (주)첨단

주소 | 서울시 마포구 양화로 127 (서교동) 첨단빌딩 3층
전화 | 02-338-9151
팩스 | 02-338-9155
인터넷 홈페이지 | www.goldenowl.co.kr
출판등록 | 2000년 2월 15일 제2000-000035호

본부장 | 홍종훈
편집 | 주경숙
디자인 | 조수빈
전략마케팅 | 구본철, 차정욱, 오영일, 나진호, 강호묵
제작 | 김유석
경영지원 | 이금선, 최미숙

ISBN 978-89-6030-617-2 13320

• BM 황금부엉이는 (주)첨단의 단행본 출판 브랜드입니다.

황금부엉이에서 출간하고 싶은 원고가 있으신가요? 생각해보신 책의 제목(가제), 내용에 대한 소개, 간단한 자기소개, 연락처를 book@goldenowl.co.kr 메일로 보내주세요. 집필하신 원고가 있다면 원고의 일부 또는 전체를 함께 보내주시면 더욱 좋습니다. 책의 집필이 아닌 기획안을 제안해주셔도 좋습니다. 보내주신 분이 저 자신이라는 마음으로 정성을 다해 검토하겠습니다.

2nd Edition

돈독이 더 올라서 돌아온

어쩌다 보니,
SNS마케팅으로
월 1,000을
버는 사람이
되어버렸다!

유튜브, 인스타그램, 블로그로 돈 벌기

정현주 지음

BM 황금부엉이

머리말

안녕하세요? '어쩌다 보니' 개정판까지 내게 된 정현주 저자입니다. 2019년에 초판을 내고 5년 만에 전면 개정판으로 다시 만나게 되었습니다. 독자들의 꾸준한 선택 덕분에 개정판을 내는 영광을 얻게 되었습니다. 진심으로 감사드립니다.

사실 초판을 낼 때는 SNS 마케팅으로 돈을 벌 수 있다는 걸 알리고 싶다는 의지뿐이었습니다. 특히, 저처럼 경력단절로 고생하고 있을 이 세상 엄마들에게 도움이 되고 싶었습니다. 저 또한 SNS 마케팅으로 경력단절을 이겨내고, 두 아이를 건강하게 키우며 지금까지 현업에서 뛰고 있으니까요. 새로운 가능성을 보여주고 싶다는 제 바람이 이뤄진 것 같아 매우 기쁩니다.

이번 개정판에서 가장 중점을 둔 부분은 '더 쉬워져야 한다'는 것이었습니다. 그러면서도 꼭 알아야 할 것들을 빠짐없이 챙겨 넣었습니다. 처음엔 그저 막막한 초보자였더라도, 책을 읽은 후엔 초보자 딱지를 확실히 뗄 수 있도록 말이죠. 쉽게 읽을 수 있지만, 확실히 실력이 늘 수 있을 만큼 꼼꼼해야 한다, 이 어려운 두 가지 목표가 많은 분의 수고와 도움으로 이어졌습니다.

지금과 5년 전의 SNS 시장을 비교하면, 풍선이 열기구가 된 것만큼 크게 팽창했다는 생각이 듭니다. SNS 시장은 초기, 중기를 지나 이제 완성기에 접어들고 있는 것 같습니다. 그 정도로 많은 사람이 시장에 들어왔고, 거대한 마케팅 비용이 쏟아지고 있습니다. 이제 SNS를 몰랐던 기업들도 최우선으로 SNS 마케팅을 고려하니까요. 그만큼 많은 사람이 시간과 물자를 투자하며 SNS 크리에이터가 되기 위해 노력하고 있기도 하지요.

이렇게 경쟁이 치열한 시장에서, 이제 막 시장에 들어오는 여러분이 살아남는 방법은 무엇일까요? 여러분만의 장점을 찾아내고 그것을 콘텐츠로 만들어 내는 것입니다. 그러기 위해선 시장을 꿰뚫는 기획력이 가장 중요합니다. 유저가 원하는 콘텐츠가 무엇인지를 찾아내고, 효과적으로 만들어서 제공하는 기획력만이 답입니다.

그래서 여러분이 이 책에서 얻어야 하는 것은 콘텐츠 기획 방법과 SNS 채널별 기능 학습입니다. 기능 부분은 이 책으로 어느 정도 해결할 수 있습니다. 콘텐츠는 이 책을 기반으로 열심히 연구해서 나만의 것을 찾아내야 합니다. 그다음엔 꾸준히 운영하세요. 나만의 콘텐츠와 꾸준함, 커뮤니케이션 능력이 있다면, 여러분을 응원하고 호응하는 충성심 깊은 팔로워들을 만나게 될 것입니다. 이후엔 탄탄한 단골층을 바탕으로 다양한 플랫폼에서 수익을 낼 수 있습니다.

개정판이라 만만하게 생각했다가 큰코다쳤습니다. 고백하건대 초판보다 훨씬 더 많은 고민과 시간이 필요했습니다. 무려 5년 동안 참고 기다려 준 황금부엉이 출판사에 깊은 감사를 보냅니다. 믿고 지원해 준 출판사가 있어서 충분히 준비할 수 있었습니다. 일을 계속하면서 책을 써야 했기에 집에선 빵점짜리 아내이자 엄마였습니다. 깊은 이해심으로 제 몫까지 집안을 돌봐준 이병호 님, 귀여운 캐릭터를 그려주고 지칠 때마다 힘이 돼준 이세연 양, 스스로 자기 일을 잘해준 이승기 군에게 지면으로나마 사랑한다고 전해 봅니다. 응원을 아끼지 않은 직장 동료들, 뜬금없는 부탁에 선뜻 손을 보태준 업계 지인들을 빼놓을 수 없습니다. 모두 감사합니다.

정현주

초보 SNS 마케터가
이 책으로 성공하는 방법

내 채널 주제 정하기

기획의 시작은 분위기 파악이죠. SNS 업계 특성을 이해하고, 어떤 주제로 내 채널을 만들 것인지를 정합니다.

STEP 01

내 채널 만들고 성실하게 관리하기

처음에는 블로그를 권합니다. 틀려도 수정하기 쉽고, 원하는 내용을 마음껏 다룰 수 있는 데다가 사람들과 소통하기도 쉬우니까요. 그다음은 인스타그램 채널을 만들어 매체의 특성을 느껴보세요. 그렇게 유저들과의 소통에 어느 정도 자신이 붙으면 유튜브에 도전해도 좋습니다.

STEP 02

이 책을 천천히 제대로 따라해 보세요.
시장 분석과 콘텐츠 기획 방법, 내 채널을 만드는 기술,
구독자수를 늘려 수익에 이르는 길까지를 모두 안내합니다.
반드시 알아야 할 것과 피해야 할 것은 여기서 다 챙길 수 있으니
여러분의 소중한 시간은 좋은 콘텐츠를 만드는 데 집중하면 됩니다.

이미지와 동영상 편집 방법 익히기

채널 콘셉트가 뭐든 사진, 로고 같은 이미지와 영상 편집 방법은 간단히라도 꼭 알아야 합니다. 포토샵과 프리미어가 가장 좋지만, 복잡해서 당장 써먹을 수 있는 쉬운 프로그램들을 다루었습니다. 시작하기에 충분합니다.

STEP 03

내 채널에 맞는 광고 선택하기

진솔하게 소통하다 보면 내 채널을 좋아해 주는 구독자들이 생기고, 수익 창출이 가능한 상태가 됩니다. 돈이 된다고 아무 데나 두드리지 말고 내 채널 특성에 맞는 곳을 찾으세요. 처음에는 수익에 욕심내지 말고 접근하는 게 오래 살아남는 방법입니다.

STEP 04

PART 4
유튜브 – 동영상에 강하다

시장조사 방법
유튜브 수익구조
유튜브 알고리즘
유튜브 레벨
동영상 촬영 장비
첫 동영상 올리기
댓글, 자막, 음원, 예고편 설정
구글 애드센스와 YPP
유튜브 광고 종류와 홍보
채널 분석 활용 방법

PART 5
사진, 로고, 음악, 동영상 다루기

무료 이미지 찾는 방법
무료 음원 찾는 방법
무료 이미지 편집 프로그램 사용하기: 포토
스케이프 X
무료 템플릿 프로그램 사용하기: 미리캔버스
무료 동영상 편집 프로그램 사용하기: 곰믹스
저작권, 사진보정, 모자이크, 말풍선,
아이콘, 필터 효과
프로필 이미지, 워터마크 이미지,
로고, 배경 제거
페이드인/아웃, 화면전환, 자막 편집,
음악 편집, 동영상 필터 효과, 인코딩

PART 6
업계 수익구조에 빠삭해지기

방법 1. 광고 제휴업체와 일하기
방법 2. N잡 플랫폼이랑 일하기
방법 3. 체험단 플랫폼이랑 일하기
방법 4. 광고대행사랑 일하기
채널소개서.pdf

CONTENTS

PART 1. 흔하지만 막막한 SNS 마케팅

PART 2. 블로그 마케팅

PART 3. 인스타그램 마케팅

PART 4. 유튜브 마케팅

PART 5. SNS 마케팅 디자인

동영상 편집하기

PART 6. 그 결과 우리가 원하는 최종 목표, 수익

흔하지만 막막한
SNS 마케팅

흔하디흔한 SNS 마케팅, 막상 내가 하려니 막막하기만 하죠?
뭐가 뭔지 감은 잡아야 길을 떠날 수 있으니까요.
1부에서는 좀 더 편안하게 첫걸음을 내디딜 수 있도록 안내합니다.
내가 원하는 그날을 위해 시작해 볼까요.

SNS로 돈을 번다는 말이
진짜 가능해?

여러분이 자주 사용하는 SNS 채널에는 뭐가 있나요? 블로그, 유튜브, 인스타그램 등일 겁니다. 심심하면 TV 채널 대신 유튜브 쇼츠, 인스타그램 릴스, 틱톡 등 짧고 재밌는 동영상을 보고, 끊임없이 카카오톡을 확인하면서 사람들과 소통하죠.

그뿐인가요? SNS는 이제 심심풀이나 단순한 수다에서 벗어나 취미, 쇼핑, 심지어 직장생활 모습까지도 바꾸었습니다. 화상회의를 하고, 실시간 토론에 참여하고, 뉴스를 보고, 주식과 부동산 정보를 얻고, 음악, 영화, 요리법을 배우고, 휴가지를 정하고, 물건을 사고팝니다. 전 같으면 비싼 비용을 치렀어야 할 전문 정보도 얻을 수 있죠. 그것도 내가 원하는 시간, 원하는 장소에서, 거의 무료로! 이런 여러 요소가 겹쳐 SNS 시장을 키웠습니다.

"SNS는 소셜 네트워킹 서비스(Social Networking Service)의 줄임말로, 온라인상에서 이용자들이 인적 네트워크를 형성할 수 있게 해주는 서비스이다." 네이버 사전을 보면 이런 정의가 나옵니다. '온라인'과 '인적 네트워크'가 핵심인 것 같은데 알 듯 모를 듯하죠? 기존의 TV나 라디오가 하던 역할을 대신한다고 보면 쉽습니다. SNS를 '소셜미디어'라고 부르는 이유 역시 이것입니다.

TV 대 SNS 대결, 승리자는?

시청자 점유 시간으로만 보면 한참 전에 유튜브가 TV를 이겨버렸고, 넷플릭스, 왓챠, 애플TV 등 OTT까지 생기면서 TV는 '구세대의 전유물'이라는 말이 생길 정도입니다. 왜 이렇게까지 되었을까요? TV는 시간대별로 초 단위로 꽉 짜인 순서에 따라 일방적으로 방송됩니다. 그 시간이 아니면 원하는 방송을 보기 어렵죠. 하지만 유튜브나 블로그 같은 SNS 채널은 언제든 내가 원하는 시간에 볼 수 있습니다. 심지어 마음껏 다시 보기도 가능합니다. SNS가 TV보다 선호되는 이유는 바로 이런 '자율성' 때문입니다.

또 다른 이유는 전문화된 콘텐츠, 즉 '전문성'입니다. TV는 각 분야 전문가가 출연해 정보에 대한 신뢰도는 높은 편이지만 제공되는 정보는 한정적입니다. 이에 비해 SNS에는 '전문가 못지않은' 아마추어들이 수도 없이 많습니다. 분야별 전문가나 애호가로 구성된 각각이, 즉 수많은 1인미디어가 공들여 콘텐츠를 만듭니다. 내가 알고 싶은 좁은 분야에 관한 전문성은 TV보다 SNS가 훨씬 낫다는 뜻이죠. 내 취향에 딱 맞는 정보를 SNS 알고리즘이 자동으로 찾아서 내 눈앞에 제공한다는 것도 장점입니다.

SNS의 자율성과 전문성이 TV를 넘어 강력한 미디어로 성장하는 동력이 됐다는 건 알겠는데, 이게 대체 무슨 의미가 있는 걸까요? 자, 생각해 보세요. TV가 생긴 이후 많은 사람이 보기 시작하자 프로그램과 프로그램 사이에 광고가 생겼습니다. 기업들은 그 광고를 통해 제품을 홍보하고 대량으로 팔 수 있게 되었죠. 인터넷이 대중화되고, 모바일 중심 세상이 되면서 지금은 SNS가 자연스럽게 그 자리를 대신하게 된 겁니다. 업계에서는 이전 방식의 광고 효율이 떨어진다는 자각이 생겼고, 그 결과 SNS 채널을 활용한 마케팅이나 광고기법들이 개발되기 시작했습니다. 그때부터 'SNS로 돈을 번다'라는 말이 나오기 시작한 거죠.

이제 기업도 적지 않은 돈을 들여 SNS 마케팅을 효과적으로 이용하고자 노력하는 중입니다. 이 흐름이 우리가 블로그, 유튜브, 인스타그램을 만들어 수익을 낼 수 있는 이유입니다.

SNS 마케팅으로 돈을 버는
구체적인 방법은?

SNS로 돈을 버는 구체적인 방법이 뭘까요? 흔히 SNS 마케팅이라고 하면 내 블로그나 유튜브에 올리는 광고를 떠올리는데, 그 외에도 여러 가지가 있습니다. 온라인이나 오프라인에서 운영 중인 내 가게를 SNS 매체를 통해 홍보하고 손님들과 소통하며 판매로 연결하는 방법도 있죠.

구독자와 팔로워가 어느 정도 늘어도 콘텐츠를 만들고 운영하는 데 들어가는 시간과 노력, 비용에 비하면 예상보다 구독료가 기대에 미치지 못할 때가 많습니다. 모든 시간을 쏟아부어서 일주일 내내 운영하지만 월 100만 원도 못 버는 일이 허다하죠. 그래서 다각적인 수익방안을 마련해야 합니다. 채널을 잘 키워서 구독자와 팔로워가 어느 정도 모이면 소그룹으로 사람을 모아 수강료를 받고 클래스를 열기도 합니다. 특히, 취미나 교육 관련 채널이 그렇습니다. 또는 외부 강의를 나가기도 하고, 아예 내 채널과 관련된 상품을 직접 만들어 판매하거나 기업 협찬을 받아 홍보하는 방법도 있습니다. 전문 SNS 마케터가 되어 기업의 SNS 매체를 대신 운영하기도 하고요. 뭐가 됐든 일단 내 채널을 키워 사람을 모으는 것에서 시작됩니다.

SNS 마케터란 이렇게 SNS 매체를 활용해 마케팅하는 사람을 말합니다. 무엇이든 그렇지만 실제 과정은 만만치 않지요. 많은 SNS 매체 중 어떤 매체를 사용할 것인지, 내 채널의 주제와 특징은 무엇으로 할지, 무엇을 내세울지, 정보의 깊이는 어느 정도로 할지, 주 대상은 누구로 할지, 얼마나 자주 올릴지 등을 선택해 글과 정보를 올리고, 소통하고 수익을 만듭니다. 이런 걸 '마케팅 기획'이라고 부릅니다. 규모의 차이는 있지만 기업이든 개인이든 이 과정은 비슷합니다.

SNS 마케팅은 기획으로 시작해 광고로 이어지고, 수익으로 꽃을 피우는 것이죠. 그래서 SNS 마케팅은 콘텐츠 마케팅과 광고 마케팅의 결합체라고들 말합니다. 당연히 내 채널을 볼 유저가 좋아할 만한 콘텐츠를 제작하는 것이 핵심입니다. 그다음엔 정성껏 만든 콘텐츠가 훨훨 날 수 있도록 눈에 확 띄게 광고하는 것도 필요합니다. 눈에 띄는 콘텐츠를 만들어 만족감을 주고, 사용자들이 내 콘텐츠를 또 보고 싶다면 기꺼이 나의 팔로워가 될 것입니다. 그런 콘텐츠를 기획하고 만들고 홍보하는 사람이 SNS 마케터라고 할 수 있습니다. 이 책에서는 내 가게나 나만의 브랜드, 상품, 채널을 위해 SNS를 기획하고, SNS 매체를 이용해 정보를 올리고, 다양한 SNS 매체를 혼합하여 마케팅하는 방법까지를 안내합니다.

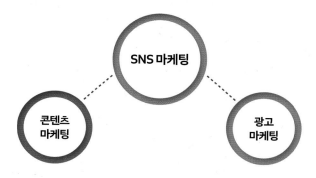

어느 분야나 그렇지만 꾸준한 노력이 필요합니다. 매번 바뀌는 대중들의 선호와 매체의 흐름을 따라가고 연구해야 하기 때문이죠. 매일 콘텐츠를 제작해서 올리려면 당연히 끈기와 인내심도 필수입니다. 감성을 불러일으키고 소비자의 구매욕을 끌어내는 SNS 마케터는 이제 중요한 직업 중 하나가 되었습니다. 직장생활과 병행해서 채널을 운영하다가 직장에 사표를 던지고 전문 유튜버가 되는 사람도 적지 않은 시대니까요.

AI가 발달하고 빅데이터로 소비자 분석이 가능한 4차 산업혁명 시기에도 소비자는 감정에 흔들리고, 콘텐츠에 매료될 것입니다. TV나 라디오 같은 미디어가 점차 더 쇠퇴하면서 개인 중심의 SNS는 점차 더 소비자 일상 속으로 파고들 것이며, 자기 채널이나 기업, 브랜드에 좋은 인상과 수익을 만드는 SNS 마케터의 역할은 점점 더 중요해질 것입니다.

SNS에도 종류가 있다고?

SNS 종류는 생각보다 많습니다. 다 자세히 알 필요는 없지만 특징에 따라 정리했으니 참고하세요. 어떤 것들이 있는지 정도는 알아둬야 나중에 뭔가 특정한 목적이 생겼을 때 어떤 매체를 이용할지 선택할 수 있으니까요. 중요한 매체에는 별표도 딱 붙여놨으니 한 번 더 집중합시다. SNS의 핵심은 뭐다? '빠른 소통!' 그것도 한 명이 아니라 여러 사람을 상대로 효율적으로 소통하는 것이라는 것만 기억하면 됩니다.

오픈형	누구든 내가 올린 사진이나 글을 볼 수 있고, 팔로잉도 자유! 트위터는 테슬라 CEO인 일론 머스크 인수 후 과거의 명성을 회복하고 있으니 주목해 보세요.

트위터　　페이스북　　블로그

폐쇄형	우리끼리만 하는 얘기다! 말 그대로 연락처 등을 바탕으로 아는 사람끼리만 모여 정보나 소식을 공유합니다. 허락받지 않은 사람은 들어올 수 없습니다.

카카오톡　　밴드　　라인　　싸이월드
오픈채팅

사진과 동영상 공유	글보다 쉽다! 말 그대로 사진이나 동영상을 공유합니다. 개인방송 등 1인미디어의 핵심이라 마케팅에 적극적으로 활용합니다.

유튜브　　인스타그램　　틱톡

취미나 관심사 공유	관심 있으면 붙어라! 사진이나 패션 등 취미가 같거나 구직 등 특정한 목적을 가진 사람들이 따로 모여 정보 를 공유합니다.	핀터레스트	링크드인	텀블러

익명성	눈치 보지 않고 속 터지는 얘기 다 하고 싶다! 익명성을 바탕으로 자유롭게 글을 쓰고 공유하고자 만들어졌습 니다. 개인정보 유출 걱정 없이 편하게 떠들 수 있어요.	블라인드	스냅챗	모씨 MOCI	어라운드

카카오톡 오픈채팅 KakaoTalk

카카오톡은 실시간 대화가 주 기능이지만, 큰 범위에선 여론을 만드는 SNS에 속한다
고 볼 수 있어요. 특히, 오픈채팅은 불특정 다수가 하나의 관심 주제에 따라 자유롭게
모이는 특성이 있죠. 마케팅에서는 일시적으로 빠르게 사람들을 모아서 홍보하고 싶
을 때 많이 활용하는 방법입니다. 설정에 따라 패스워드를 요구할 수 있습니다.

핀터레스트 Pinterest

아이디어 모집이 출발점이었는데, 전 세계 그림, 사진, 인포그래픽, 사이트 UI 디자
인 등 디자인과 관련된 사람들이 잔뜩 모여 자기 자료를 공유하는 바람에 보물창고
가 되어버린 곳입니다. 검색 기능을 활용할 수 있는데, 자신이 검색했던 핀이나 좋
아하는 핀을 설정하면 타인들이 올린 블로그, 사진, 포스터, 인포그래픽 등이 추천
됩니다.

링크드인 LinkedIn

인맥관리용 SNS로 직장을 찾거나 내 업무 성과를 홍보하기에 좋습니다. 내 이력과
정보를 업데이트하고 인맥을 만들어 기업이나 헤드헌터에게 어필할 수 있죠. 사회
생활을 통해 알게 된 인맥이나 동종업계 인맥 관리에 유리합니다. 이런 특성 때문에
B2B(Business to Business) 영업을 주로 하는 업체가 많이 활용합니다. 회사의 전
문적인 면을 최대한 돋보이게 해 전문 회사로서 인정받는 것이 중요합니다.

온라인 세상만의 특성이 따로 있다?

온라인 세상에서는 1등만을 기억합니다_
그래서 나만의 독특한 서비스나 분야로 소비자 머릿속에서 1등이 되어야 합니다.

각 SNS 매체를 배우기 전에 꼭 알고 시작해야 할 것 중 하나가 온라인 세상만의 특성입니다. 인터넷으로 연결된 세상을 '온라인', 직접 대면하는 세상을 '오프라인'이라고 구분했을 때 온라인 세상은 유달리 각 분야의 1등이 중요합니다. 상호공존이라기보다는 그 분야 1등이 자산 대부분을 독점하지요.

이해를 위해 우리나라 포털 사이트 석권 과정을 보겠습니다. 처음엔 '야후'가 국민 포털의 자리를 차지했었습니다. 그러다 카페와 메일로 '다음'이 자리를 차지했고, 그 다음엔 검색 기능을 내세운 '네이버'가 지금까지 그 자리를 차지하고 있습니다. 모바일 스마트폰 시대로 넘어오면서 구글이 약진하고 있지만 아직은 네이버가 대한민국 국민이 제일 많이 찾는 포털입니다.

온라인에서는 심리학에서 말하는 '초두효과'가 강력하게 작용합니다. 초두효과란 처음 본 걸 끝까지 기억하는 현상을 말합니다. 사용자는 머릿속에 처음으로 인식된 것을 기억하고 계속 사용하려고 하는 특성이 있는 거죠. 이 현상을 덮을 만한 서비스 우위성이나 독특함이 있다면 다른 초두효과를 불러일으켜 1위 자리가 바뀔 수 있습니다.

소비자는 자신이 좋아하는 채널을 친구라고 믿습니다_
그래서 믿을 수 있는 친구가 될 수 있는 콘텐츠를 제공해야 판매로 이어집니다.

'온라인 마케팅은 심리게임'이라고들 합니다. '사람들 머릿속에 어떻게 어떤 모습으로 자리 잡게 할 것인가? 여러 브랜드 중 상대적으로 내 브랜드는 어떤 위치를 차지할 것인가?'를 계속 고민하고 기획해야 합니다.

비슷한 여러 브랜드 중 나 또는 내가 맡은 기업이나 브랜드를 소비자가 친구로 받아들여야 소비 결정의 순간에 유리하게 작용합니다. 그렇다면 어떤 친구가 되어야 할까요? 생활에 도움을 주는 정보를 제공하는 친구, 즐거움이나 기쁨을 느끼게 해주는 친구, 생각을 깨우치고 함께 공감해 주는 친구, 닮고 싶은 친구, 위로가 되는 친구 등이 있을 겁니다. 소비자에게 어떤 친구가 될 것인지를 결정하고, 반복적으로 인식시키는 거죠.

이런 과정은 개인 블로그나 유튜브에서도 마찬가지입니다. 여러분이 물건을 산다고 가정해 보세요. CF 광고에서 봤던 게 궁금해서 사기도 하고, 필요가 생겼을 때 검색으로 꼼꼼히 살펴보고 사기도 하고, 지인이 좋다고 추천해서 사기도 하죠? 재밌는 것은 요즘엔 믿을 만한 SNS 스타들, 흔히 말하는 셀럽이나 인플루언서들이 사용하거나 추천하는 물건을 사는 사람이 많아졌다는 점입니다.

그 사람의 콘텐츠가 재밌어서 자주 보다 보니 얼굴 한 번 본 적 없는 그 사람이 어느 순간 친근하게 느껴지는 거죠. 이런 시간이 쌓이면 나랑 잘 통하는 친구가 추천하거나 사용하는 제품이라면 믿고 구입할 수 있다는 신뢰 단계로 이어집니다. 일방적인 기업 광고보다 친구의 말 한마디가 구매 결정에 더 중요하다는 건 말할 필요도 없습니다. 그래서 내 채널, 내가 담당하는 브랜드나 기업 매출에 도움이 되려면 소비자에게 친구로 인식되어야 한다고 말하는 것입니다.

온라인 자산 구축엔 콘텐츠 질과 양이 모두 중요합니다_
그래서 사람이 많이 모이는 SNS 채널을 골라 지속적으로 노출해야 합니다.

뜬금없지만 복권 맞을 확률을 높이려면 어떻게 하는 게 좋을까요? 지갑 사정이 허락하는 한 많은 복권을 사는 게 가장 확실하겠죠? 온라인 콘텐츠도 비슷합니다. 많은 사람 눈에 띄려면 콘텐츠를 많이 확산해야 합니다. 사람들 이목을 확 끌 콘텐츠 하나를 만들어서 관심을 집중시킬 수 있다면야 좋겠지만, 이런 경우라도 양적으로 어느 정도의 콘텐츠는 필요합니다.

이론적으로는 여러 매체에 콘텐츠를 많이 뿌릴수록 사용자가 볼 확률이 올라가지만, 실제로는 SNS 매체가 한두 개도 아니고 매체마다 달라야 하는 콘텐츠를 만드는 건 정말 힘든 일입니다. 그래서 사용자가 많은 대중적인 매체를 고르고, 집중적으로 관리하는 것이죠. 보통 블로그를 중심에 두고, 블로그용으로 만들었던 콘텐츠를 페이스북이나 인스타그램에 적합한 콘텐츠로 바꾸어 올리는 방법을 사용합니다. 페이스북이나 인스타그램에서 블로그로 오는 사용자들이 많으면 블로그 지수가 높아지는 부가적인 효과를 얻을 수도 있습니다.

예를 들어 오프라인에서 카페를 운영하고 있다면 카페 풍경, 카페에서 만드는 음료수 사진 등을 지속적으로 인스타그램에 올릴 수 있겠죠? 카페를 직접 방문한 소비자가 인스타그램에 카페 사진을 올리면 사은품을 주는 오프라인 행사를 동시에 진행할 수도 있고, 다시 이런 사진과 내용을 모아서 블로그에 포스팅할 수도 있습니다. 인스타그램에 쌓인 콘텐츠를 모아 블로그용으로 바꾸는 작업인데 아예 없는 걸 새로 하는 게 아니라서 좀 더 쉽습니다. 이런 식으로 페이스북과 블로그, 인스타그램과 블로그, 유튜브와 네이버 TV 등 콘텐츠를 재사용하거나 중복으로 사용할 수 있는 SNS 매체를 선정해 꾸준히 콘텐츠를 등록하고 관리합니다.

온라인 세상에서는 새로운 매체가 끊임없이 나오고, 기존에 있던 매체도 지속적으로 변화합니다. 사용자에게 더 좋은 서비스를 제공해야만 살아남는 온라인 매체의 특성 때문입니다. 따라서 계속 바뀌는 매체의 서비스 특성을 이해하고 분석하면서 공부해야 합니다.

나한테 맞는 콘텐츠는 어떻게 찾을까?

SNS 마케팅 기획의 출발점

사실 다뤄야 할 SNS 매체는 몇 가지로 정해진 거나 마찬가지입니다. 사람들이 가장 많이 사용하는 네이버 블로그, 인스타그램, 유튜브 정도죠. 그래서 시작 시점인 지금 가장 중요한 것은 어떤 콘텐츠를 다룰지 결정하는 것입니다. 내가 잘 아는 분야, 관심 있는 분야를 선택해야 지속적인 콘텐츠 제작이 가능하니까 거기서 출발하는 게 최선입니다.

문제는 나 자신에게 아무리 물어도 딱 떠오르는 게 없을 때입니다. 난감하죠? 이럴 때 어떻게 해야 하는지 풀어보겠습니다. 대략적인 순서는 다음과 같습니다. 미리 말하지만 이 순서는 반드시 이렇게 하라는 게 아니라 처음에 이렇게 시작하면 나를 파악하는 게 좀 쉽다는 뜻입니다. 처음부터 하고 싶은 것이 확실하다면 6단계부터 시작해 세부 역할까지 싹 정리한 후 기획을 보강하기 위한 벤치마킹으로 넘어가는 등 순서와 상관없이 활용해도 됩니다.

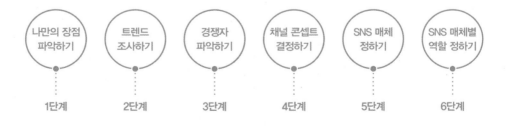

1단계 나만의 장점 파악하기 – 마인드맵, 사람인 셀프진단

나의 장점을 파악합니다. 내가 잘하거나 좋아하는 것을 종이에 적어보세요. 마인드맵으로 해도 좋고, 나를 잘 아는 누군가에게 물어도 좋습니다. 내가 글을 잘 쓰는지, 말을 잘하는지, 또는 사진을 잘 찍는지, 세상에 하고 싶은 이야기가 있는지 등을 자유롭게 적어보세요.

몇 가지는 바로 적을 수 있겠지만 구체적으로 이거다 싶은 게 나오지 않을 수도 있습니다. 괜찮습니다. 내가 관심 있는 분야라거나 지금 잘 모르긴 하지만 한 번쯤 해보고 싶은 분야가 있다면 그것도 적어보세요.

나도사장 씨의 SNS 도전기

SNS로 돈을 벌고 싶다면 일단 뭘 다룰지 정해야겠지? 이왕이면 내가 좋아하는 걸 하고 싶은데, 내가 뭘 좋아하고 잘하더라?

내 상태를 객관적으로 파악하기 위해 장단점, 관심분야, 목표 등을 마인드맵이나 표로 만들어 써보세요.

내 강점을 찾을 때도 요령이 있습니다. 내가 생각하는 내 장점에 대해 세 가지 질문을 던져보세요. "내가 뭘 좋아하지? 그게 왜 좋지? 그 일을 계속하고 싶어?" 질문 옆에 친구에게 말하듯이 답변을 달아봅니다. 스스로와 솔직하게 대화를 나눠보세요. 막연하게 생각만 하는 것보다 글로 써보면 조금 더 객관적으로 판단할 수 있습니다.

① 내가 뭘 좋아하지?	글 쓰는 것
② 왜 좋아하지?	글을 쓰면 내 생각을 정리할 수 있고, 내가 이런 사람이라는 것을 알릴 수 있다고 생각해.
③ 그 일을 계속하고 싶어?	아마도 평생 하게 되지 않을까? 계속 글을 쓰는 직업이면 좋겠어. 계속할 수 있을 것 같아.

이런 방법도 있습니다. 취업포털 '사람인'에서 하는 무료 적성검사를 해보세요. '진단/검사 – 셀프 진단'을 이용하면 스스로 판단하기 어려운 자기 적성을 파악하는 데 도움이 됩니다.

2단계 트렌드 조사하기 – 네이버 데이터랩, 빅카인즈

방법 1 내가 찜한 분야에 대한 사람들의 관심 파악하기 – 네이버 데이터랩

내가 좋아하는 걸 남들도 좋아할까요? 내가 관심 있는 분야에 다른 사람도 관심이 있어야 내 SNS에 들어올 테니까 중요한 문제입니다. 확인할 방법이 있습니다. '네이버 데이터랩'을 이용하면 요즘 사람들이 자주 찾아보는 검색어는 무엇인지, 검색어 검색 추이는 어떤지를 알 수 있습니다.

> **나도사장 씨의**
> **SNS 도전기**
>
> 나는 글쓰기에 익숙하고 동영상 찍기를 좋아해. 관심분야는 식물 키우기, 육아법, 여행, 고양이 등. 어느 분야를 선택하는 게 좋을지 모르겠어.

1 네이버에 로그인한 후 '네이버 데이터랩'을 검색해 들어갑니다. '검색어 트렌드' 메뉴를 클릭합니다. '주제어' 부분에 관심 있는 분야의 주제어를 하나씩 입력합니다. 여기서는 1단계에서 찾은 내 관심분야 중 사업으로 연결할 수 있는 '원예, 식물, 꽃'을 주제어로 입력하고, 기간은 1년으로 설정한 후 '네이버 검색 데이터 조회' 버튼을 클릭했습니다.

2 **키워드 검색하기**

검색결과 그래프 맨 위에 꽃, 그다음에 식물, 원예가 있죠? 이 순서대로 관심이 많고, 검색 역시 많다는 뜻입니다. 사람들이 이 단어를 검색해서 내 콘텐츠를 볼 확률이 높은 키워드라는 말입니다. '꽃'이 들어간 제목이 '원예'가 들어간 제목보다 클릭률이 높으니까 핵심 단어를 '꽃'으로 잡는 게 좋겠죠? 나중에 이런 식으로 검색 키워드를 정하면 됩니다.

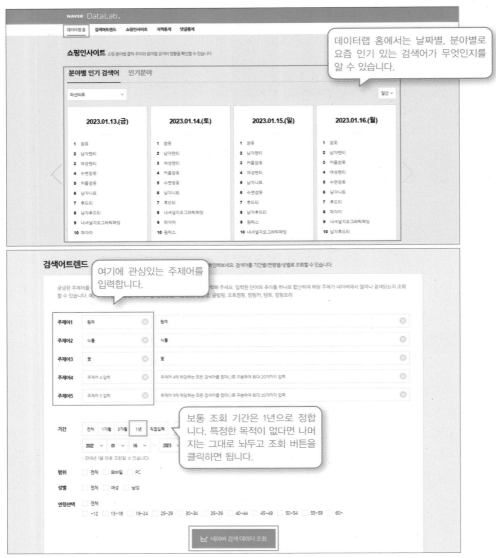

데이터랩 홈에서는 날짜별, 분야별로 요즘 인기 있는 검색어가 무엇인지를 알 수 있습니다.

여기에 관심있는 주제어를 입력합니다.

보통 조회 기간은 1년으로 정합니다. 특정한 목적이 없다면 나머지는 그대로 놔두고 조회 버튼을 클릭하면 됩니다.

네이버 데이터랩(https://datalab.naver.com/)

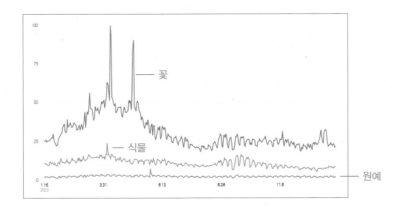

3 오프라인 매장을 운영한다면 지역별 관심사 확인하기 – 지역통계

오프라인 매장을 운영 중이거나 나중에라도 특정 지역에 매장을 낼 예정이라면 '지역통계'를 이용해 보세요. 지역별로 어떤 것이 잘 팔리는지, 어떤 키워드에 관심이 있는지, 그 지역의 카드 사용 통계까지도 확인할 수 있습니다. 나중에 광고할 때도 이통계를 검토해 홍보 지역을 지정하거나 각지역에 맞는 키워드를 정할 수 있습니다.

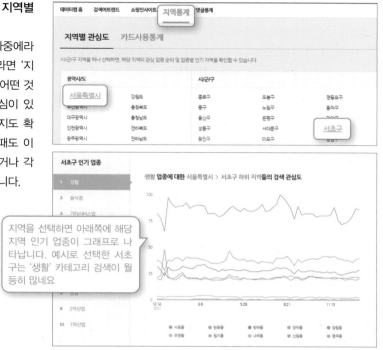

> 지역을 선택하면 아래쪽에 해당 지역 인기 업종이 그래프로 나타납니다. 예시로 선택한 서초구는 '생활' 카테고리 검색이 월등히 많네요

4 지역별 검색 관심도 확인하기 – 맞춤형 트렌드 분석 도구

그래프 아래쪽에 있는 '맞춤형 트렌드 분석 도구'를 클릭하면 타깃 지역의 관심사를 구체적으로 파악할 수 있어 꽤 도움이 됩니다. 꽃배달에 대한 서울시 전체의 지역별 관심도를 파악해 볼까요? 'STEP1'에서 '생활 – 생활편의 – 꽃배달'을 선택한 후, 'STEP2'에서 서울특별시 전체를 설정하고 '조회하기' 버튼을 클릭합니다. 지역별 검색 관심도 그래프가 나타납니다.

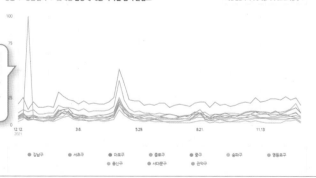

> 서울시 중 꽃배달에 관심이 높은 지역은 강남구, 서초구, 마포구 순이네요. 이런 식으로 어느 지역에 매장을 내는 것이 유리할지 미리 파악할 수 있습니다.

뉴스검색을 전문으로 하는 빅카인즈를 통해 좀 더 자세히 검색해 봅니다. 네이버나 다음 등 포털 사이트에서 검색해도 관련 뉴스가 나오지만 연계되어 있지 않은 언론 사도 있고, 자세한 키워드 검색을 제공하지 않는 경우도 많습니다. 관련 뉴스를 한 번에 세밀하게 검색하고 싶다면 빅카인즈 같은 뉴스검색 전용 사이트를 이용하는 것 이 좋으니 소개할게요.

나도사장 씨의
SNS 도전기

꽃배달이 원예와 관련된 사업 중 괜찮은 검색순위를 차지하는군. 왤까? 아, 코로나19 이후 집에 머무는 시간이 많아진 사람들이 식물을 키우면서 스트레스를 해소한다는 거구나.

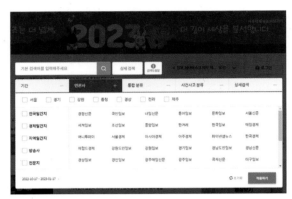

뉴스검색 사이트, 빅카인즈(www.kinds.or.kr)

3단계 경쟁자 파악하기 – 벤치마킹, 녹스인플루언서

특정한 주제를 정해 SNS 채널을 운영하려면 매체별로 얼마나 많은 경쟁자가 있는 지와 어떻게 운영하고 있는지를 파악해야 합니다. 먼저 유튜브를 볼까요? 검색해 보 면 이미 식물과 관련된 주제로 운영 중인 채널이 많습니다. 어떤 곳이 있는지를 검색 하고, 콘텐츠를 살펴보세요. 유튜브를 열고 검색란에 '꽃'이나 '#꽃'을 입력해 보세요. 꽃이라는 키워드랑 관련된 콘텐츠, 채널들 이 모두 나타납니다. 앞에 노출되는 순서가 인기순이라 고 봐도 무방합니다. 또는 매체별 채널 순위를 알려 주는 녹스인플루언서(noxinfluencer) 같은 사이트 를 이용해도 좋습니다. 4부 유튜브에 자세한 사용 법이 있으니 참고하세요.

나도사장 씨의
SNS 도전기

홍보도 하고, 고객들이랑 소통도 하고, 주문도 온라인으로 받으려면 SNS를 운영해야 하는구나. 나보다 먼저 하고 있는 사람들은 어떻게 하고 있을까?

대략적인 검토가 끝났다면 조금 더 구체적으로 객관화된 자료를 만듭니다. 먼저 매체별로 유명하거나 관심 있는 채널명을 적어보세요. 그 채널의 장점, 단점을 적고 내 채널에 적용할 점도 정리해 보세요. URL 주소를 적어두면 다시 보고 싶을 때 바로 찾아볼 수 있습니다. 다음 예시처럼 표로 만들어서 분석하고 빈칸을 채우다 보면 조금씩 생각이 정리될 것입니다. 다른 분야 역시 같은 방법으로 분석하면 됩니다.

채널명	식물집사독일카씨		
매체	유튜브(https://www.youtube.com/@user-gd7ys3xc9m)		
장점 / 특징	– 아픈 식물을 살리기 위한 꿀팁 제공 – 식물에 대한 전문가적 지식 제공 – 궁금증을 해소할 수 있음 – 눈에 띄는 재료를 비료로 활용하는 법을 알려줘 재밌음(미원, 막걸리 등)	단점	얼굴이 보이지 않아 답답한 면이 있음
적용할 것	• 문제를 가진 소비자에게 해답을 줄 것 • 의외의 솔루션으로 흥미를 일으킬 것 • 얼굴을 내놓고 친근하게 다가갈 것		

4단계 채널 콘셉트 정하기

채널 콘셉트를 결정할 때는 지금까지 해본 앞 단계들을 전반적으로 검토할 필요가 있습니다. 특히 1단계에서 정리했던 내가 가장 잘할 수 있는 것, 나의 장점 등 내가 돋보일 수 있는 것이 중요합니다. 결국 남과 차별화된다는 것은 나의 독특한 개성, 캐릭터에서 나오기 때문입니다. 전반적인 검색과 벤치마킹이 끝났다면 이제 내가 그들과 다른 점이 뭐가 있을지 생각해 보세요.

> 벤치마킹을 해보니 선물 받은 꽃이나 나무를 죽이지 않고 오래 잘 키우는 팁을 중심으로 선물하기 좋은 꽃 소개 등을 주제로 하면 잘할 수 있을 것 같아. 어떤 콘셉트여야 내 채널이 다른 채널과 달라 보일까?

채널 콘셉트는 콘텐츠를 만들 때도 적용해야 하기 때문에 잘 결정해야 합니다. 이때, 가장 중요한 것은 바로 '차별성'입니다. 차별화된 것이 없다면 힘들게 결정한 콘셉트도 다른 콘텐츠에 묻히기 때문입니다. 콘셉트는 딱 한 단어나 한 문장으로 정리하는 게 좋습니다. 여러 말로 복잡한 것은 사실 콘셉트라고 볼 수 없으니까요.

콘셉트를 결정하는 가장 쉬운 방법은 자신에게 스스로 질문을 던져보는 것입니다. 예를 들어 고객에게 내 브랜드, 내 상품을 한 문장으로 전하려면 어떻게 표현해야 할까? 내 채널에 대해 고객의 머릿속에 남을 한 단어는 무엇일까? 내 채널의 장점을 간단하게 설명해 본다면? 이런 질문에 답해 보세요. 답변을 잘 정리하면 그것이 바로 내 채널 콘셉트일 것입니다.

나도사장 씨는 사실 서양란을 판매하는 친구가 있습니다. 사무실이나 집 등 실내에서 식물을 잘 키울 수 있는 정보를 많이 알고 있고, 이것은 남들과 다른 큰 장점입니다. 이 장점을 살릴 수 있는 채널 콘셉트를 생각해야 하겠죠? 예를 들어 '실내 식물 집사, 사무실 꽂집사, 꽃 알려주는 옆집 아저씨' 같은 키워드로 콘셉트를 정리할 수 있겠습니다.

5단계 SNS 매체 정하기

SNS 중에 어떤 매체를 선택해야 할까요? 사실 이것만은 각자의 특성과 선택에 달린 문제입니다. 글을 쓰는 일이 편하고 재밌다면 '네이버 블로그'가 좋습니다. 아무래도 블로그는 글의 힘이 많이 좌우되는 편이고, 검색이 잘 될 확률이 높기 때문입니다. 작가 수준의 글쓰기도 문제없다면 '브런치'를 추천합니다. 좋은 글을 써서 모은 후 나중에 책 출간도 가능합니다. 동영상 찍는 것이 즐겁고 영상 편집도 해보고 싶다면 '유튜브'에 도전하는 게 좋습니다. 감각적인 사진을 잘 찍을 수 있다면 '인스타그램'을 추천합니다.

요즘엔 짧고 재밌는 동영상을 찍어서 유튜브, 틱톡, 네이버, 인스타그램, 페이스북, 카카오까지 다양한 채널에 올릴 수도 있습니다. 숏폼 동영상은 다른 콘텐츠보다 클릭률이 높아서 많은 사람이 도전하는 분야입니다.

운영할 주요 매체를 정하면 콘텐츠를 제작할 때 편합니다. 막연하게 이곳저곳에 다 올리겠다는 생각을 가지면 처음부터 너무 많은 일을 해야 해서 콘텐츠 제작이 힘들 수 있으니까요. 초기엔 한두 개 정도만 운영하고 나중에 여력이 되면 점차 매체 수를 늘리기를 권합니다. 일단 하나라도 강력하게 만든 후에 두 번째, 세 번째 채널을 키우는 것이 좋습니다. 초기에 집중해서 빨리 육성할 수 있는 매체가 무엇인지를 생각해 보세요.

메인 채널과 서브 채널로 구분해 두면 시간에 쫓길 때 제작할 콘텐츠의 우선순위를 더 빨리 결정할 수 있습니다. 채널마다 콘텐츠 등록 주기를 미리 정해두는 게 좋은데, 주기를 정해 계획적으로 콘텐츠를 제작해야 쫓기지 않고 여유 있게 작업할 수 있기 때문입니다.

나도사장 씨의
SNS 도전기

사람들이 선물 받은 식물을 실내에서 키우는 걸 어려워하니까 '식물을 고르고, 선물하고, 키우는 법을 알려주는 옆집 아저씨' 콘셉트로 해야겠어. 어떤 SNS 매체로 시작해야 할까? 사람들이 많이 보고, 내가 제일 쉽게 할 수 있는 게 뭐지?

6단계 SNS 매체별 세부 역할 정하기

내 특성에 맞는 매체를 선택한 후 그것을 주로 운영합니다. 처음은 그것으로 시작하지만 점차 다른 매체들도 운영해야 합니다. 네이버 블로그는 글 위주라 자세한 정보를 올리기에 좋고, 인스타그램은 사진 위주라 새로운 소식을 빠르게 전하는 데 좋습니다. 유튜브는 동영상 위주라 훨씬 재밌고, 지루하지 않죠. 이렇게 채널마다의 특성을 이해한 후 무엇을 메인으로 삼고, 무엇을 서브로 삼을지 채널마다 역할을 주고, 어떻게 유기적으로 연결되게 할 것인지를 미리 구체적으로 정해야 합니다.

주가 될 매체를 정하고 역할을 정했다면, 다음으로는 채널마다의 세부 분야를 정할 차례입니다. 세부 분야란 채널 콘셉트, 채널 이름, 구체적인 콘텐츠 내용 등을 말합니다. 나도사장 씨는 '꽃집하는 피터팬'이라는 채널 제목도 정해 놓았습니다. 이제 해야 할 것은 꽃식물 자료를 모으고, 기초적인 촬영 기획서를 만드는 일입니다. 조사를 좀 더 한다면 더 자세하고 구체적인 콘텐츠 기획 내용을 정리해 놓을 수 있겠죠?

초기 1~5편 정도의 촬영 내용은 간단한 기획서로 만들고 구체적인 촬영 콘티도 잡아두면 나중에 편집할 때 시간을 줄일 수 있습니다. 최소 5편 정도는 먼저 촬영해서 편집한 후 올리기 시작해야 채널 운영이 편합니다. 특히, 처음 올리는 유튜브 콘텐츠는 매우 중요하니 유저를 확 끌어당길 수 있는 콘텐츠를 준비하는 것이 좋습니다.

나도사장 씨의
SNS 도전기

난 동영상 찍는 걸 좋아하니까
메인은 유튜브로 시작하는 게 좋겠군.
홍보를 위해 추가로 네이버 블로그와
인스타그램도 조금씩 운영해야겠어.
유튜브 채널을 만들려면 어떻게 해야 할까?
일단 내 채널 이름은
'꽃집하는 피터팬!'

기획 도우미, 마인드맵 활용하기

우리 대부분은 기획이라는 걸 제대로 배운 적도 해본 적도 없습니다. 그래서 목표, 글의 주제, 핵심 키워드 등을 정할 때 어찌할지 고민일 수 있는데, 어렵게 생각하지 말고 마인드맵을 활용해 보세요. 마인드맵으로 하나의 주제를 정하고 파생되는 키워드나 아이디어들을 쭉 적어보세요. 핵심 키워드에서 세부 키워드들로 계속 쓰다 보면 구체적인 주제나 키워드들이 보일 것입니다. 마인드맵과 앞에서 해본 키워드 검색을 비교하면서 구체화하면 조금 더 유저들의 관심을 끌 수 있는 글을 만들 수 있습니다.

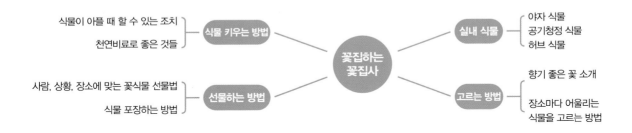

전에는 종이나 노트에 그려 가며 했는데, 요즘은 마인드맵 프로그램을 사용합니다. 네이버에서 각 프로그램을 검색한 후 쉽게 다운로드할 수 있습니다. 데스크톱용으로는 FreeMind와 Xmind가 있는데, 경험상 Xmind가 더 편했습니다. 모바일용으로는 Simplemind와 Mindly 앱이 있습니다. 무료 버전은 기능상 제한이 있으니 참고하세요. 갑자기 생각나는 아이디어를 적고 싶을 땐 '네이버 메모' 같은 간단한 앱도 좋습니다. 모바일에서 자료를 모아서 저장하기도 쉽고, 그냥 생각나는 대로 아이디어를 적어 놓았다가 나중에 참고해 작업합니다.

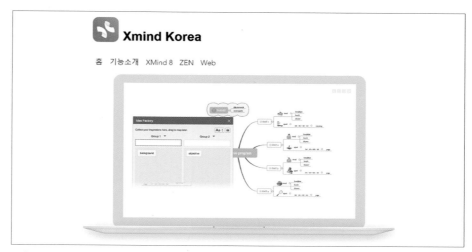

PC용 마인드맵 앱, Xmind

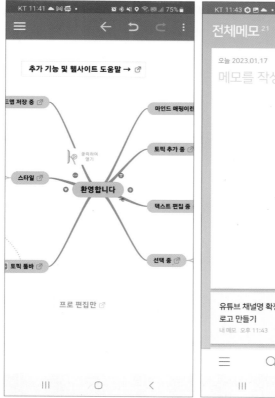

모바일용 마인드맵 앱, SimpleMind

아무 때나 아이디어를 적어두기 편한 앱, 네이버 메모

60%

대세는 모바일! 블로그 전체 유저의
60% 이상이 PC가 아닌 모바일을 통해
SNS를 이용한다.

인스타그램과 유튜브는 80% 이상이라는 예상이 억지가 아닙니다.
이 추세에 따라 이 책 역시 모바일 중심으로 작성되었습니다.
SNS 마케팅을 이용한 수익이 최종 목표라면 항상 유저의 사용패턴과
선호를 파악해야 한다는 걸 잊지 마세요.

PART 2

블로그
마케팅

"요즘 대세는 인스타그램과 유튜브 아니야?"
맞습니다. 하지만 SNS 마케팅으로 돈을 버는 게 목표라면
네이버 블로그는 베이스캠프라고 봐야 합니다.
가장 쉽고, 가장 오래가고, 가장 깊이 소통할 수 있는 매체이기 때문입니다.

어떻게 블로그로 돈을 버는 거지?

블로그 수익구조

"블로그가 예전만 못하다, 블로그로 돈 버는 시대는 끝났다"라는 말들이 많죠? 확실히 초기에는 어떤 콘텐츠든 구독자가 많은 '파워 블로거'가 올리기만 하면 돈을 벌던 시절이 있었습니다. 지금은 너무 많은 SNS가 생겼고, 유저들의 취향도 변했죠. 하지만 마케팅으로 접근하면 얘기가 다릅니다. 블로그만큼 자세한 정보를 담을 수 있는 무한 소통의 창구는 없으니까요.

Q. 블로그로 어떻게 돈을 버나요?

블로그로 수익을 내는 방법은 크게 6가지 정도입니다.

방법 1. 제품을 제공받아 포스팅하고 원고료 받기
방법 2. 배너, 구글 애드센스 등 광고 플러그인을 넣고, 클릭될 때마다 광고료 받기
방법 3. 광고대행사를 통해 돈을 받고 광고하기
방법 4. 기업에서 직접 돈을 받고 광고하기
방법 5. 내 블로그 주제와 관련된 쇼핑몰 운영하기
방법 6. 기업 블로그를 대신 운영하고 운영대행료 받기

Q. 블로그로 얼마나 벌 수 있어요?

기업 홍보용 글을 써서 올리면 회당 돈을 받을 수 있는데, 고정급은 아니지만 여러 회사와 일하면 꽤 큰돈이 되기도 합니다. 원고료는 천차만별이지만 1회 등록에 평균 10~20만 원 사이입니다. 만약 모바일 첫 화면에 노출될 정도의 블로그라면 1회당 100~200만 원 정도입니다.

내 블로그에 광고를 붙여서 광고 수익을 만드는 방법도 있습니다. 대표적인 것이 구글 애드센스 광고인데요. 네이버 블로그를 뺀 나머지 블로그들, 특히 티스토리가 적

당합니다. 네이버 블로그에는 '네이버 애드포스트'라는 자체 제도를 통해, 네이버에서 제공하는 광고만 붙일 수 있습니다. 광고료가 구글 애드센스보다 낮은데 꾸준히 높아지고 있습니다.

나만의 특별한 콘텐츠가 있고, 글쓰기에 자신이 있다면 네이버 블로그와 티스토리를 동시에 키워보세요. 티스토리가 개편되면서 플러그인으로 광고를 붙이기가 더 편해졌습니다. 블로그 방문자와 조회수에 따라 달라지겠지만 월 100~500만 원 정도의 수익을 기대할 수 있습니다.

Q. 어느 정도 블로그여야 돈을 벌 수 있나요?

블로그 광고효과를 판단하는 기준은 '일일 방문자수'입니다. 기본적으로 광고는 일회성이고, 1일 방문객이 1만 명 이상 정도는 되어야 최소 10%, 즉 천 명 정도의 광고효과를 기대할 수 있다고 판단합니다. 내 블로그에 일일 1만 명 정도 방문하고, 3천 명 이상의 이웃이 있다면 그 블로그는 충분히 활성화되었다고 할 수 있습니다.

블로그 방문자수보다 페이지뷰가 훨씬 높을 수도 있는데요. 이럴 때는 페이지뷰를 기준으로 광고효과를 판단하기도 합니다. 방문자가 적은데 많은 페이지를 본다는 것은 볼 만한 페이지가 많다는 얘기고, 그만큼 방문자들의 충성도가 높다고 보기 때문입니다. 공식블로그라면 방문자수가 몇천 이상씩만 꾸준히 유지돼도 광고효과를 기대할 수 있습니다.

만약 하루 순 방문자가 1만 명 이상이고, 내 블로그를 구독하는 이웃이 3천 명을 넘는다면 광고가 들어오길 기다리지 말고 직접 광고대행사에 광고 제안 메일을 보내 적극적으로 영업하는 방법도 있습니다. 또는 '레뷰' 같은 체험단 플랫폼을 찾아 지원하는 것도 좋습니다.

간혹 기업에서 직접 연락할 때도 있습니다. 보통 물품과 원고료를 함께 제공하는데, 이때 관련 콘텐츠에 '물품을 제공받아 올린 광고 포스팅'이라는 사실을 알려야 합니다. 법적인 문제도 있지만 유저와 내 블로그 사이에 신뢰가 걸린 일이니 반드시 밝히는 것이 좋습니다.

여전히 블로그 마케팅이 필요한 이유
상단노출과 네이버 알고리즘

blog

'다 지나간 블로그 마케팅을 왜 하라는 걸까?' 그런 의문이 들 만합니다. 요즘은 SNS 마케팅이라고 하면 인스타그램이나 유튜브가 먼저 떠오르니까요. 그런데도 지금 블로그 마케팅을 해야 한다고 말하는 이유는 딱 3가지입니다.

하나. 여전히 대한민국 국민 60% 이상이 사용하는 SNS다!
네이버는 여전히 우리나라 사람 중 60% 이상이 보는 매체입니다. ㈜NHN DATA에서 운영하는 Dighty Blog의 2022년 4분기 검색엔진 유입 점유율을 분석한 결과를 볼까요? 네이버는 62.81%로 작년 동기 대비 1.86%P 감소하였으나 여전히 1위를 차지했습니다. PC와 모바일 유입 비중은 41.85% 대 58.15%로 모바일 유입 비중이 PC보다 더 높게 나타났습니다. 우리가 PC보다는 모바일 UI에 맞춰서 블로그 작업을 해야 할 이유기도 하지요.

뭔가를 검색했을 때 검색결과 맨 위에 노출되는 것이 광고라는 건 이제 다들 압니다. 그래서 맨 위에 나오는 건 건너뛰고, 그 아래에 있는 블로그나 포스트, 웹문서 등을 참고하죠. 블로그 내용 중에도 광고가 있고, 블로거가 먼저 광고라고 알리기도 할 정도로 광고가 많지만 그래도 여전히 블로그만큼 필요한 정보를 쉽고 자세하게 전할 수 있는 매체는 없습니다.

제주도 여행을 간다고 해볼까요? 여행 일정을 짜면서부터 검색이 시작됩니다. 블로그에는 직접 다녀온 사람들의 생생한 사진과 유명한 장소는 물론 교통, 숙소, 가격, 맛집, 장단점부터 사장님 분위기까지 자세히 적혀 있습니다. 어디가 좋은지 나쁜지 간접적으로 경험하고 판단할 수 있죠. 유튜브나 인스타그램을 통해서도 정보를 얻을 수 있지만, 네이버 검색에 익숙한 60%의 소비자들은 블로그를 빼놓지 않습니다.

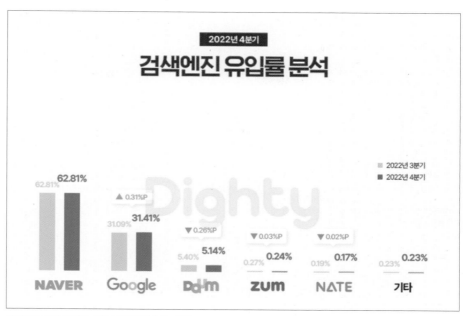

보통 인터넷 매체를 사용하는 사람들을 '유저, 사용자'라고 하고, 유저의 사용방식 또는 사용하는 순서를 '유저 인터페이스(UI)'라고 표현합니다. 한번 굳어진 유저의 사용습관은 쉽게 바뀌지 않습니다. 따라서 블로그를 완벽히 대체할 대안이 나타나지 않는 한 바뀔 수 없을 것입니다. 매체가 늘어남에 따라 검색량이 조금씩 줄어들 수는 있겠지만요.

둘. 충분한 정보를 담을 수 있다!

블로그에는 소비자를 설득할 수 있는 정보를 충분히 담을 수 있다는 큰 장점이 있습니다. 글자, 사진, 동영상의 개수에도, 양에도, 시간에도 신경 쓰지 않아도 되죠. 오히려 요즘은 긴 내용을 알찬 포스팅으로 받아들이는 추세이기까지 합니다.

왜 이 점이 중요할까요? 온라인에서 일어나는 구매 결정 패턴을 생각해 보세요. 예를 들어 더위에 대비해 냉방기구를 산다면 먼저 네이버를 통해 검색을 시작합니다. 제품 가격이나 판매 정보도 보지만, 다른 소비자들의 후기에 관심이 더 많습니다. 구매 전에 가장 많이 보는 게 제품 후기인 것은 이미 구매한 다른 소비자의 경험과 추천을 믿는다는 의미입니다. 그 물건을 사도 괜찮다는 확고한 믿음이 필요하니까요. 이런 구매 결정의 순간에 확신과 정보를 주기 위해 블로그 마케팅이 필요합니다. 소비에 확신을 줄 수 있는 정보는 직접 내가 경험한 게 최고고, 그다음은 나하고 친한 친구가 말해주는 정보, 그다음이 먼저 사용해 본, 하지만 모르는 사람들의 정보입니다.

광고 쪽에선 제품 구매에 '관여도'라는 말을 쓰는데, 한마디로 뭔가를 구매할 때 가격이 높으면 관심이 높아지고 고민을 많이 한다는 뜻입니다. 신기하게 온라인 가격이 상대적으로 저렴한데도 제품 관여도는 더 높습니다. 온라인 구매 시 더 많은 정보를 찾아보고, 더 많은 의견을 듣고 결정하는 사람이 많다는 의미입니다. 왜일까요? 아마 제품을 직접 확인하지 못하기 때문일 겁니다. 타인의 경험을 믿고 의지할 수밖에 없으니 정보를 모으는 시간이 더 필요합니다. 이미 써본 상품이라면 고민이 짧겠죠? '정기 구매' 서비스는 이런 맥락에서 나온 것입니다. 쓰던 상품을 반복적으로 구매하는 소비자들의 패턴을 파악하고 대응한 결과인 거죠.

인스타그램, 유튜브 등 다른 SNS 매체를 보는 유저에게 특정 기업이나 브랜드를 알리려면 광고 등의 의도적인 노출은 꼭 필요합니다. 일단 관심을 보이기 시작하면 그들이 궁금해하는 것을 풀어줄 더 많은 자료를 제공해야 하는데, 그때 가장 적합한 채널이 바로 블로그입니다. 그래서 블로그용으로 기본적인 콘텐츠를 제작하고, 그 내용을 각 SNS 매체 특성을 이용해 바꿔서 노출하는 것이 좋습니다. 자료를 새로 만드는 것보다 있는 내용을 정리해서 다시 보여주는 쪽이 훨씬 더 쉬우니까요.

셋. 블로그 운영은 진짜 무료다! – 상단노출과 갈수록 치밀해지는 네이버 알고리즘

초기에 온라인 마케팅은 '무료다' 내지는 '싸다'라는 인식이 많았지만, 이것도 옛말입니다. 요즘은 너무 많은 물건과 상점이 있어서 그 사이에서 눈에 띄려면 돈이 듭니다. 페이스북의 경우 공식적으로 광고를 판매하며, 광고 없이는 유저에게 내 정보가 노출되는 비율이 현저히 떨어지기 때문에 울며 겨자 먹기식으로 광고할 수밖에 없습니다.

그러나 블로그는 다릅니다. 광고가 아니라 키워드에 따라 노출도가 달라지죠. 좋은 글, 좋은 정보로 꽉 찬 블로그는 선택받기 쉽고, 많은 유저가 선택한 블로그는 검색 결과 상단에 나타납니다. 물론 돈을 들여 광고대행사를 이용하면 더 빠르긴 합니다. 그러나 광고 없이 상단노출이 될 정도로 잘 키운 블로그는 하루아침에 사라지지 않습니다. SNS 마케팅 기획 시 블로그를 베이스캠프로 생각하고 작업하길 권하는 이유도 이런 특성 때문입니다.

블로그 상단노출 이래저래 상단노출이 문젠데, 어떻게 상단노출이 되는 건지 궁금하죠? '블로그 상단노출'이란 블로그 검색순위 1~10위까지를 말합니다. 보통 검색결과 첫 페이지에 나타나는 순위죠. 이 첫 페이지에 보이는 게 왜 중요할까요? 앞에서 온라인 세상에선 1등이 90%를 장악한다고 했었죠? 검색결과 페이지도 마찬가지입니다. 검색 첫 페이지에 있는 것들이 전체 클릭 수의 90% 정도를 차지합니다. 첫 페이지에 올라야 광고 가치가 있다는 뜻이라 업체들이 돈을 쓰면서까지 상단노출 광고를 하는 것이죠.

예전에는 상단노출을 위해 파워블로거에게 원고료를 주고 글을 올렸습니다. 간접광고죠. 심하게는 콘텐츠 질에 상관없이 개발 솔루션이나 프로그램으로 클릭수를 조작해 상단으로 올리기도 했고, 블로그에도 점점 광고글이 넘쳐나게 되었죠. 이런 분위기가 확산하자 네이버는 'C랭크'라는 검색 알고리즘을 도입하고 파워블로그 제도를 없애는 등 블로그가 좀 더 전문적인 글로 채워질 수 있도록 관리하기 시작했습니다. 이때 도입한 것이 '공식블로그' 제도입니다.

C랭크 'C랭크'란 네이버에서 개발한 검색 알고리즘의 이름입니다. 클릭수를 조작하는 등의 변칙적인 방법을 막고자 만든 시스템입니다. 2016년에 도입된 후 계속 보완되고 있는데요. C랭크가 도입되면서 몇 가지 상단노출 포인트가 달라졌습니다. 일단은 글의 길이와 내용입니다. 글의 내용이 전문적이고, 직접 블로그에서 작성한 경우 높은 점수를 얻습니다. 한 포스팅에 최소 5개 이상 15개 이내의 사진이나 동영상이 있는 게 좋습니다. 이때 이미지나 글은 어디서 복사하거나 이미 사용했던 이미지가 아니라 새것이어야 합니다. C랭크 목적이 전문적인 글, 유저에게 도움이 되는 글을 우선으로 노출한다는 것이기 때문이죠. 유튜브나 인스타그램 등 다른 SNS 채널에서 찾아와 글을 읽고, 좋다는 호응이나 댓글을 남긴 경우에도 상단노출에 도움이 됩니다.

D.I.A로직(다이아로직) C랭크로 전문적인 글이 많이 올라왔으나 일부 상위랭커들의 글만 계속 노출된다는 문제가 발생했습니다. 그래서 나온 것이 '다이아로직'입니다. 다이아로직은 심층 분석(Deep Intent Analysis)의 약자입니다. 포스팅한 글 자체의 주제 적합도, 경험 정보, 정보의 충실성, 문서 의도, 상대적인 어뷰징 척도(지속 반복을 통한 부당이득 취득 정도), 독창성, 적시성 등 여러 요소를 복합적으로 반영합니다. 그 결과 유명하지 않은 블로그도 내용만 좋다면 상단노출이 가능해졌습니다. 다이아로직이 추구하는 것은 낚시성 글이 아닌 공감을 많이 사는 글, 오래 읽을 수

있는 글을 상단에 노출하는 것이기 때문이죠. 아쉽게도 기존 상위랭커 대부분이 글을 잘 쓰고 꾸준히 활동하기 때문에 다이아로직의 효과가 반감되는 면은 있습니다.

현재의 네이버 블로그 알고리즘은 C랭크로 출처를 확인하고, D.I.A로직으로 문서를 판단해 검색결과를 순차적으로 내보냅니다. 이 알고리즘을 통과하는 방법은 결국, 사람들이 읽기 편하고 공감할 수 있는 전문적인 분야의 글을 꾸준히 포스팅하는 것입니다. 여기에 방문자와 이웃관리 등이 더해지면 더 좋겠죠.

공식블로그   네이버가 전문적인 내용을 가진 블로그 활성화를 위해 또 하나 도입한 것이 '공식블로그'입니다. 사실 공식블로그에 대해서는 이렇다 저렇다 말이 많습니다. 예전엔 누구라도 좋은 글, 호응받는 글을 쓰면 상단노출이 되었지만, 이제는 공식블로그로 인증받은 블로그들이 상단에 노출되는 일이 많아졌습니다. 사업자등록증부터 몇 가지 서류를 요구하기 때문에 공식 단체, 언론사, 회사 등 개인보다는 기업이나 단체가 인정받기 쉽죠. 사업 카테고리에 맞는 전문적인 정보를 제공하면 상단에 노출될 가능성이 높고, 그걸 유저가 볼 확률 역시 올라가니까요. 블로그의 장점인 이웃신청을 통해 지속적인 관계 형성까지 가능합니다.

이전의 파워블로그는 특별한 콘셉트 없이 다양한 분야의 글을 올리더라도 조회수만 많고 재미만 있으면 됐었습니다. 하지만 지금은 한 분야로 한정해 전문적인 글을 써야 상단에 노출될 기회를 얻을 수 있는 시스템입니다. 일단 공식블로그만 되면 확률이 훨씬 높아지니 기업이나 단체라면 반드시 도전하길 권합니다.

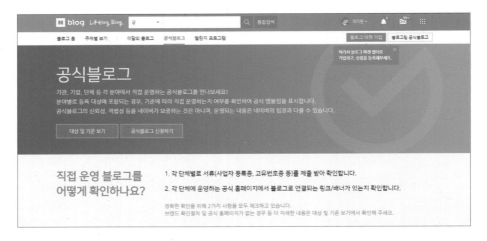

나한테 딱 맞는 건 뭘까?

블로그 주제와 소재 찾기

블로그를 운영하겠다고 결심한 후 가장 먼저 드는 생각은 대부분 '어떤 글을 쓰지?' 입니다. 대충 분야는 정했어도 구체적으로 어떤 주제로 쓸지까지는 아직이니까요. '어떤 주제로 어떤 글을 써야 할까? 유저는 어떤 글을 좋아할까?' 항상 고민되는 부분입니다. 이것만은 글쓰기 재능과 상관없이 누구나 그렇습니다. 어떻게 하면 조금 더 쉽게 주제를 정할 수 있을까요?

잘 나가는 다른 블로그 글 읽어보기 – 트렌드 파악과 대략적인 주제 정하기

일단은 잘 나가는 다른 블로그를 살펴보세요. 활성화되어 있는 블로그 글을 찬찬히 보다 보면 어떻게 써야 할지 감이 잡히는 순간이 있습니다. 하고 싶은 분야가 따로 있다면 그 분야의 블로그들부터 시작하면 되겠죠. 잘 나가는 블로그가 뭐냐고요? 네이버 블로그 홈 화면에 들어가면 위쪽에 '주제별 보기, 이달의 블로그, 공식블로그, 챌린지 프로그램' 메뉴 등이 있습니다.

요즘 트렌드를 파악하려면 '이달의 블로그'를 관심 있게 보세요. 이곳은 지난달에 선전한 블로그들을 모아놓은 곳인데요. 달마다 주제가 달라지니 달을 바꿔가며 보면 좋습니다. 네이버에서 선정한 곳들이라 얻을 것이 있고, 개수가 한정적이라 시간도 많이 들지 않습니다. 왜 선정되었는지, 어떻게 글을 쓰고 있는지, 주제를 어떻게 풀고 있는지 등을 중심으로 보세요. 분야가 다르더라도 영감을 얻을 수 있습니다. 1부에서 설명한 '나한테 맞는 콘텐츠는 어떻게 찾을까?' 부분을 참고해 얻은 것들을 표로 정리하면 도움이 됩니다.

블로그를 하는 목표 정하기 – 나의 목표 파악

블로그를 운영하는 목표는 사람마다 다릅니다. 일상생활을 기록하는 용도일 수도 있고, 사람을 모아 돈을 벌고 싶을 수도 있죠. 그러니 블로그 마케팅을 통해 얻고 싶은 것, 이유, 목표 등을 종이에 써서 잘 보이는 곳에 붙여보세요. 나중에 글쓰기 싫거나 힘들다고 느껴질 때 자리에 다시 앉게 해주는 계기가 됩니다.

'블로그 마케팅을 열심히 해서 내 상품을 팔고 싶다, 원고료를 받는 블로거가 되고 싶다, 이 분야의 블로그 일인자가 되고 싶다' 등 원하는 것이 분명하게 나타나면 됩니다. 중간 목표들도 세우면 좋습니다. 최종적으론 그 분야 블로그 일인자가 목표라도 거기까지 가는 중간 목표들도 필요하니까요. 블로그 운영이 좀 익숙해지면 시기를 정해 3년, 1년, 6개월, 3개월 형식으로 정리하면 도움이 됩니다.

구체적인 주제와 소재 기획하기

이제 목표를 실현할 수 있는 구체적인 계획을 짤 차례입니다. 글을 쓸 때 어떤 목표, 어떤 주제, 어떤 소재로 접근할지를 미리 정해놔야 구체적인 글감을 찾거나 내용을 작성할 때 고민하는 시간을 줄일 수 있습니다.

예를 들어 계절적 요인이 있는 블로그 소재라면 그 시점도 반영해서 이번 달은 어떤 주제의 글로 채울지, 다음 달은 어떤 주제로 글을 쓸지를 미리 생각해 보고 적어둡니다. 보통은 요일별로 주제를 다르게 기획해서 쓸 내용을 정리합니다. 한 달 동안 쓸 주제를 요일별로 구분해 대략적인 글 주제를 정하면 편합니다. 어느 방식이든 어느 정도 기획을 정리한 상태에서 시작해야 편합니다. 기분 내키는 대로 하면 금방 포기하게 되고, 보는 사람도 집중하기 어렵다는 걸 기억하세요.

연관 키워드 찾기
네이버 데이터랩

주제를 정하고, 일주일 동안 쓸 소재도 정하고, 자료까지 모아놓았다면 이제 글만 쓰면 됩니다. 먼저 제목부터 해결해야 할 텐데 막 쓰면 될까요? 제목을 쓸 때는 키워드가 중요합니다. 내가 아니라 유저들이 관심을 가져야 하는데, 남들이 뭘 관심 있어 하는지 어떻게 알 수 있을까요? 가장 흔한 방법은 네이버 검색창을 이용하는 겁니다. 예를 들어 '호접란'이라는 검색어를 입력하면 아래쪽에 자동완성 단어들이 나타나는데, 이 검색어들 역시 클릭 확률이 높으니 따로 적어두고 꼼꼼히 수집하세요. 하지만 마케팅에 쓰려면 좀 더 자세한 정보가 필요하고, 이때 네이버 데이터랩을 활용합니다.

작년 이맘때는 어떤 내용이 인기가 있었지?
'데이터랩 홈'을 클릭하면 패션의류, 화장품/미용, 디지털/가전, 출산/육아, 식품 등 분야별로, 일간/주간/월간 등 기간별로 검색어 순위를 알 수 있습니다. '월간'으로 선택한 후 지난 연도 키워드를 살펴보세요. 작년 이 시기에는 뭐가 인기 있었는지를 분야별로 확인할 수 있습니다.

내 분야에서는 어떤 단어들이 검색되고 있을까?

좀 더 구체적으로 내가 다룰 분야의 키워드는 뭐가 검색되고 있는지 보려면 '검색어 트렌드' 메뉴를 사용하세요. '주제어' 항목에 관심 있는 키워드들을 입력하고 조건과 기간을 설정한 후 '네이버 검색데이터 조회' 버튼을 클릭하면 됩니다. 주제어 여러 개를 동시에 입력할 수도 있으니 핵심 키워드를 선정할 때 비교하기 좋은 기능입니다. 참고할 만한 자료는 엑셀 파일로 따로 저장해 둘 수도 있어 꽤 도움이 됩니다.

이 단어를 얼마나 많이 검색했지?

'쇼핑인사이트'에서는 관심분야의 키워드별 클릭량 추이를 파악할 수 있고, 관심 키워드별로 쇼핑 분야 트렌드를 비교해 관심도 차이를 파악할 수 있습니다. 남녀통계까지 가능합니다.

우리 동네에서 잘 팔리는 건 뭘까?

'지역통계'에서는 키워드별 지역 관심도를 볼 수 있는데요. 지역별 인기업종을 구 단위까지 확인할 수 있습니다. '지역별 카드사용 통계'를 보면 그 지역에서 실제로 매출이 잘 일어나는 업종이 무엇인지도 확인할 수 있지요. 이 기능은 나중에 업체와 함께 일하게 되었을 때 지역별 상점을 기획하거나 홍보를 위한 매출 정도를 예상할 때 유용합니다.

예를 들어 꽃 관련 블로그를 운영하면서 쇼핑몰에서 화환을 판매한다면 '분야통계'에 들어가 '여가/생활편의' 분야를 선택한 후 '생활편의 – 꽃/케이크배달 – 꽃배달'을 클릭합니다. '월간'으로 보되 기간을 1년으로 선택하고 '조회하기'를 클릭하면 지난 1년간의 쇼핑검색 추이를 알 수 있습니다. 최대 1년까지의 자료만 제공합니다.

검색결과를 봅시다. '꽃배달'이라는 검색어 클릭량은 1월에 최저치를 찍고 점점 올라가면서 9월에 중간 상승, 12월엔 가파르게 급상승합니다. 하반기로 갈수록 수요가 늘고 있네요. 관심도가 높은 시기에 맞춰 광고하거나 블로그에 관련 글을 올리면 소비자가 볼 확률이 올라가겠죠? 이런 식으로 활용하면 됩니다. 여기서도 해당 분야 인기 검색어를 찾을 수 있습니다.

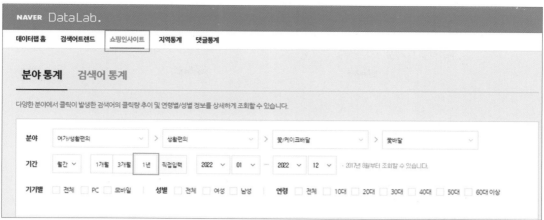

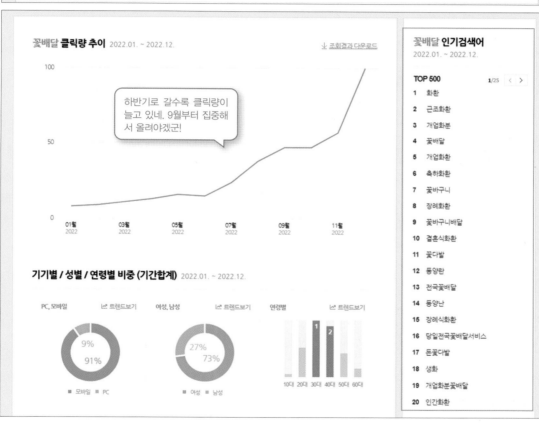

핵심 키워드 찾기
네이버 광고센터

데이터랩에서 찾은 단어들을 사람들이 실제로 얼마나 많이 클릭할까요? 네이버 광고센터를 이용하면 클릭수까지도 확인할 수 있습니다. 이 방법으로 키워드를 검색하면 해당 키워드의 월간 검색수, 월평균 클릭수, 이 키워드를 사용하는 다른 경쟁자들 비율까지도 알 수 있습니다. 네이버 데이터랩보다 훨씬 구체적이죠.

사업자등록증 없이 그냥 네이버 아이디로도 가입할 수 있습니다. 단, 회사에서 여럿이 이용할 계획이라면 별도로 회원가입하는 것이 낫습니다. 자칫하면 개인 메일을 공개해야 하니까요. 이 회원가입 방법을 많이 헷갈려들 해서 자세히 설명하니 천천히 따라 해보세요. 나중에 사업자등록을 내서 실제로 온라인 쇼핑몰이나 가게를 운영할 계획이 있다면 꽤 도움이 됩니다. 이렇게 찾은 키워드를 활용하는 방법이 중요한데, 바로 이어 설명하겠습니다.

연관키워드 조회 결과 (992개)   다운로드   필터 ⌄

전체추가	연관키워드 ? ⇕	월간검색수 ?		월평균클릭수 ?		월평균클릭률 ?		경쟁정도 ? ⇕	월평균노출 광고수 ? ⇕
		PC ⇕	모바일 ⇕	PC ⇕	모바일 ⇕	PC ⇕	모바일 ⇕		
추가	서양란	1,300	5,030	17.7	173.2	1.41 %	3.70 %	높음	15
추가	호접란	2,400	16,900	11.9	381.5	0.52 %	2.44 %	높음	15
추가	화	2,850	13,700	0	3	0.00 %	0.03 %	높음	3
추가	꽃	9,700	89,800	21.8	494.2	0.24 %	0.59 %	높음	15

1 네이버 첫 화면 맨 아래 있는 'Partners
– 비즈니스·광고'를 클릭합니다.

2 'N 비즈니스' 화면이 나타나면 '광고 –
검색광고'를 클릭합니다.

3 '네이버 검색광고' 화면이 나타나면 먼저
회원가입을 해야 합니다. '신규가입' 버튼을
클릭합니다.

4 '검색광고 아이디로 회원가입' 버튼을 클
릭합니다.

5 필수 약관동의를 진행합니다. 사업자등록증이 있다면 '사업자 광고주'를, 사업자등록증이 없거나 개인적으로만 사용한다면 '개인 광고주'를 클릭하면 됩니다.

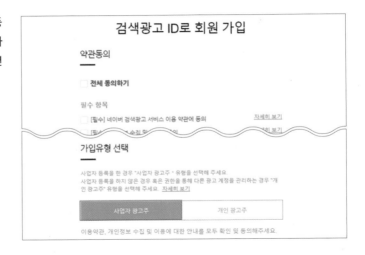

6 사업자 등록번호를 입력하고, 가입 가능 여부 버튼을 클릭해 확인합니다. 화면의 지시에 따라 세금계산서까지 필요한 정보를 모두 입력한 후 '회원가입' 버튼을 클릭합니다.

7 짝! 짝! 짝! 사업자 아이디가 등록되었습니다. 이제 광고 ID로 로그인한 후 '광고시스템'을 클릭합니다. 개인으로 로그인할 때도 똑같이 하면 됩니다.

8 다음 화면이 나타나면 '도구 메뉴 – 키워드 도구'를 클릭합니다.

9 '키워드 도구' 화면이 나타납니다. '키워드'에 관심 있는 키워드를 입력한 후 '조회하기' 버튼을 클릭하면 아래쪽에 관련 키워드 클릭 수가 나타납니다. 최대 5개까지 입력할 수 있습니다. 앞에 있는 '추가'를 클릭하면 오른쪽 창에 키워드가 추가되는데, 이런 식으로 선택한 키워드를 복사해서 따로 저장했다가 콘텐츠를 만들 때 활용하면 됩니다.

이렇게 찾은 핵심 키워드 노출 전략

blog

핵심 키워드도 찾고, 연관 키워드도 찾았으니 조회수 높은 단어만 찾아서 쓰면 될 것 같지만 그렇게 간단하지 않습니다. 하지만 확률을 높이는 몇 가지 방법은 있죠.

먼저 핵심 키워드와 연관 키워드를 따로 정리하세요. 핵심 키워드가 무조건 통하는 건 아니지만 구체적인 연관 키워드라면 얘기는 조금 달라집니다. 네이버 광고센터를 활용해서 검색수별로 확인된 핵심 키워드, 그리고 연관된 키워드를 따로 파일로 저장해 두었다가 글을 쓸 때 참고하세요. 메모장에 핵심 키워드와 연관 키워드로 키워드 군을 입력해 두길 권합니다. 엑셀 파일은 내려받은 후 나중에 참고자료로 보세요. 일단, 글을 쓸 때는 잘 정리된 몇 가지 키워드가 매우 중요합니다.

다음은 포스팅 개수를 파악해 노출 경쟁이 약한 키워드를 공략하는 겁니다. 검색결과 페이지 아래쪽으로 쭉 내려가면 '블로그' 섹션이 있습니다. 간혹 이 블로그 섹션 자체가 아예 안 나타나는 키워드들도 있는데요. 이런 경우는 대부분 네이버에서 자체 광고상품을 판매하기 위해 블로그 섹션을 막아둔 상황입니다. 쉽게 말해 해당 키워드 검색량이 많고, 광고로서 가치가 있으니 네이버 파워콘텐츠 광고를 이용하도록 유도하기 위해 첫 화면에서 블로그 섹션이 아예 보이지 않도록 만든 거죠.

글	블로그	별명·아이디
호접란에 대한 검색결과 입니다.		**70,108건**

글	블로그	별명·아이디
미니호접란에 대한 검색결과 입니다.		**9,201건**

이럴 때는 상단 메뉴 중 '블로그' 탭을 클릭하여 해당 키워드와 관련된 포스팅 개수를 확인해 보세요. 포스팅 개수가 적다는 건 이 키워드 경쟁자가 적다는 뜻이고, 경쟁자가 적은 게 노출에 유리합니다. 키워드와 함께 실제 블로그들의 경쟁구도를 파악해서 적합한 키워드를 찾아내야 합니다. 너무 경쟁이 심한 키워드로 들어가면 상단노출될 승산이 적습니다. 예를 들어 '호접란'으로 검색하면 총 70,108건의 블로그가 나타나고, '미니호접란'으로 검색하면 9,201건이 나타납니다. 사실 9천 건도 많지만 7만 건보다는 경쟁률이 낮죠? 이렇게 비슷한 의미지만 표현이 살짝 달라 노출 경쟁이 약한 키워드를 우선 공략하라는 말입니다.

또 하나 봐야 할 것이 포스팅 날짜입니다. 최근 날짜에 등록된 포스팅이 많을수록 경쟁이 심하다는 증거니까요.

자, 마지막이 가장 중요합니다. 광고센터로 클릭수까지 찾아낸 검색어들을 어떻게 활용해야 할까요? 무조건 조회수가 높은 검색어를 쓰는 게 아니라 키워드마다 다르겠지만 PC, 모바일 월평균 클릭수가 최소 1,000번 이상 되면서, 경쟁 정도는 중간 정도인 키워드부터 사용하는 것이 좋습니다. 경쟁 정도가 너무 심하면 노출되기 힘들고, 그렇다고 너무 낮으면 효과가 없기 때문입니다. 물론 카테고리마다 키워드마다 서비스 성격마다 다 다를 수는 있으니 참고하세요.

월 1,000회 정도 검색되는 키워드를 선택해 포스팅했는데 블로그 순위 10위 안에 상단노출됐다면 효과가 있었던 겁니다. 이후에도 10위 안에 계속 노출된다면 이때는 더 높은 조회수를 가진 키워드로 포스팅합니다. 10위 안에 노출되지 않았다면 조회수가 좀 더 낮은 키워드를 선택해서 포스팅하세요. 많이 검색되는 키워드일수록 경쟁자 역시 그만큼 많기 때문입니다. 조회수가 낮은 키워드를 이용해 충실한 내용으로 10위 안에 노출되면, 그 뒤엔 좀 더 조회수가 많은 키워드 순으로 계속 높여가면서 노출도를 올리는 게 노하우입니다.

글솜씨와 상관없이 당장 써먹는
글쓰기 전략 6가지

blog

이제 실제로 글을 쓸 차례입니다. 글쓰기에 탁월한 능력이 있다면 더 좋겠지만 '블로그'라는 매체가 검색결과 '상단노출'이라는 강력한 목적이 있다 보니 반드시 알아야 할 것들이 있습니다. 공식적으로 반드시 이래야 한다고 정해진 것은 아니지만 '이렇게 하면 상대적으로 노출이 조금 더 잘 되더라'는 팁들이니 꼭 적용해 보세요.

제목은 15~20자 내외, 명사, 핵심 키워드는 제목으로 써라!

핵심 키워드가 정리되었다면 본문 제목을 지을 차례죠? 제목은 15~20자 정도로 하면 되는데, 이때 제목에 노출되기를 원하는 핵심 키워드를 꼭 삽입하는 것이 좋습니다. 본문엔 핵심 키워드와 연관된 연관 키워드들을 사용하세요. 키워드는 구체적으로 묘사하는 명사로, 검색이 많이 되는 단어를 활용합니다.

제목은 간단하지만 단도직입적인 방식, 제공할 큰 혜택을 명시하는 방식, 답을 요구하는 질문형 방식, 유용한 정보를 제공하는 방식 등이 좋습니다. 문장은 자연스러워야 합니다. 억지로 키워드들만 섞어 놓으면 노출되지 않을 수 있습니다. 90% 넘는 유저가 블로그 제목을 보고 클릭할지 말지를 결정합니다. 그러니 블로그 제목의 역할은 유저들이 누르고 싶게 만드는 것이죠. 반드시 누르게 만들겠다는 마음으로 써 보세요.

예) 제목 정하기(핵심 키워드: 강아지 간식)
단도직입적인 형태 – 강아지 간식 만들기. 간단하게 수제간식 만드는 방법
제공할 큰 혜택을 명시하는 방식 – 강아지 수제간식, 없던 입맛도 돌아오게 하는 방법
답을 요구하는 질문형 방식 – 강아지 간식 직접 만들고 싶으셨죠? 집에서 간단히 만들기
유용한 정보를 제공하는 방식 – 강아지 간식 핫템! 건조기 선택은 이렇게 하세요!

본문엔 핵심 키워드와 연관된 연관 키워드를 3번 이상 반복하라!

핵심 키워드는 제목에, 본문엔 연관 키워드를 다양하게 사용하는 것이 좋습니다. 핵심 키워드와 비슷한 의미가 있는 다른 단어들을 찾아 연관된 키워드로 사용해 보세요. 본문에서 연관 키워드를 많이 사용하면 네이버 검색 알고리즘은 이 블로그가 전문성이 높다고 평가하기 때문입니다. 검색지수가 올라가 결과적으로 상단노출될 확률이 높아집니다.

본문에서 최소 3번 이상 연관 키워드가 노출되는 것이 검색에 유리하다고 알려져 있습니다. 하지만 이때도 문맥이나 내용이 이상하면 네이버 검색 알고리즘인 C랭크가 아예 노출을 막을 수도 있으니 주의하세요. 여기서 알려주는 팁을 참고하되 좋은 글이 될 수 있도록 부드럽게 써야 합니다. 핵심 키워드와 연관 키워드를 먼저 뽑아두고, 이를 활용하여 유익하고 재밌는 글을 쓰는 게 요령입니다. 키워드 찾는 방법은 앞에 설명했으니 한 번 더 읽어보세요.

문단 사이에 중간 제목과 이미지, 스티커를 넣자!

한 단락에서 다른 단락으로 넘어갈 때마다 소제목과 사진을 넣는다고 생각하면 쉽습니다. 만약 사진으로 채우기 힘들다면 스티커라도 이용해 보세요. 글이 심심하게 느껴지지 않고 대화하는 듯한 친근한 느낌을 줄 수 있습니다. 스티커는 내용과 관련이 있거나 좀 더 의미를 강화하는 용으로 사용하세요. 네이버 블로그는 다양한 형식의 콘텐츠를 사용할 수 있으며, 이를 적극 활용하는 걸 권장합니다. 또 글만 있거나 그림만 있으면 지루해지기 쉽죠. 지루해진다는 것은 유저가 중간에 이탈할 수 있다는 얘기입니다. 재미와 정보를 위해 글, 사진, 스티커, 인용구, 동영상 등을 다양하게 활용해 보세요.

문장은 간결하게, 질질 끌지 말자!

만연체, 간결체, 우유체, 강건체 등 여러 문체에 대해 한 번쯤 들어봤을 거예요. 블로그에서 가장 좋은 건 간결체입니다. 간결체란 짧고 간결한 문장으로 내용을 명쾌하게 표현하는 문체를 말합니다. 여기에 우유체를 약간 섞은 듯 부드러울 수 있다면 최고라고 생각합니다. 말하고 싶은 바를 직관적으로 간결하게 쓰되, 가급적 부드러운 단어를 사용해 순하게 표현하면 편하게 읽을 수 있고, 호감을 줄 수 있습니다. 강압적으로 느껴지지 않도록 주의하세요.

너무 작은 글씨, 너무 큰 글씨 모두 부담!

블로그는 기본적으론 텍스트로 소통하는 매체라서 읽기 편한 글씨체나 글씨 크기가 중요합니다. 읽기 편하고 보기 편해야 오래 머물 테니까요. 웬만하면 기본적으로 제공되는 블로그 글씨체나 크기를 사용하세요. 중간 제목을 넣고 싶다면 '소제목'을 선택하거나, 자신만의 제목 글씨체와 크기를 지정해 놓고 쓰면 좋습니다.

잘 모른다고 그냥 베껴 쓰면 절대 안 됨!

내가 전문성이 없으니 전문가나 다른 블로그의 글을 그냥 가져와 쓰면 어떨까요? 절대 안 됩니다! 큰 범위에선 엄연한 저작권 위반이니까요. 조금 더 좋은 글을 쓰고 싶지만 전문성이 떨어진다고 생각된다면 책을 읽고 요약해 보세요. 그리고 그 내용에 대한 내 생각을 진솔하게, 가능한 한 창의적으로 써보는 겁니다.

물론 이때도 원문이 어디에서 온 것인지, 무슨 자료를 보고 쓴 것인지에 관한 출처는 꼭 밝히는 게 좋습니다. 책이나 영화, TV 등을 인용하고 싶다면 블로그 글쓰기 화면에서 '글감'을 클릭한 후 검색 기능을 활용해 보세요. 예를 들어, '책' 탭을 선택한 후 '꽃'이라는 단어를 검색하면 아래쪽에 관련 도서들이 나타납니다. 책 이미지를 더블클릭하면 블로그에

등록되는데, 등록된 책의 출처가 자동으로 나타납니다. 이렇게 하면 책 관련 콘텐츠로 노출될 수도 있고, 저작권 표시도 되기 때문에 일거양득입니다.

나중에 네이버 말고 다른 블로그를 더 운영하더라도 네이버에 썼던 글을 그대로 복사해서 사용하면 안 됩니다. 네이버 검색 알고리즘이 복사 글로 인식해서 블로그 자체를 노출하지 않을 수도 있으니까요. 다음이나 브런치 등의 글까지 검색합니다.

복권? 노출 당첨 확률을 높이는 글쓰기 전략

네이버 지식스니펫

검색에 진심이라 믿지 않은 따라쟁이 네이버

블로그 최적화의 목적은 검색결과 1페이지에 노출되는 것이라고 누누이 강조했습니다. 그런데 이 검색 1페이지에 변화가 생겼습니다. '지식스니펫'이라는 게 활성화되고 있거든요. 구글 스니펫 서비스가 안정화되자 네이버가 그에 질세라 구축한 서비스라고 할 수 있습니다.

'스니펫(snippet)'이란 원래 재사용할 수 있는 소스 코드, 기계어, 텍스트의 작은 부분을 일컫는 프로그래밍 용어로, 사용자가 여러 번 타이핑하는 걸 피할 수 있게 도와주는 기능을 말합니다. 검색에서의 '스니펫'은 유저가 반복 검색하는 것을 방지하기 위해 AI 검색엔진이 가장 적합한 정보를 정리해서 보여주는 것을 말합니다. 이 서비스의 목표는 '유저의 만족스러운 검색 경험'입니다. 검색의 질을 높이는 것이죠.

지식스니펫 적용 전 검색결과 – 광고가 맨 위

지식스니펫이 적용된 검색결과 – 정리된 정보가 맨 위

네이버의 끊임없는 노력, 지식스니펫

네이버는 만족도 높은 검색 서비스를 제공하기 위해 2021년 4월부터 '지식스니펫'이라는 서비스를 확대하고 있습니다. 네이버에 인공지능이 탑재되어, 수많은 문서 중 사용자가 입력한 검색어에 가장 잘 부합하는 정보를 찾아 검색결과 상단에 노출하는 서비스입니다. '당첨'만 된다면 많은 유저의 방문을 기대할 수 있죠.

지식스니펫은 검색결과를 보여줄 때, 상단에는 사용자에게 도움이 될 만한 정보를 정리해서 노출하고, 하단에 정보 출처를 배치합니다. 유저는 검색한 내용뿐만 아니라 출처까지 알 수 있어 편하고, 정보 출처까지 쉽게 알 수 있으니 더 자세한 정보를 원한다면 참고할 수 있겠죠. 블로그뿐만 아니라 티스토리, 카페, 지식인 등 정확한 정보를 요약한 글이 있는 매체라면 모두 적용됩니다.

정보 성격에 따라 검색결과가 텍스트, 목록 또는 테이블(표) 형태로 표시되는데, 문서 생성 날짜, 타이틀, 출처 URL, 정보 오류 신고 기능 등은 언제나 나타납니다. 때에 따라 지식스니펫 설명 하단에 자주 궁금해하는 것들을 모아 검색어 FAQ로 제공하기도 합니다.

지식스니펫 텍스트 형태

지식스니펫 FAQ

지식스니펫 테이블 형태

지식스니펫에 올라가려면? 해야 할 것과 하지 말아야 할 것

지식스니펫은 키워드와 일치하는 정확한 정보를 좋아합니다. 즉, 키워드에 해당하는 설명을 잘 요약해서 정리해야 한다는 뜻이죠. 구체적으로 말하면 '키워드란 무엇입니다'라는 형태로 설명하고, 1, 2, 3 숫자로 번호를 넣어 정리하는 게 좋습니다.

더불어 양질의 콘텐츠로 이루어진 글이 유리합니다. AI 검색엔진이 판단할 때, 이 출처를 믿을 수 있다는 믿음이 있어야 지식스니펫에 올려줍니다. AI의 목적은 유저가 검색결과에 만족하게 만드는 것이라, 광고나 엉성한 블로그를 추천할 수는 없으니까요. 양질의 콘텐츠라는 믿음을 주려면 다른 데서 복사해 온 단순 짜깁기, 어색한 문맥, 적은 글자수를 피해야 합니다. 오타가 많은 글도 완성도가 떨어진다고 판단하니 꼭 맞춤법을 확인하세요.

키워드에 적합하지 않은 내용이거나 사회적으로 민감한 이슈(인물, 인종, 종교, 정치, 의료, 역사 등)와 관련되는 것은 적극적으로 피하세요. 당연히 미풍양속을 해치거나 폭력적이고 혐오스러운 콘텐츠, 성인물 콘텐츠, 불법적인 내용이나 사기 행위, 사업적 목적이 담긴 내용이 있으면 아예 대상에서 배제됩니다. 또, 사이트 관리자나 노출된 출처 작성자가 본인 콘텐츠임을 입증한 후 노출 중단을 요청하면 내릴 수 있습니다.

비슷한 듯 다른 PC와 모바일 화면
한눈에 보기

blog

예전과 달리 요즘은 유저 60%가 모바일로, 나머지 40%가 PC를 이용해 블로그를 방문합니다. 모바일로 들어오는 사람이 많으니, 처음부터 모바일 화면에서 어떻게 보일 것인지를 기준으로 만드는 게 낫겠죠. 하지만 스마트폰처럼 작은 기기에서 편집하기 어려워서 편집할 때는 PC를 이용합니다. 또 PC에서만 보이는 '프롤로그' 화면을 활용하면 내 블로그만의 개성을 표현할 수 있다는 장점도 있습니다. 내 블로그가 컴퓨터와 모바일에서 어떻게 보이는지, 각 화면에 있는 게 뭔지부터 볼까요?

PC에서만 보이는 블로그 화면 – 프롤로그

❶ 타이틀   타이틀 이미지가 나타납니다.

❷ 상단 메뉴   블로그 기본 메뉴입니다. 카테고리 메뉴 중 4개까지 추가할 수 있습니다.

❸ 포스팅한 글   블로그에 올린 글, 즉 포스팅한 내용이 카테고리별로 대표 이미지와 함께 나타납니다. 맨 위 왼쪽에 있는 게 가장 최근에 올린 글입니다. 여기에 나타날 카테고리를 따로 지정할 수도 있습니다.

❹ 프로필   주인장 소개입니다. 아래 있는 '글쓰기, 관리 · 통계'를 이용해 새 글을 쓰거나 블로그를 관리합니다.

❺ 위젯   컴퓨터나 휴대전화에서 이용할 수 있도록 만든 미니 응용 프로그램으로 추가하거나 삭제할 수 있습니다.

❻ 카테고리 메뉴   '관리'에서 내가 만든 메뉴가 나타납니다.

❼ 활동정보   현재 블로그 이웃수, 글 보내기 횟수, 글 스크랩 횟수 등 블로그 정보가 나타납니다.

❶ 타이틀

Peterpan

꽃집하는 피터팬
010.3478.1759

프롤로그 | 블로그 | 꽃 관리 | 꽃 선물 | 꽃 이야기   지도 | 서재 | 태그 | 안부

❷ 상단 메뉴

❸ 포스팅한 글

꽃 잘 자라게 웃거...　분갈이, 너라도 새...　햇빛 주기, 꽃집 사...　물 주기, 꽃집 사장...　호접란? 서양란? ...
2023. 2. 11.　　　2023. 2. 11.　　　2023. 2. 11.　　　2023. 2. 11.　　　2023. 2. 11.

- 꽃 선물

 결혼식에 선물하기 좋은 ...
결혼식이라면 순백의 웨딩드레스를 닮은 흰 호접란 신부가 연상되는 선물. ...
2023. 1. 29.

 개업식에 어울리는 화분은 ...
개업식에 어울리는 노오란, 포춘 개업식에 어울리는 화분은 포춘이에요. 호...
2023. 1. 29.

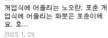 **생일에 선물하기 좋은 만...**
생일 선물로 좋은 화사한 만천홍 생일 선물로는 화사한 만천홍 추천! 1년...
2023. 1. 26.

- 꽃 이야기

 동백 피는 날
동백 피는 날 도종환 허공에 진눈깨비 치는 날에도 동백꽃 붉게 피어 아름...
2023. 1. 29.

 흔들리며 피는 꽃
흔들리며 피는 꽃 도종환 흔들리지 않고 피는 꽃이 어디 있으랴 이 세상...
2023. 1. 29.

 풀꽃의 노래
풀꽃의 노래 이해인 나는 늘 떠나면서 살지 굳이 이름을 불러주지 않아도 ...
2023. 1. 29.

 내가 만든 꽃다발
내가 만든 꽃다발 -삐에르 드 롱사르- 활짝 핀 꽃을 꺾어서 꽃다발을 바...
2023. 1. 29.

 풀꽃
풀꽃 나태주 자세히 보아야 예쁘다. 오래 보아야 사랑스럽다. 너도 그렇다...
2023. 1. 29.

 꽃멀미
꽃 멀미 이해인 사람들을 너무 많이 만나면 말에 취해서 멀미가 나고, ...
2023. 1. 27.

❹ 프로필

 피터팬
blue7z ✎

꽃 전문가 피터팬입니다. 평생 늙지 않는다는 피터팬처럼 언제나 싱싱한 꽃을 나누고 싶어서 꽃가게를 열었습니다. 서양란에 주로 판매하지만, 식물에 관한 온갖 수다도 좋아합니다. 양재꽃시장에 온 날이면 피터팬에 들러주세요. Edit

프로필 ›

✎ 글쓰기 ⚙ 관리·통계

❺ 위젯

@nanpeterpan   @nanpeterpan

❻ 카테고리 메뉴

카테고리
▢ 전체보기 (14)
▢ 꽃 관리
▢ 꽃 선물
▢ 꽃 이야기

❼ 활동정보

활동정보
블로그 이웃 4 명
글 보내기 0 회
글 스크랩 0 회

> 카테고리 메뉴는 프롤로그가 아니라 블로그 상세화면에서만 나타납니다.

모바일에서 보이는 블로그 화면

❶ **검색** 내 블로그 안에 있는 콘텐츠를 검색합니다.

❷ **더보기** 내 소식, 이웃목록, 통계, 모먼트 만들기, 글쓰기 등 다양한 메뉴가 제공됩니다.

❸ **블로그 방문 정보** 오늘 방문자수와 전체 방문자수가 나타납니다.

❹ **타이틀** 블로그 제목이 나타납니다.

❺ **프로필** 프로필 이미지, 별명, 내 블로그 주제, 이웃 수가 나타납니다.

❻ **공유하기 버튼** 카카오톡, 라인, 문자, 밴드로 공유하기와 URL 복사가 가능합니다.

❼ **소개** 내가 입력한 소개글이 나타납니다.

❽ **인기글** 내 블로그 포스팅 중 사람들이 많이 본 글이 순서대로 나타납니다.

❾ **전체글** 전체 블로그 글이 나타납니다.

1단계: 네이버 블로그 개설하기
제목과 소개글

다음(Daum)에도 티스토리가 있지만 많은 유저가 네이버를 이용하기 때문에 검색을 목적으로 하는 블로그 마케팅은 주로 네이버에서 시작합니다. 들어오는 유저 규모에 차이가 크니 처음엔 네이버로 시작하세요.

네이버에서는 네이버 아이디 하나당 블로그 한 개를 부여하며, 만들 수 있는 아이디는 최대 3개입니다. 핸드폰으로 본인 인증을 하니 핸드폰 번호 하나당 총 3개의 아이디 개설이 가능하다고 보면 됩니다. 네이버에 아이디가 없다면 당연히 아이디부터 만들어야겠죠? 여기서는 아이디가 이미 있다고 가정하고 다음 단계부터 진행하겠습니다.

1 네이버에 로그인합니다. 네이버 화면 오른쪽 위에 있는 로그인 정보에서 '블로그 탭 – 내 블로그'를 클릭합니다.

2 '블로그 관리' 화면에 들어가기
내 블로그 화면이 나타납니다. 네이버 아이디를 만들면 이렇게 자동으로 블로그가 주어집니다. 아직 쓰지 않았을 뿐이죠. 이제 시작합시다. '관리'를 클릭합니다.

3 블로그 제목과 소개글 입력하기

'블로그 관리' 화면이 나타납니다. '기본 설정 탭 - 기본 정보 관리 - 블로그 정보'를 클릭합니다. 먼저 내 블로그 제목과 소개글을 입력합니다. 여기서는 꽃집을 직접 운영하는 사장님이 블로그를 운영하는 과정을 콘셉트로 잡아 '꽃집하는 피터팬'으로 블로그 이름을 정했습니다. 그림을 참고해서 다 입력하세요. 다 되었으면 '확인'을 클릭하세요.

① 블로그 주소   네이버 ID로 자동 생성된 블로그 주소가 나타납니다. 단, 1회만 변경할 수 있습니다.
② 블로그명   인상적이거나 친근한 것이 좋습니다.
③ 별명   실제 블로그 주인을 말합니다. 별명이나 본명 등 상관없이 입력하면 됩니다.
④ 소개글   블로그 소개를 간단히 입력합니다.
⑤ 내 블로그 주제   내 블로그 주제를 선택하면 프로필에 노출됩니다.
⑥ 블로그 프로필 이미지   '등록' 버튼을 클릭한 후 내 블로그 프로필로 나타날 이미지를 선택합니다. 이때 이미지가 정사각형이면 비율이 맞아서 괜찮은데, 가로나 위아래로 긴 직사각형이면 프로필 모양이 이상해질 수 있습니다. 그래픽 프로그램을 이용해 정사각형으로 자르거나 사진 일부를 캡처해서 쓰세요. (그림 자르기 5부 참고)
⑦ 모바일앱 커버 이미지   모바일로 내 블로그에 방문했을 때 처음 보일 이미지를 선택합니다.
⑧ 사업자 확인   쇼핑몰이나 판매 등 온라인 거래를 할 때는 꼭 사업자정보 위젯을 설치해야 합니다.

2단계: 기본 디자인 정하기
블로그 스킨

blog

기본 정보를 입력했으니 이제 화면을 디자인할 차례입니다. 네이버에서는 '블로그 스킨'이라고 부르는 기본 블로그 디자인을 제공합니다. 디자인에 자신 있다면 개성 있는 모습으로 아예 다르게 꾸밀 수도 있지만, 일단 네이버 무료 스킨을 적용한 후 디자인 설정에서 개별로 바꾸는 것을 추천합니다. 스킨 샘플 중 블로그 분위기에 맞는 것을 선택하고 상단 이미지만 변경해도 나름 나만의 블로그 느낌이 나니까요.

또 하나 중요한 것이 있습니다. 블로그 쇼핑몰이나 판매 등 상거래 목적으로 활용하려면 전자상거래 소비자 보호에 관한 법률에 따라 반드시 블로그 홈에 사업자정보를 게재해야 합니다. 위젯을 사용해 사업자정보를 입력하는 방법을 알아볼게요.

레이아웃 설정 화면에서는 내 블로그에 나타날 여러 기능이나 메뉴를 선택하거나 삭제할 수 있습니다. 하지만 기능만 선택하는 것이라 여기서 설정하는 게 실제로 어떤 모양으로 나올지 알 수 없죠. 이럴 때는 하단의 미리보기 버튼을 이용하거나, 인터넷 창을 하나 더 열어서 내 블로그를 띄어 놓으세요. 설정 내용을 바로바로 확인할 수 있어서 작업이 편해집니다.

1 스킨 선택하기

앞에서 해본 방법으로 '블로그 관리' 화면에 들어갑니다. '꾸미기 설정 탭 – 스킨 – 스킨 선택'을 클릭하면 여러 디자인이 나타납니다. 여기서는 하얀 배경색에 상단을 바꾸기 쉬운 '도큐먼트' 스킨을 선택했습니다.

2 레이아웃과 메뉴 설정하기

왼쪽 메뉴 중 '디자인 설정 – 레이아웃 · 위젯 설정'을 클릭합니다.

– 먼저 맨 위에서 기본 레이아웃을 선택합니다. 요즘은 1단 스타일을 많이 씁니다.

– 오른쪽에 있는 '레이아웃 설정'에서 '중앙' 정렬, 글 영역 '넓게'로 설정하면 화면이 좀 더 시원하게 보입니다.

– '메뉴 사용 설정'과 '위젯 사용 설정'에서 필요한 옵션을 선택합니다.

3 위젯 설정하기 – 사업자정보

'위젯 사용 설정'에서 '사업자정보'를 클릭합니다. 관련 정보를 입력한 후 '확인' 버튼을 클릭하면 '사업자정보' 위젯이 활성화됩니다.

4 메뉴를 설정하고, 사업자정보 위젯까지 추가한 결과입니다.

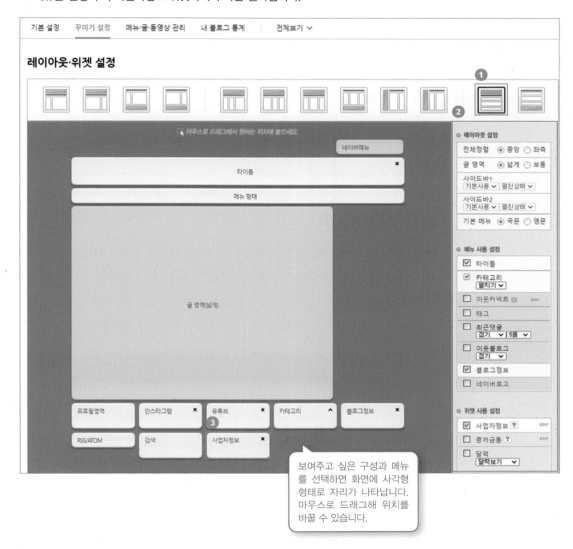

보여주고 싶은 구성과 메뉴를 선택하면 화면에 사각형 형태로 자리가 나타납니다. 마우스로 드래그해 위치를 바꿀 수 있습니다.

3단계: 간판을 올려볼까?

블로그 타이틀

블로그에 들어가면 나오는 첫 화면 위쪽에 커다란 이미지가 있죠? 그 부분을 꾸밀 차례입니다. 타이틀 이미지에는 기본적으로 블로그 이름을 넣는데, 내가 운영하는 다른 SNS 채널을 소개할 수도 있습니다. 따로 쇼핑몰이 있다면 전화번호, 쇼핑몰 이름 등을 제공해도 좋습니다. 내 블로그의 이미지를 좌우하니 신경 써야 합니다.

네이버에서 직접 만들어도 되지만 제공하는 폰트가 다양하지 않고 자간 조정이 안 되는 등 제약이 있습니다. 그래서 대부분 포토샵이나 미리캔버스 등의 외부 프로그램을 이용해 아예 블로그 제목까지 이미지로 만들어서 가져오는 방법을 사용합니다. 그래픽 프로그램이 낯설더라도 자주 사용해야 하니 그림 자르기, 글자 입력하기, 필터 효과 넣기 등 아주 기초적인 이미지 관련 기능들은 배우는 게 좋습니다. 기초적인 내용만 알아도 블로그 운영에는 충분하니까 꼭 배워두세요.

블로그 타이틀 이미지를 만들 때는 이미지 가로 크기를 기준으로 이미지가 찌그러지지 않도록 가로세로를 같은 비율로 조정하세요. 직접 촬영한 사진을 써도 되고 픽사베이, 언스플래쉬 Unsplash 같은 무료 이미지 제공 사이트에서 이미지를 내려받은 후 편집해서 사용해도 됩니다. 무료/유료 이미지 구하기나 이미지 크기 조정하기 등의 관련 기능은 5부에서 설명합니다.

블로그 타이틀 이미지를 만들 때 신경 써야 할 것들

• 블로그 대문 이미지 크기: 가로 966px, 세로 50~600px
• 그림이 찌그러지지 않도록 가로세로를 같은 비율로 편집하기

1 블로그 제목 편집하기

'블로그 관리' 화면에 들어갑니다. '꾸미기 설정 탭 – 디자인 설정 – 타이틀 꾸미기'를 클릭하면 '리모컨' 기능이 활성화됩니다. '블로그 제목'을 '표시'로 선택하면 앞에서 입력했던 블로그 제목이 나타납니다. 여기서는 글꼴 4가지, 글자 크기, 글자 색상과 위치 정도를 이용할 수 있습니다.

블로그 이름은 '꾸미기 설정 탭 – 세부 디자인 설정 – 타이틀'에서 수정할 수 있습니다.

2 다른 곳에서 작업한 이미지 가져오기

타이틀 배경을 만들 때는 '디자인'에 있는 스타일이나 컬러를 사용하면 됩니다. 다른 그래픽 프로그램에서 미리 작업한 이미지를 가져오려면 '디자인' 탭의 '직접등록 – 파일 등록'을 클릭합니다. '파일 등록' 대화상자가 나타나면 만들어둔 그림을 선택한 후 '확인'을 클릭합니다. 선택한 이미지가 화면에 나타납니다.

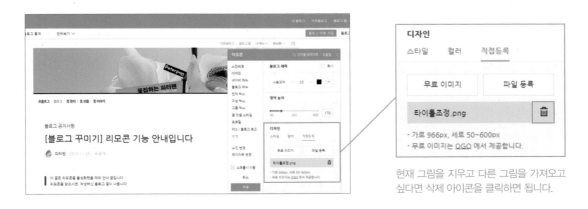

현재 그림을 지우고 다른 그림을 가져오고 싶다면 삭제 아이콘을 클릭하면 됩니다.

3

크기를 정확히 맞춰 만든 게 아니라면 선택한 스킨의 타이틀 세로 크기에 맞춰 '영역 높이'를 조정해야 합니다. 화면을 보면서 드래그해 조정하거나 오른쪽에 직접 숫자로 입력합니다. 다 되었으면 '적용' 버튼을 클릭합니다.

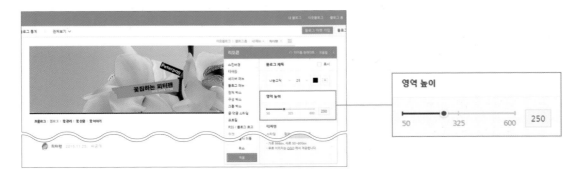

4 '세부 디자인 적용'을 묻는 대화상자가 나타납니다. 지금까지 만든 스킨을 저장하고 싶다면 '내가 만든 스킨에 저장합니다.'를 선택하세요. 아래쪽 빈칸에 스킨 이름을 입력한 후 '적용' 버튼을 클릭합니다.

5 '스킨이 저장되었습니다.'라는 알림 대화상자가 나타납니다. 내가 만든 스킨을 확인하고 싶다면 '확인' 버튼을 클릭합니다. 나중에는 '꾸미기 설정 탭 – 스킨 – 내 스킨 관리'에서 저장한 스킨을 볼 수 있습니다.

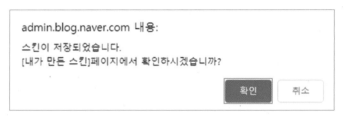

6 스킨을 선택한 후 '스킨 적용' 버튼이나 위쪽에 있는 '내 블로그'를 클릭합니다.

7 타이틀 이미지가 적용된 상태를 확인할 수 있습니다.

4단계: 블로그 메뉴 구성하기
상단 메뉴와 카테고리 메뉴

blog

타이틀을 이쁘게 꾸몄으니 이제 블로그 메뉴를 구성할 차례입니다. 블로그 메뉴는 블로그 뼈대를 만드는 작업입니다. 앞으로 어떤 정보를 올릴 것인지를 미리 알려주는 역할도 하지요. 유저가 쉽게 이해할 수 있고, 주제를 명확하게 알리는 간결한 메뉴명을 사용하는 것이 좋습니다. 이때, 주의할 것은 각 카테고리가 고유한 내용을 가지면서도 내 블로그 전체 콘셉트와 어울려야 한다는 것입니다. 예를 들어 블로그 주제가 서양란에 대한 전문가적 정보인데, 갑자기 가구 관련 카테고리가 튀어나오면 안 된다는 거죠.

블로그 메뉴에는 2가지가 있습니다. 블로그 타이틀 바로 아래 있는 '상단 메뉴'와 블로그 상세 화면 왼쪽과 맨 아래에 있는 '카테고리 메뉴'입니다. 먼저 카테고리 메뉴를 정한 후에 상단 메뉴 설정에 가서 노출하고 싶은 메뉴를 선택하면 됩니다. 각 메뉴명은 간략하고 주제가 확실한 게 좋습니다. 처음 방문한 사람들이 직관적으로 원하는 메뉴를 찾을 수 있도록 단순하게 구성하세요. 처음에는 메뉴 개수를 3~5개 이내로 하는 것이 좋습니다.

블로그 메뉴를 정할 때 신경 써야 할 것들

- 블로그 상세 화면 왼쪽과 맨 아래에 있는 건 카테고리 메뉴, 블로그 타이틀 바로 아래 있는 건 상단 메뉴
- 상단 메뉴 중 프롤로그와 블로그는 고정, 그 외 카테고리 메뉴 중 4개까지 선택할 수 있음
- 카테고리 메뉴는 쉽게 구분할 수 있도록 작성하기

1 카테고리 메뉴 만들기 – 공개/비공개의 차이

'블로그 관리' 화면에 들어갑니다. '메뉴 · 글 · 동영상 관리 탭 – 메뉴 관리 – 블로그'를 클릭합니다. 처음에는 당연히 카테고리에 아무것도 없습니다. '카테고리 추가' 버튼을 클릭한 후 왼쪽 '카테고리명'에 이름을 입력하세요. 다른 것들은 기본값으로 놔두고 '확인' 버튼을 클릭합니다.

– 카테고리 위치를 바꾸고 싶다면 카테고리명을 클릭한 채 위나 아래로 드래그합니다.

– 카테고리명을 수정하려면 수정할 이름을 클릭한 후 오른쪽 '카테고리명'에 다시 입력합니다.

2 주제 분류하기

'주제분류'를 통해 각 카테고리의 주제를 미리 설정할 수 있습니다. 나중에 수정해도 되지만 글을 쓸 주제가 확실하다면 카테고리를 만들 때 하길 권합니다. 주제가 설정되어 있으면 검색 시 주제와 관련된 최신글로 포털 사이트에 노출될 수 있기 때문입니다. 검색하는 목적이 원하는 분야의 글을 찾기 위한 것이니까 유저가 클릭할 확률이 높아지는 이런 기능은 아주 중요합니다.

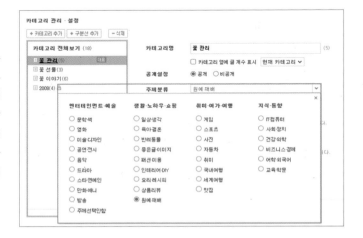

3 상단 메뉴 만들기

블로그 맨 위에 있는 메뉴입니다. 왼쪽 카테고리 메뉴를 똑같이 상단 메뉴로 설정할 수도 있고, 카테고리 메뉴 중 최대 4개까지 올릴 수도 있으니 적절히 사용하세요. '메뉴·글 관리 탭 – 메뉴 관리 – 상단메뉴 설정'을 클릭합니다.

❶ 메뉴 사용 관리   상단에 노출할 메뉴를 선택합니다.

– 프롤로그: PC에서만 볼 수 있는 화면입니다. 내가 올린 전체 포스팅이 한 페이지로 나타나기 때문에 블로그 개성을 보여주기 쉽고, 다른 글을 보도록 유도할 수도 있으니 잘 관리하세요.

– 블로그: 필수로 노출됩니다.

– 기타: '블로그' 외에 다른 메뉴는 선택해도 되고 안 해도 됩니다.

– 대표메뉴: 들어왔을 때 처음으로 보이는 화면을 말합니다. 프롤로그 화면이 처음 보이게 하고 싶다면 '대표 메뉴'를 '프롤로그'로 설정하세요.

대표메뉴가 '프롤로그'일 때
– 포스팅의 대표 이미지들이 먼저 나타납니다.

대표메뉴가 '블로그'일 때
– 가장 최근에 올린 블로그 글이 나타납니다.

❷ 상단 메뉴 저장   카테고리 메뉴 중 선택해서 상단 메뉴로 올릴 수 있습니다. 4개까지만 추가 가능.

4 프롤로그 페이지 관리하기

프롤로그 페이지에 이미지가 몇 줄로 보일지, 텍스트가 어떻게 보일지 등을 설정합니다. '프롤로그'를 선택한 후 오른쪽의 '프롤로그 관리'를 클릭하면 '프롤로그' 화면이 나타납니다. 또는 '메뉴·글 관리 탭 – 메뉴 관리 – 프롤로그'를 클릭해도 됩니다.

'글 강조'는 이미지와 글이 함께 나오고, '이미지 강조'는 제일 첫 줄에 이미지들이 먼저 나오는 형태입니다. 아무래도 글보다는 그림이 쉬워 보이니 '이미지 강조'를 선택한 후 '확인' 버튼을 클릭합니다.

5 상단에서 '내 블로그'를 클릭하면 지금까지 세팅한 내 블로그를 확인할 수 있습니다. 초기 세팅은 이 정도로 충분합니다. 나머지는 필요할 때마다 배우면 됩니다.

두근두근 첫 포스팅 올리기
네이버 블로그 에디터

이제 드디어 글을 쓸 차례입니다. 모바일로 유입되는 유저가 60%를 넘는다고 앞에서 말했었죠? 유저 사용 습관이 바뀌었으니 이에 맞춰 편집모드를 '모바일 화면'으로 바꾸고 시작하세요. 모바일 모드로 작성할 뿐 PC 화면에도 똑같이 적용됩니다.

그런데 모바일을 기본모드로 작업하면 고민이 생길 겁니다. 모바일에서 글을 입력할 때 6줄 이상이면 너무 빽빽하고 답답해 보이는데, 이걸 PC 화면에서 보면 2~3줄 정도라 헐렁해 보이거든요. 이럴 때는 어떻게 해야 할까요? 모바일과 PC 화면 양쪽 다에서 보기 좋게 하려면 모바일 모드에서 6줄 정도를 한 문단으로, 즉 Enter 를 눌러서 다음 줄로 끊지 말고 쭉 이어서 써보세요. 양쪽 다에서 훨씬 단정하게 보입니다.

베끼기 금지　네이버 검색 알고리즘은 다른 곳에서 복사해서 붙이거나, 너무 짧은 시간 안에 작성된 포스팅은 불법 프로그램을 돌리는 것은 아닌지 의심하니 주의하세요. 네이버 블로그에서 직접 입력하는 것이 좋고, 작성 중에 다른 일을 해야 한다면 '임시저장'을 클릭한 후 나중에 다시 불러와서 입력하면 됩니다.

글과 그림 배분　네이버가 좋아하는 형태는 텍스트 – 이미지 – 텍스트 – 이미지 식입니다. 여기서 말하는 이미지란 사진이나 스티커, 인용구, 글감, 동영상 등 다양한 콘텐츠를 말합니다. 가급적 다양한 형식을 사용하세요.

소제목　중간에 '소제목 스타일'이 나오는데, 소제목이 왜 필요할까요? 꼭 필요한 내용을 소제목으로 만들면 시선을 잡을 수 있기 때문입니다. 사람들이 블로그를 읽는 방식을 떠올려 보세요. 대부분은 위에서 아래로 쭉 내리면서 눈에 들어오는 소제목들을 먼저 살펴보죠. 이때 글을 읽을 것인지 안 읽을 것인지를 판단하고, 흥미로운 내용이라고 생각되면 그때부터는 자세히 읽기 시작합니다.

소제목으로 만들 때마다 일일이 편집하려면 귀찮겠죠? 이럴 때 편리한 게 '스타일' 입니다. 속성 도구막대에는 네이버에서 제공하는 본문, 소제목, 인용구 스타일이 들어 있습니다. 클릭만 하면 바로 적용되는데, 수정할 수는 있지만 내 맘대로 바꾼 스타일을 따로 저장할 수는 없으니 참고하세요. 나만의 독창적인 소제목을 원한다면 글꼴, 글자 크기, 색상 등을 따로 메모해 두었다가 때마다 같은 모양으로 편집해야 합니다. 노력 대비 효과가 크지 않으니 비추!

모바일 화면과 PC 화면 양쪽 다에서 단정하게 보이게 하는 방법

- 모바일 화면에서 한 문단이 6줄 정도 되도록 이어서 쓰기
- 글을 쓸 때 모바일 화면과 PC 화면을 바꿔가며 상태 확인하기
- 지루해지지 않게 중간중간 소제목과 이미지 넣기

❶ 기본 도구막대　문서를 작성하고 꾸밀 수 있는 다양한 기능을 모아놓았습니다.

❷ 속성 도구막대　문서에 입력한 텍스트, 사진, 동영상, 구분선, 인용구 등의 서식이나 옵션을 편집합니다.

❸ 사이드 패널　내 모먼트, 글감 검색, 라이브러리, 템플릿 기능이 여기 있습니다.

❹ 제목　포스팅할 제목을 입력합니다.

❺ 인덱스 메뉴　커서가 있는 줄 왼쪽에 ➕ 버튼이 있는데, 클릭하면 단축메뉴가 나타납니다.

❻ 본문　본문 내용을 입력합니다.

❼ 편집모드　PC 화면과 모바일 화면을 선택합니다.

1 내 프로필 아래에 있는 '글쓰기' 버튼을 클릭합니다. 처음 시작할 때 홈 화면 가운데 있는 '글쓰기' 버튼을 클릭해도 됩니다.

2 편집모드 바꾸기 – 모바일 화면/PC 화면
블로그 에디터가 나타납니다. 오른쪽 아래에 모니터 아이콘이 보이는데, 이 아이콘을 클릭할 때마다 PC 화면, 모바일 화면, 태블릿 화면으로 편집모드가 바뀝니다. 처음엔 'PC 화면' 상태로 나타나니 모바일 화면으로 선택합니다.

PC 화면 모드

모바일 화면 모드

3 이제 화면을 클릭한 후 포스팅 제목과 본문 내용을 입력합니다. 글 중간에 잠시 멈춰야 한다면 화면 위쪽에 있는 '저장'을 클릭하세요.

4 임시저장 글 편집하기

쓰던 글들이 임시저장됩니다. '저장' 옆의 숫자는 현재 저장된 글의 개수인데, 이 숫자 부분을 클릭하면 저장목록이 나타납니다. 각 항목 위로 마우스 포인터를 가져가면 삭제 아이콘이 나타나 지울 수 있습니다. 임시저장 글이 많이 쌓여 있어서 한 번에 정리하고 싶다면 '편집'을 클릭한 후 작업하면 됩니다.

5 소제목 스타일 적용하기

소제목으로 만들 문장을 마우스로 드래그해 선택합니다. 선택영역 바로 위에 글자를 편집할 수 있는 단축메뉴가 나타나 바로 폰트, 글자 크기, 강조 표시, 색상, 정렬 기능을 사용할 수 있습니다. 여기서는 그대로 두고 속성 도구막대 맨 왼쪽에 있는 '본문' 부분을 클릭해 '소제목' 스타일을 적용하세요.

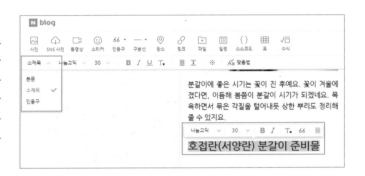

6 글자 색상 바꾸기

글자 색상을 바꾸려면 글자를 선택한 후 단축메뉴나 속성 도구막대의 색상 아이콘을 이용하면 됩니다. 같은 방법으로 나머지 소제목들도 통일된 스타일로 편집해 보세요.

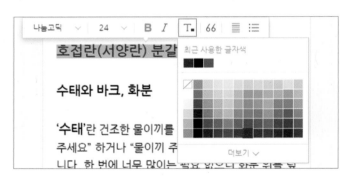

7 문단 정렬하기

가운데 정렬로 바꿔볼까요? Ctrl + A 를 눌러 본문 전체를 선택합니다. 속성 도구막대에서 가운데 정렬을 클릭합니다. 본문이 가운데 정렬로 바뀝니다. 물론 전체가 아니라 바꾸고 싶은 문장만 선택해서 해도 됩니다. 왼쪽 정렬이나 양 끝 정렬이 안정적인 느낌을 준다는 것도 기억하세요. Ctrl + Z 를 누르면 이전 상태로 되돌립니다.

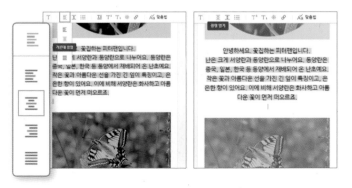

블로그에 그림 넣기
대표사진 지정

사진이나 인용구, 스티커 등을 글 사이사이에 왜 넣으라고 할까요?

화면으로 한 번에 많은 글을 읽기가 어렵다는 이유도 있지만, 더 중요한 건 사람들이 정보를 파악하는 습관 때문입니다. 사용자는 대체로 위에서 아래로 쭉 내리면서 중요한 것만 띄엄띄엄 봅니다. 쭉 내리다가 관심 있는 것이나 눈에 띄는 것을 보는데, 글 사이사이에 특이한 게 있으면 눈길이 가겠죠? 그래서 스티커나 사진을 적절히 넣고, 박스, 팁, 인용구 등을 활용하라고 하는 것입니다. 특히 박스나 인용구 안에 블로그 내용 중 중심이 되거나 꼭 알아야 하는 내용을 한 번 더 요약해서 보여주면 주목도를 높일 수 있습니다.

사진은 최소 5~15장 정도 넣는 게 검색에 유리합니다. 다른 곳에서 사용되지 않은 이미지가 검색결과로 노출될 확률이 높은데, 가진 사진이 많지 않다면 네이버 블로그 안에서 편집하세요. 네이버가 공식적으로 밝히진 않았지만, 네이버를 통해 이미지를 수정하면 네이버 검색엔진이 새로운 이미지로 인식한다는 '설'이 유력합니다. 사용하는 이미지는 꼭 저작권을 확인해야 합니다. 무료 이미지라도 저작권 표기 정도는 요구할 수 있으니 반드시 확인하세요.

사진을 많이 사용하면 노출에 유리합니다. 하지만 궁극적인 목표인 글 내용을 보강하고 쉽고 편하게 읽을 수 있게 하는 데 도움이 됩니다. 당연히 글 내용에 맞는 적절한 사진을 사용해야겠죠?

네이버 블로그에 사진을 넣는 요령

- 이미지는 최소 5장 이상 15장 이하 , 동영상 1편 이상
- 대표사진은 눈에 확 띄는 사진으로 넣기
- 박스, 팁, 인용구, 스티커 등 다양한 형식을 사용하기
- 꼭 외부 사진을 써야 한다면 네이버 스마트 에디터에서 자르고 편집하기

1 사진 넣기 – 인덱스 메뉴

사진을 넣을 위치를 클릭해 커서를 갖다 놓은 후 블로그 에디터 왼쪽에 있는 ⊞를 클릭합니다. 인덱스 메뉴가 나타나면 '사진'을 클릭합니다. 또는 상단의 기본 도구 막대에서 사진 메뉴를 클릭해도 됩니다.

2

탐색기가 나타나면 사진을 선택한 후 '열기' 버튼을 클릭합니다. 커서 위치에 사진이 삽입됩니다. 같은 방법으로 인덱스 메뉴의 '사진'을 클릭해 사진을 하나 더 추가합니다.

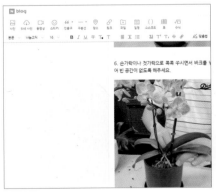

3 사진 여러 장을 한 줄로 넣기

사진이 나타나면 두 번째 사진을 클릭한 후 첫 번째 사진 옆으로 드래그합니다. 두 장의 사진이 나란히 붙게 됩니다. 3장을 붙일 때도 마찬가지입니다.

4 사진 여러 장을 한 번에 넣기

일일이 드래그하지 않고 사진 여러 장을 한 번에 붙이는 방법도 있습니다. 네이버에선 여러 장의 사진을 올릴 때 3가지 방식을 제공합니다. 해볼까요? 단축메뉴나 속성 도구막대에 있는 사진 아이콘을 클릭합니다. 탐색기가 나타나면 원하는 사진 여러 장을 선택한 후 '열기' 버튼을 클릭합니다.

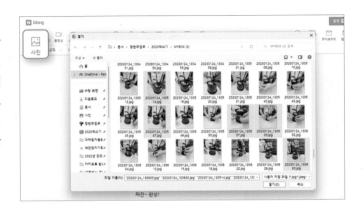

5 '사진 첨부 방식' 대화상자가 나타나면 사진을 넣을 모양을 선택하세요.

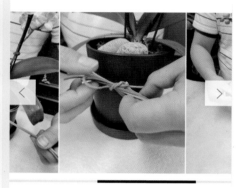

사진 첨부 방식

첨부되는 사진들의 레이아웃을 선택할 수 있습니다.

❶ 개별사진   ❷ 콜라주   ❸ 슬라이드

콜라주

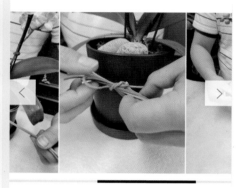

슬라이드

❶ 개별 사진 기본값입니다. 한 장씩 따로 사진이 첨부됩니다.
❷ 콜라주 사진이 조각처럼 붙어 한 번에 첨부됩니다.
❸ 슬라이드 그림 아래에 슬라이드바가 나타나 슬라이딩 방식으로 사진을 볼 수 있습니다.

6 **대표 사진 지정하기**

하나의 포스팅에는 여러 사진이 들어가죠? 보통은 맨 처음 입력한 사진이 대표 사진으로 자동 지정되는데, 다른 사진으로 지정할 수도 있습니다. 포스팅 입력화면이나 수정 화면에서 원하는 사진 위로 마우스 포인터를 가져갑니다. 사진 왼쪽 위에 '대표' 버튼이 나타나면 클릭하세요. 버튼이 초록색으로 변하면 지정된 것입니다.

블로그에 강조 표시 넣기
인용구와 구분선

블로그 포스팅 사이사이 눈에 띄는 인용구를 넣을 수 있습니다. 명언이나 유명한 대사 등을 넣거나 말하고 싶은 핵심적인 내용을 넣어 유저에게 각인하는 거죠. 인용구는 주목도가 높은 편이라 난발하면 지저분합니다. 하나의 포스팅에 한두 개 정도만 사용하세요.

1 인용구 넣기

인용구를 넣을 위치를 클릭한 후 블로그 에디터 왼쪽에 있는 ⊞를 클릭합니다. 인덱스 메뉴가 나타나면 '인용구'에서 원하는 모양을 선택하세요.

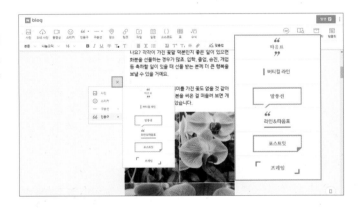

2 선택한 인용구 모양이 나타납니다. 처음엔 '내용을 입력하세요.'라는 부분이 나타나는데, 이 부분을 클릭한 후 원하는 글자를 입력하면 됩니다.

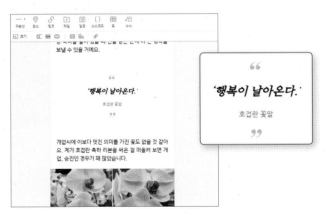

구분선은 위아래의 내용을 구분하거나 본문에서 빼놓은 말이나 따로 설명해야 할 정보 등을 덧붙일 때 사용합니다. 시선을 분산시키거나 환기를 위해 사용하기도 합니다.

1 구분선 넣기

구분선을 넣을 위치를 클릭한 후 블로그 에디터 왼쪽에 있는 ⊞를 클릭합니다. 인덱스 메뉴가 나타나면 '구분선'에서 원하는 모양을 선택하세요.

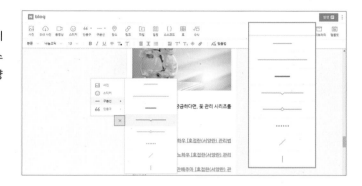

2 구분선이 나타납니다. 입력된 구분선을 클릭하면 단축메뉴가 나타나 바로 선모양을 바꾸거나 삭제할 수도 있습니다. 맨 왼쪽의 정렬 아이콘을 클릭할 때마다 화면의 왼쪽, 중앙, 오른쪽으로 이동합니다. 여기서는 가운데로 가져왔습니다.

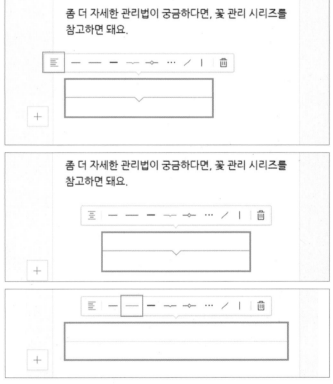

구분선은 길이 수정이 불가능합니다. 만약 긴 선이 필요하다면 두 번째 스타일을 사용하세요.

사진 편집하기
네이버 스마트 에디터

사진을 자주 사용하는데 그때마다 포토샵 등 외부 프로그램을 사용하기란 쉽지 않죠. 사진 밝기 조절이나 각도 조정, 자르기, 출처 정보나 말풍선 붙이기 등 간단한 편집 기능은 블로그 에디터에서도 할 수 있습니다.

입력한 사진을 더블클릭하면 나타나는 스마트 에디터(Smart Editor)는 네이버 블로그에서 제공하는 사진 편집용 프로그램입니다. 스마트 에디터로 편집한 사진은 네이버 검색엔진이 기존 사진과 다른 새로운 사진으로 인식하니 새로운 사진이 부족할 때 이용해 보세요. 생각보다 다양한 사진 편집이 가능합니다. 여기서는 자주 사용하는 몇 가지 기능을 알아보겠습니다.

❶ 크기 사진을 원하는 크기로 편집합니다. 여러 개를 한 번에 조정할 수도 있습니다.
❷ 자르기, 회전 문서에 입력한 텍스트, 사진, 동영상, 구분선, 인용구 등의 서식이나 옵션을 편집합니다.
❸ 필터 사진에 필터를 적용합니다.
❹ 보정 밝기, 채도, 선명도, 색온도, 대비, 원형 블러, 선형 블러 등으로 보정합니다.
❺ 액자 사진에 액자모양 틀을 넣습니다.
❻ 서명 이미지, 텍스트, 기본 도장 형식으로 서명을 넣습니다.
❼ 모자이크 사각형, 원형으로 드래그해 영역을 선택한 후 모자이크 처리합니다.
❽ 텍스트 아트타이포, 말풍선 등을 넣습니다.
❾ 스티커 스티커를 붙여 위트 있게 만듭니다.
❿ 마스크 다양한 도형 모양으로 사진을 잘라서 꾸밀 수 있습니다.
⓫ 이미지 목록 현재 포스팅에 있는 모든 사진이 나타나 바로 선택할 수 있습니다.

1 스마트 에디터 실행하기

블로그 에디터에서 편집할 사진을 클릭합니다. 사진 위로 단축메뉴가 나타나면 편집 아이콘 🖼을 클릭합니다. 단독 사진은 더블클릭하면 바로 스마트 에디터가 실행됩니다.

2 사진 자르기

스마트 에디터가 실행됩니다. 스마트 에디터가 나타나면 오른쪽 메뉴에서 '자르기, 회전'을 클릭합니다. 각 모서리에 꺾쇠 모양이 나타나면 마우스로 드래그해 잘라낼 영역을 조정합니다.

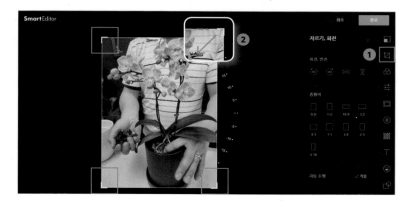

3 회전, 반전시키기

사진의 각도를 조정하고 싶다면 그림 오른쪽에 나타난 각도 표시를 드래그하거나 오른쪽 메뉴에서
조정합니다. '회전, 반전, 좌우반전, 상하반전' 기능을 활용하세요. 편집이 끝나면 '적용' 버튼을 클릭
한 후 위쪽의 '완료' 버튼을 클릭합니다.

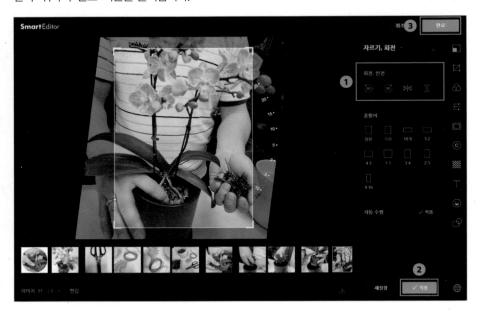

4 스마트 에디터 창이 닫히고, 편집 결과가 블로그 에디터에 나타납니다.

사진에 내 도장 꽝!
서명

blog

'서명'이란 말 그대로 '이 사진 내꺼'라는 표시를 붙이는 것을 말합니다. 스마트 에디터에서 할 수 있는데, 외부 프로그램을 통하지 않아도 돼서 나름 편리합니다. 글자로 입력해도 되고, 따로 만든 이미지를 불러올 수도 있습니다. 서명용 이미지는 400×200px, 200KB 이하인 이미지만 사용할 수 있으니 주의하세요.

스마트 에디터에서 사용할 수 있는 서명 종류

외부 이미지

URL 또는 글자

블로그 제공 템플릿

1 블로그 에디터에서 편집할 사진을 더블클릭합니다. 스마트 에디터가 나타나면 오른쪽 메뉴에서 '서명'을 클릭합니다.

2 **이미 만들어둔 서명 이미지 불러오기**
서명 메뉴 중 '이미지'를 선택한 후 '+ 추가' 버튼을 클릭합니다. 탐색기가 나타나면 불러올 이미지를 더블클릭합니다. 사진에 서명 이미지가 나타나면 마우스로 드래그해 원하는 위치로 이동시킬 수 있습니다. 크기 변경은 안 되니 참고하세요.

3 **글자로 서명 입력하기**
서명 메뉴 중 '텍스트'를 클릭합니다. 자동으로 블로그 URL이 나타나 서명으로 사용할 수 있습니다. 글꼴과 크기, 색 정도의 간단한 편집이 가능합니다.

4 서명 템플릿 사용하기

좀 더 보기 좋은 모양을 원한다면 '템플릿'을 클릭합니다. 다양한 '서명 템플릿'이 나타나는데, 여기서 원하는 모양을 선택하면 사진에 바로 나타납니다. 사진에 적용된 템플릿 문양을 더블클릭하여 직접 원하는 글자를 입력하고, 색과 모양을 바꿀 수도 있습니다.

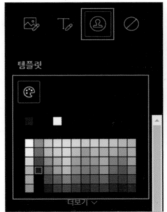

5 수십 장의 사진에 한 번에 서명 적용하기

서명이 적용된 사진을 선택한 후 '모든 사진'을 클릭하면 현재 스마트 에디터의 '이미지 목록'에 있는 모든 사진에 같은 서명이 적용됩니다. '사진 선택'을 클릭하면 원하는 사진들만 선택해 적용할 수 있습니다.

6 자동 적용이 완료된 후에는 스마트 에디터가 자동으로 닫히고, 블로그 에디터에 서명이 적용된 사진들이 나타납니다.

사진에 센스와 위트 장착하기

말풍선과 아트타이포

네이버 스마트 에디터를 이용해 사진에 재밌는 말풍선을 넣어보겠습니다. 위트 있는 말풍선은 사진에 감정을 실을 수 있으니 잘 사용해 보세요.

스마트 에디터 – 텍스트 메뉴

스마트 에디터 메뉴 중 '텍스트'를 클릭하면 일반 텍스트나 아트타이포, 말풍선을 입력할 수 있습니다. 사용방법은 다 똑같습니다. 아래쪽의 ■■■버튼을 클릭하면 모든 종류가 나타납니다.

❶ 일반 텍스트   '추가' 버튼을 클릭하면 글상자가 나타나 원하는 내용을 입력할 수 있습니다.

❷ 아트타이포   원하는 모양을 클릭하면 바로 사진에 적용됩니다. '타이틀을 입력하세요' 부분을 클릭한 후 원하는 내용을 입력하면 됩니다. '색상' 버튼을 클릭하면 원하는 색상을 선택할 수 있습니다.

1 말풍선 넣기

블로그 에디터에서 말풍선을 넣을 사진을 더블클릭합니다. 스마트 에디터가 나타나면 오른쪽에서 '텍스트' 메뉴를 클릭합니다. 여러 종류의 말풍선이 나타나는데 스크롤을 내려서 맘에 드는 것을 선택합니다. 말풍선이 사진에 삽입됩니다.

2 말풍선 편집하기

말풍선 각 모서리를 마우스로 드래그해 크기를 조정할 수 있고, 말풍선을 클릭한 후 드래그하면 위치를 옮길 수도 있습니다. 말풍선 안쪽을 더블클릭해 원하는 글자를 입력하세요.

3

오른쪽 메뉴를 보면 '말풍선'에 글꼴 종류, 색상과 문단 정렬, 진하게, 밑줄 등의 편집 기능이 나타납니다. 원하는 대로 편집한 후 위쪽에 있는 '완료' 버튼을 클릭합니다.

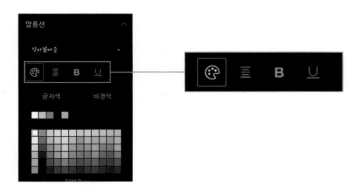

4

블로그 에디터 사진에 말풍선이 나타납니다.

블로그에 스티커 넣기

blog

스티커는 귀여운 이모티콘 같은 이미지입니다. 블로그에서 스티커를 사용하는 이유는 유저에게 주인장의 감정을 전달하기 좋기 때문입니다. 사진만으로 전달할 수 없는 느낌이나 재미를 전하고, 글만 있을 때의 지루함을 환기하기 위해서도 사용합니다. 무료로 제공되는 스티커 종류도 꽤 많으니 적절히 활용해 보세요. 플레이 마크가 있는 것은 움직이는 스티커입니다.

1 본문 중 스티커 넣을 위치를 클릭합니다. 인덱스 메뉴에서 '스티커'를 선택합니다. 위쪽의 기본 도구 막대에서 '스티커' 메뉴를 클릭해도 됩니다. 오른쪽에 '스티커' 대화상자가 나타나면 원하는 스티커를 클릭합니다. 스티커가 입력됩니다.

2 스티커 구매하기

독특한 스티커를 사용하고 싶다면 구매하면 됩니다. '스티커' 대화상자의 스티커 종류 중 오른쪽 끝에 있는 장바구니 아이콘을 클릭합니다.

3 네이버 'OGQ마켓' 화면이 나타납니다. 쭉 둘러보고 원하는 스티커를 선택한 후 결제합니다. 블로그 에디터의 '스티커' 패널에서 '새로고침' 버튼을 클릭하면 구매한 스티커를 볼 수 있습니다.

블로그에 태그 넣기

blog

'태그(TAG)'란 정보를 검색할 때 사용되는 단어를 의미하며, '꼬리표'라고도 부릅니다. 블로그에서의 태그는 글의 내용을 요약한 단어들이라고 보면 됩니다. 다른 SNS에서는 태그 자체가 키워드인 경우가 많지만, 블로그에서는 핵심 키워드의 연관 검색어라고 생각하는 게 더 정확합니다.

사람들이 요즘 관심을 보이는 키워드를 많이 사용하면 무조건 내 포스트가 네이버 상단에 노출될까요? 그렇지 않습니다! 이미 너무 많은 콘텐츠가 있으니까요. 차라리 내가 쓰려는 글감의 개성이 드러날 수 있는 2차 키워드를 잡아보는 게 낫습니다.

예를 들어, 화장품을 주제로 키워드를 잡는다면 '40대 피부미인이 되는 법은?'으로 제목을 붙이고 글 속에 '40대피부, 40대피부관리' 등의 연관 키워드들을 넣는 식으로요. 블로그 태그를 선택할 때도 연관 키워드를 선택하는 게 좋은데, 솔직히 키워드 찾기를 매일 하기란 힘듭니다. 점차 나한테 맞는 패턴을 찾아가되 처음엔 주별, 월별로 한 번씩 찾아 정리해 보세요. 미리 정해진 키워드를 중심으로 제목을 정하고, 제목과 관련된 전문적이고 정성 어린 글을 쓰고, 노출하고 싶은 키워드와 연관된 단어들을 태그로 선택하는 게 요령입니다.

태그 넣는 방법 – 맞춤법 검사 후 태그 등록하기
블로그 포스팅에 태그를 다는 방법은 2가지가 있습니다. 하나는 본문 중 태그가 될 만한 단어에 '#'을 붙이는 것입니다. 이렇게 하면 태그로 인식되지만 유저들이 볼 때도 '#단어'처럼 나타나기 때문에 눈에 거슬린다는 문제가 있습니다. 실제로 이런 것 때문에 흥미를 잃은 유저가 이탈되는 경향이 있습니다. 그래서 요즘은 포스팅을 발행할 때 태그를 따로 입력하는 방법을 사용합니다.

1 맞춤법 검사하기

글을 다 썼으면 맞춤법 검사를 통해 단어나 띄어쓰기 등이 맞는지를 확인하세요. 글 부분에 마우스 포인터를 둔 후 속성 도구 막대에서 'Aa 맞춤법'을 클릭하면 됩니다.

2

잘못 사용된 단어나 띄어쓰기가 새 창에 나타납니다. 추천 문구를 확인한 후 '수정' 버튼을 클릭하면 수정됩니다. 수정하지 않을 거면 '제외' 버튼을 클릭합니다. 다 됐으면 '완료' 버튼을 클릭해 맞춤법 검사를 끝냅니다.

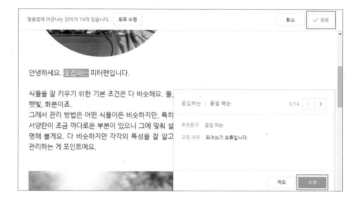

3 발행하기

화면 위쪽의 '발행' 버튼을 클릭합니다. 포스팅 발행 조건을 설정할 수 있는 대화상자가 나타납니다.

4 태그 입력하기

'태그 편집'에 태그를 입력합니다. 내가 태그를 입력하면 입력창 아래로 연관된 태그들이 나타납니다. 네이버에서 제시한 연관 태그 중에서 입력하는 것이 네이버 검색에 유리합니다. 다 되었으면 '발행' 버튼을 클릭합니다.

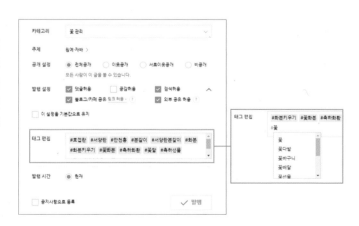

5   드디어 첫 포스트가 발행되었습니다. 모바일과 PC에서 확인해 보세요.

6   태그 수정하기

태그들이 포스팅 하단에 나타납니다. '태그 수정' 버튼을 클릭하면 텍스트 박스가 나타나 수정할 수 있습니다. 수정 후 '확인' 버튼을 클릭하면 적용됩니다.

블로그에 동영상 넣기

동영상 콘텐츠가 주목받는 건 이제 블로그도 마찬가지입니다. 동영상 콘텐츠가 들어가면 블로그 지수도 상승합니다. 그러면 유튜브 동영상 링크를 넣으면 되지 않을까요? 정답은 아닙니다. 네이버에 동영상을 올리고 받는 점수가 10점이라면, 유튜브 동영상 링크를 올리고 받는 점수는 0점입니다. 왜 그럴까요? 네이버와 유튜브는 경쟁자입니다. 여러분도 경쟁자 콘텐츠를 넣어주는 데 점수를 주기는 힘들겠죠? 그래서 이왕이면 점수를 제대로 받을 수 있도록 네이버에 직접 동영상을 등록하는 것이 좋습니다.

1 블로그 에디터의 기본 도구 막대에서 '동영상'을 클릭합니다. 동영상 대화상자가 나타납니다. '일반 동영상' 탭에 있는 '동영상 추가' 버튼을 클릭합니다.

2 탐색기가 나타나면 넣고 싶은 동영상을 찾아 선택한 후 '열기' 버튼을 클릭합니다.

3 대표 이미지 선택하기

'동영상 업로드' 대화상자가 나타납니다. 자동으로 추출된 6장의 대표 이미지 중 마음에 드는 것을 선택하면 대표 이미지로 나타납니다. '제목'과 '정보'에 동영상에 대한 설명을 입력하세요. 동영상 태그도 10개까지 입력할 수 있습니다. 다 되었으면 '완료' 버튼을 클릭합니다.

4 동영상 정보 수정하기

동영상이 블로그 에디터에 나타납니다. 동영상을 더블클릭해 보세요.

5 동영상 정보 대화상자가 다시 나타납니다. 제목과 설명, 태그를 수정한 후 '확인' 버튼을 클릭합니다.

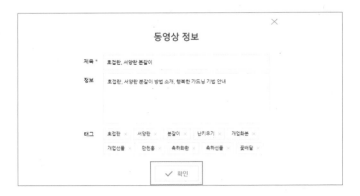

내 블로그에 있는 다른 글 링크 넣기

시리즈 포스팅

이미 올렸던 포스팅 중 반응이 좋거나, 현재 보고 있는 내용과 관련이 있으면 현재 포스팅에 연결해서 관련 글도 읽도록 유도할 수 있습니다. 클릭하면 바로 그곳으로 이동하게 만드는 방법이죠. 포스팅할 때 드라마처럼 계속 연결해서 볼 수 있도록 구성하는 것을 '드라마 포스팅' '시리즈 포스팅'이라고 말합니다. 장점은 한 번 방문한 유저가 내 블로그 이곳저곳에 있는 포스팅을 읽는 시간을 늘릴 수 있다는 거죠. 포스팅 읽는 시간이 늘어난다는 것은 포스팅이 읽을 만하다는 증거이자 충성도의 증거가 됩니다. 이는 블로그 지수에 영향을 주고 상단노출에 도움이 됩니다.

1 포스팅 주소 복사하기

인터넷 창을 하나 더 연 후 가져올 포스팅으로 들어갑니다. 주소 표시줄에 나타난 포스팅 주소를 선택해 Ctrl + C 를 눌러 복사합니다. 또는 포스팅 제목 아래에서 'URL 복사'를 클릭해도 됩니다.

2 포스팅 주소 그대로 붙여넣기

작성 중인 블로그 에디터로 돌아와서 붙여넣을 위치를 클릭한 후 Ctrl + V 를 누릅니다. 링크가 입력되면 아래쪽에 복사한 포스팅의 대표 이미지 미리보기 화면이 자동으로 나타납니다.

3 그림 없이 제목만 넣어 링크하는 방법도 있습니다. 시리즈가 많다면 이 방법이 더 깔끔하긴 하죠. 먼저 제목을 쭉 글자로 입력합니다.

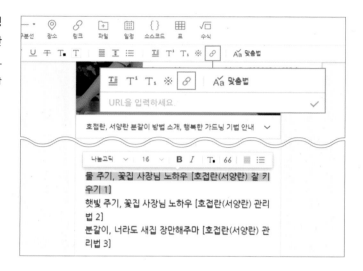

4 1번에서 한 방법으로 연결할 포스팅 링크를 복사합니다. 제목을 마우스로 선택한 후 '링크 연결' 아이콘을 클릭합니다. URL 입력 대화상자에 복사한 링크를 붙여 넣습니다.

5 링크가 등록되면 글자 아래에 밑줄이 그어지면서 색상이 바뀝니다. 클릭하면 해당 포스팅으로 바로 이동합니다.

[꽃 관리 시리즈]
물 주기, 꽃집 사장님 노하우 [호접란(서양란) 관리법 1]
햇빛 주기, 꽃집 사장님 노하우 [호접란(서양란) 관리법 2]
분갈이, 너라도 새집 장만해주마 [호접란(서양란) 관리법 3]

클릭하면 슝~ 관련 정보 링크 넣기
쇼핑, 사진, 책, 뉴스까지 모두 제공

blog

사진, 책, 영화, TV, 공연·전시, 음악, 쇼핑, 뉴스 등 포스팅에 필요한 정보가 있을 때 여기저기 돌아다니며 찾지 않아도 바로 관련 정보를 찾아 링크로 연결할 수 있습니다. 내가 미리 찾아 링크를 걸어두면 유저들은 클릭 한 번으로 관련 내용을 볼 수 있으니 편하겠죠?

1 사진, TV, 책, 뉴스 정보 넣기
블로그 에디터 사이드 패널 중 '글감'을 클릭합니다. 사이드 패널이 나타나면 '검색어를 입력하세요.'라고 쓰인 부분에 검색어를 입력합니다. 여기서는 '꽃'이라고 입력했더니 '사진' 탭에 꽃 관련 사진이 나타났습니다. 책, 영화, TV, 공연전시, 음악, 쇼핑, 뉴스 등 다른 탭에서도 '꽃'과 관련된 정보를 확인할 수 있습니다.

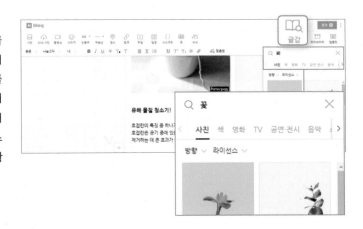

2 해당 정보를 클릭하면 바로 포스팅에 나타납니다. 이때 유료 콘텐츠를 사용하고 싶지 않다면 '라이선스' 클릭하여 무료만 선택해 놓는 것이 좋습니다.

3 쇼핑몰 정보 넣기

쇼핑몰 정보를 제공하고 싶을 때도 있죠? 이번에는 '호접란'을 검색한 후 '쇼핑' 탭을 클릭합니다. 다양한 상품이 나타나는데, 제대로 연결되는지를 확인하기 위해 상품의 상세보기 아이콘을 클릭합니다. 새 화면이 나타나 이 제품과 관련된 쇼핑 정보를 확인할 수 있습니다.

4 유저들이 볼 화면이므로 이렇게 미리 점검하세요. 확인했으면 다시 블로그 에디터 화면으로 돌아와 이 상품을 클릭합니다. 바로 쇼핑 정보가 입력됩니다.

클릭 한 번으로 멋과 감성 충전!
디자인 템플릿

디자인이 고민이라면 네이버에서 제공하는 템플릿을 활용해 보세요. 템플릿은 말 그대로 포스팅 디자인만을 위해 제공되는 서비스입니다. 내 블로그 전체에 적용되는 디자인도 있고, 타이틀 등 일부분에만 적용할 수도 있습니다. 요즘은 군더더기 없이 세련된 게 트렌드니 너무 복잡하지 않게 만들어 보세요. 템플릿을 사용하다 보면 가끔 잘 작동하지 않을 때가 있는데, 그럴 때는 임시저장한 후 창을 닫았다가 다시 불러와 작업하면 됩니다.

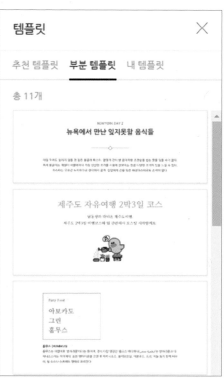

1 추천 템플릿 이용하기

블로그 에디터 사이드 패널 중 '템플릿'을 클릭합니다. '추천 템플릿' 탭에 다양한 템플릿이 나타나면 미리보기 화면을 보면서 원하는 디자인을 선택합니다.

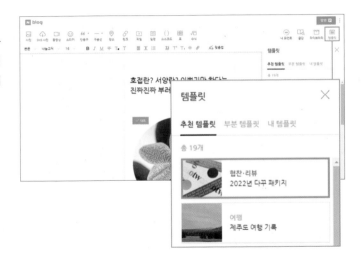

2 여기서는 '제주도 자유여행'을 클릭해 적용했습니다.

3 타이틀 사진 바꾸기

이제 이미지와 텍스트를 바꿔볼까요? 맨 위에 있는 블로그 제목 부분으로 마우스 포인터를 가져가면 '위치이동, 삭제' 버튼이 나타납니다. '삭제' 버튼을 눌러 배경 사진을 삭제합니다.

4 이미지가 삭제되면서 '사진' 아이콘과 '클라우드에서 내려받기' 아이콘이 나타납니다. 사진 아이콘을 클릭하세요.

5 탐색기가 나타납니다. 원하는 사진을 선택한 후 '열기' 버튼을 클릭합니다.

6 '위치 이동' 버튼을 눌러 원하는 사진 영역을 설정합니다.

7 글자 수정하기

제목 글자 부분을 클릭한 후 원하는 제목을 입력합니다. 같은 방법으로 아래쪽의 텍스트도 수정하세요.

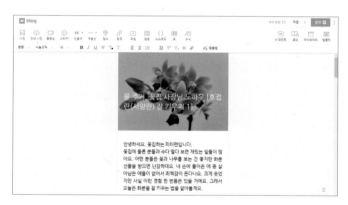

8 본문 사진 바꾸기

템플릿 사진을 클릭하면 사진 바로 위에 단축메뉴가 나타납니다. 삭제 버튼을 눌러 지운 후 원하는 사진을 추가합니다. 더 간단한 방법도 있습니다. 템플릿 사진을 더블클릭하면 바로 탐색기가 나타나는데. 여기서 원하는 사진을 더블클릭해도 됩니다.

❶ 작게 그림을 작게 축소합니다.
❷ 문서너비 그림을 문서너비에 맞게 보여줍니다.
❸ 옆트임 그림을 문서너비보다 크게 확대하여 보여줍니다.
❹ 삭제 그림을 지웁니다.

9 템플릿 저장하기 – 내 템플릿 탭

같은 방법으로 사진을 모두 수정합니다. 수
정한 템플릿을 다음에도 사용하고 싶다면 사
이드 패널에서 '내 템플릿' 탭을 클릭합니다.
'+ 현재 글 추가'를 클릭하면 저장됩니다.

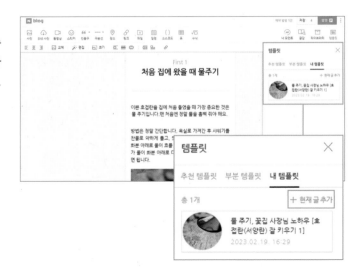

10 부분 템플릿 적용하기

부분 템플릿을 적용하고 싶은 위치를 클릭합니다. '부분 템플릿' 탭에서 원하는 디자인을 클릭하면 바로 적용됩니다. 사
진이나 글을 수정하는 방법은 전체일 때와 같습니다.

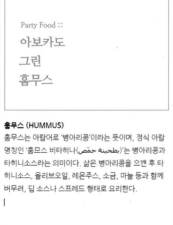

홈무스 (HUMMUS)
홈무스는 아랍어로 '병아리콩'이라는 뜻이며, 정식 아랍
명칭인 '홈므스 비타히나(طحينة حمّص)'는 병아리콩과
타히니소스라는 의미이다. 삶은 병아리콩을 으깬 후 타
히니소스, 올리브오일, 레몬주스, 소금, 마늘 등과 함께
버무려, 딥 소스나 스프레드 형태로 요리한다.

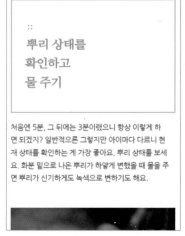

처음엔 5분, 그 뒤에는 3분이랬으니 항상 이렇게 하
면 되겠지? 일반적으론 그렇지만 아이마다 다르니 현
재 상태를 확인하는 게 가장 좋아요. 뿌리 상태를 보세
요. 화분 밑으로 나온 뿌리가 하얗게 변했을 때 물을 주
면 뿌리가 신기하게도 녹색으로 변하기도 해요.

나만의 위젯 만들기
인스타그램, 유튜브 바로가기

인스타그램이나 유튜브 등 다른 SNS를 운영한다면 바로가기 위젯을 만들어 블로그에 달면 여러모로 좋습니다. 다양한 채널을 운영한다는 이미지도 심고, 나의 다른 채널을 방문하도록 유도할 수도 있으니까요.

이번엔 유튜브 위젯을 만들어서 달아보는 과정을 알아보겠습니다. 처음 보면 약간 당황할 수 있는데, 그냥 코드 복사해서 쓰면 되는 거니까 천천히 따라하면 됩니다. 먼저 생각해 보세요. 이미지를 클릭했을 때 바로 내 유튜브가 나타나도록 하려면 뭐가 필요할까요? 일단 진짜로 내 유튜브가 있어야 하고, 또 위젯 이미지도 필요합니다. 다른 SNS로 이동하는 위젯을 만들 때는 링크를 불러오는 링크 태그, 이미지를 불러오는 이미지 태그, 이 2가지 간단한 html 소스만 사용하면 됩니다.

링크 태그: 유튜브 사이트로 이동합니다.
〈a href="사이트 링크"〉
이미지 태그: 유튜브 위젯 이미지를 불러와서 보여줍니다.
〈img src="이미지 링크" width="170"〉

이때 위젯 이미지는 그냥 사진 넣듯이 하는 게 아니라 html 태그로 불러오는 형태라 이미지가 다른 어딘가에 저장되어 있어야 합니다. 가장 쉬운 방법은 블로그에 비공개 카테고리를 만들어 올리는 건데, 직접 해보면 생각보다 쉽습니다. 하나씩 해봅시다.

1 그래픽 프로그램에서 위젯 이미지 만들기

위젯 이미지는 따로 준비되어 있어야 합니다. 이미지 만드는 방법은 5부에서 설명하니 참고하세요. 위젯 이미지 사이즈가 중요한데, 가로 170px, 세로 600px까지만 지원합니다.

2 비공개 카테고리 만들기

'블로그 관리' 화면에 들어가 비공개 카테고리를 만드세요.

– '메뉴 · 글 · 동영상 관리 탭 – 메뉴 관리 – 블로그'를 클릭합니다.

– '카테고리 추가' 버튼을 클릭한 후 왼쪽 '카테고리명'에 이름을 입력합니다.

– '공개설정'에서 '비공개'를 클릭합니다.

3 비공개 카테고리에 이미지 등록하고 주소 복사하기

비공개 카테고리 글쓰기 화면에 들어가 위젯 이미지를 넣습니다. 이미지를 마우스 오른쪽 버튼으로 클릭한 후 '이미지 주소 복사'를 클릭합니다. 메모장에 복사한 이미지 주소를 붙여두세요.

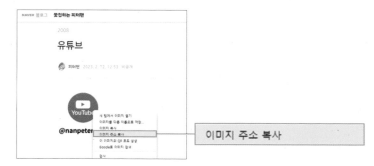

4 '블로그 관리' 화면에 들어가기
네이버에 로그인한 후 내 프로필 아래에 있
는 '관리'를 클릭합니다.

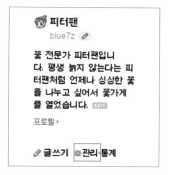

5 관리 화면이 나타나면 '꾸미기 설정' 탭
을 클릭한 후 왼쪽 메뉴에서 '디자인 설정
– 레이아웃 · 위젯설정'을 클릭합니다. 화
면 오른쪽 맨 아래에 있는 '+위젯직접등록
BETA' 버튼을 클릭합니다.

6 '위젯 직접등록' 대화상자가 나타나면
'등록방법'을 클릭합니다.

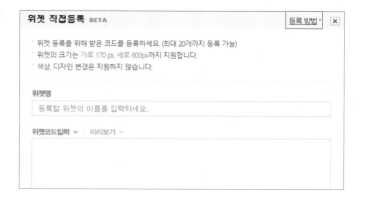

7 '네이버 블로그팀 공식블로그' 화면이 나타납니다. 위젯 등록에 대한 안내가 자세히 나와있습니다. 맨 아래쪽에 있는 '메모 알림판 위젯 만들기 예제'를 클릭하세요.

8 **이미지 태그 html 코드 복사하기**

위젯 코드 샘플과 사용법이 나타납니다. html 예제에서 이미지 태그만 드래그해서 선택한 후 Ctrl + C 를 눌러 복사합니다.

[복사하기]
〈img src=" http://blogimgs.naver.com/section/h1_blog.gif " width="170" 〉〈br〉〈br〉〈/p〉

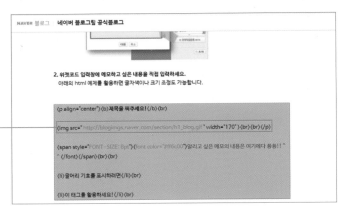

9 **html 소스 바꾸기**

– 다시 '위젯 직접등록' 대화상자로 돌아와 '위젯명'에 원하는 이름을 입력합니다.

– '위젯코드입력'에 링크 태그를 책과 똑같이 입력하세요. 이미지 태그는 앞에서 복사했으니 Ctrl + V 로 붙여 넣습니다.

– 내 유튜브 사이트 주소와 내 유튜브 위젯 이미지 주소로 수정합니다.

– '다음' 버튼을 클릭합니다.

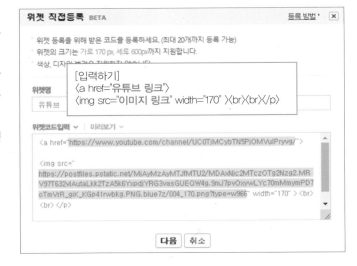

10 위젯 미리보기가 나타납니다. 확인한 후 '등록' 버튼을 클릭합니다.

11 정상적으로 등록되었다는 알림 대화상자가 나타나면 '확인' 버튼을 클릭합니다.

admin.blog.naver.com 내용:

정상적으로 반영되었습니다.

확인

12 '레이아웃, 위젯 설정' 화면에 새로 '유튜브' 위젯이 나타납니다. 원하는 위치로 이동시킨 후 화면 맨 아래쪽에 있는 '적용' 버튼을 클릭하세요.

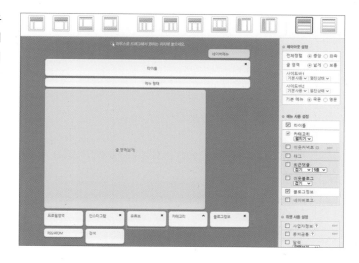

13 내 블로그로 이동하면 유튜브 위젯을 확인할 수 있습니다. 위젯을 클릭하면 바로 유튜브로 이동합니다. 처음이라 좀 복잡했지만 뿌듯하죠? 인스타그램 위젯도 같은 방법으로 등록하면 됩니다.

돈 좀 벌어보자!
네이버 애드포스트 설정하기

티스토리 같은 다른 SNS에서는 구글애드센스 광고를 실을 수 있는데, 네이버는 자체 광고만 할 수 있다고 말했었죠? 네이버 애드포스트는 네이버에서 운영하는 광고 플랫폼입니다. 블로그에 광고를 붙이고 네이버와 블로그 주인이 수익을 나누는 형태입니다. 처음보다 광고금액이 올라가는 추세라 N잡용으로 설정하면 좋습니다.

블로그에 들어가면 화면 한쪽에 있는 이런 광고를 본 적이 있을 거예요. 이런 것이 네이버 애드포스트 광고입니다. 방문자가 이 광고를 클릭할 때마다 광고 수익이 발생하는데, 미디어 주인장이 설정한 금액이 넘어가면 자동으로 등록한 계좌로 입금 됩니다. 최소 5만 원 이상부터 출금할 수 있습니다.

네이버 애드포스트 광고

1 '블로그 관리' 화면에 들어가기
네이버에 로그인한 후 내 프로필 아래에 있는 '관리'를 클릭합니다.

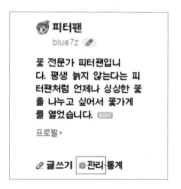

2 네이버 관리 화면이 나타납니다. '메뉴 · 글 · 동영상 관리' 탭을 클릭한 후 '플러그인 · 연동관리 – 애드포스트 설정'을 클릭합니다. 화면의 '애드포스트 관리하기' 버튼을 클릭합니다.

3 '애드포스트' 화면이 나타납니다. 가입이 필요하니 '확인' 버튼을 클릭합니다.

4 '애드포스트 회원가입하기' 과정이 진행됩니다. 쭉 읽어본 후 약관에 동의하고 '다음 단계' 버튼을 클릭합니다.

5 이후 회원인증, 회원 정보 입력, 가입 신청 과정을 거칩니다. 어렵지 않으니 화면의 안내에 따라 천천히 정보를 등록하고 인증받으면 됩니다. 계좌는 본인 명의만 가능하니 참고하세요.

6 다 되면 가입이 완료되었다는 화면이 나타납니다. '미디어 등록' 버튼을 클릭하면 원하는 미디어에 광고 게재를 신청할 수 있습니다. 해볼까요?

7 '미디어 등록' 화면이 나타나면 '네이버 미디어 등록하기' 버튼을 클릭합니다.

8 미디어 종류 선택 중 '네이버 블로그'를 선택하고 '확인' 버튼을 클릭합니다.

9 '미디어추가'에서 광고를 실을 채널을 선택한 후 '선호 주제 설정'에서 원하는 광고 주제를 선택합니다. '확인' 버튼을 클릭합니다.

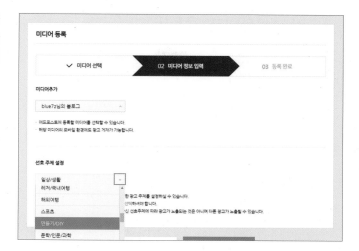

10 미디어 등록이 완료되었습니다. '확인' 버튼을 클릭하면 미디어 검수 안내 화면이 나타나고, 미디어 검수가 완료되면 이제부턴 블로그 하단에 광고가 들어갑니다.

우리 친하지~?

이웃, 서로이웃 관리

blog

이웃은 유튜브의 '구독자'와 유사한 개념으로 블로그 마케팅의 핵심입니다. 내 포스팅의 초기 조회수를 올려주고 반응해 주는 고마운 응원군이지요. 이웃이 많을수록 블로그 활동지수가 올라가고, 그만큼 내 블로그가 검색결과 상위로 올라갈 가능성이 커집니다. 따라서 새로운 방문자를 모으는 것만큼이나 이웃을 많이 만드는 것도 중요합니다.

서로이웃으로 등록되어 있으면 내 블로그를 방문할 확률이 올라갑니다. 한 블로그당 서로이웃은 5,000명까지 가능하며, 하루에 100명까지 등록할 수 있습니다. 블로그를 시작한 후 처음 목표는 서로이웃 5,000명을 채우는 것으로 하세요. 서로이웃 숫자만큼이나 관계 유지도 중요합니다. 5,000명의 서로이웃들이 서로 광고글만 올리면 내 블로그 수치도 같이 떨어질 수밖에 없습니다. 서로 도움이 되려면 서로이웃도 내 분야에 맞거나 관심이 있는 블로그로 선택하는 것이 좋습니다.

서로이웃 신청 요령

• 카테고리가 같고 내 이웃 성향과 유사한 채널을 자주 방문하는 회원들을 선별하세요.
• 서로이웃 대상인 블로그를 방문해서 내 카테고리와 같은 글에 댓글, 공감을 눌러주세요.
• 서로이웃 신청할 때, 대상자 블로그 글을 언급하면서 진정성을 보여주세요.

1 이웃 추가하기

다른 블로그에 가서 프로필 아래에 있는
'이웃추가'를 클릭합니다.

2 '이웃추가' 대화상자가 나타나면 '다음'
버튼을 클릭합니다.

3 이웃을 추가할 그룹을 선택하는 대화상
자가 나타납니다. 그룹이 없다면 여기서 새
로 만들 수 있습니다. '+ 그룹추가' 버튼을
클릭하면 하단에 '새 그룹'이 새로 생깁니
다. 이곳을 클릭한 후 그룹 이름을 입력합
니다. 여기서는 '블로그 친구'라고 입력했습
니다. 오른쪽에서 방금 만든 그룹의 '공개'
여부를 선택하세요. 다 되었으면 '다음'을
클릭합니다.

4 이웃의 이웃 추가하기

이웃 추가가 완료되었다는 대화상자가 나타나면 '닫기'를 클릭합니다. 만약 추가한 이웃이 공개하는 서로이웃이 있다면 '가까운 이웃'으로 화면에 나타납니다. 이러면 그 이웃의 가까운 이웃까지 편리하게 추가할 수 있죠. '+ 이웃추가' 버튼을 클릭하기만 하면 됩니다.

나랑 꼭 맞는 이웃을 찾는 방법

서로이웃을 잘 찾는 방법은 간단합니다. 내 블로그가 속한 분야에서 잘나가는 블로그 주인장들에게 서로이웃 신청을 하면 됩니다. 네이버 블로그 홈을 보면 '이달의 블로그'라는 메뉴가 있습니다. 매달 분야별로 우수한 블로그를 모아 보여주는데, 이 중 내 분야와 같고, 유저군이 비슷한 블로그를 찾습니다. 그리고 서로이웃을 신청하는 것이지요.

1 '이달의 블로그'에 들어가 내 분야의 블로그들을 찾아봅니다.

2 여기서는 '원예, 재배'가 있는 곳을 찾아 클릭했습니다. 원예, 재배 분야에서 유명한 블로그를 방문합니다. 오른쪽에 있는 이달의 블로그가 쓴 포스팅을 클릭하세요.

3 쭉 읽어본 후 포스팅 하단에 있는 '공감'을 클릭합니다. 공감을 누른 이웃들이 모두 나타납니다.

4 '+ 이웃추가' 버튼을 클릭하여 서로이웃을 신청하면 됩니다.

서로이웃 신청하기

1 서로이웃이 되고 싶은 블로그에 가서 '이웃추가' 버튼을 클릭합니다. '이웃추가' 대화상자가 나타나면 '서로이웃으로 신청합니다.'를 선택한 후 '다음'을 클릭합니다.

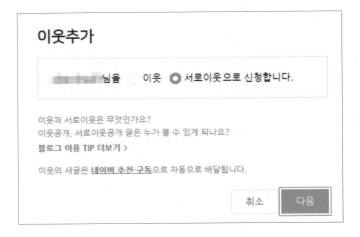

2 '서로이웃 신청' 대화상자가 나타납니다. 그룹을 선택한 후 서로이웃 신청 메시지를 입력합니다. '다음' 버튼을 클릭합니다.

3 신청 안내 메시지가 나타나면 '닫기' 버튼을 클릭합니다.

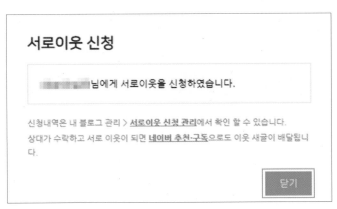

서로이웃 관리하기

다른 이웃들이 내 블로그로 서로이웃을 신청했다면 무조건 승낙하지 말고 신청한 이웃의 블로그를 먼저 살펴본 후 허락 여부를 결정하세요. 간혹 원하지 않는 이웃과 서로이웃이 될 수도 있습니다. 물론 서로이웃 끊기를 하면 되지만 미리 확인하는 것이 좋겠죠.

1 서로이웃 수락하기

블로그 관리 화면에 들어갑니다. '기본 설정' 탭에서 '열린이웃 – 서로이웃 신청'을 클릭합니다. 어떤 사람이 신청했는지를 확인하려면 '신청한 사람'의 아이디를 클릭하세요.

2 서로이웃 신청한 블로그가 새 화면에 나타납니다. 블로그를 살펴본 후 괜찮다 싶으면 해당 블로그 아이디를 선택한 후 '수락' 버튼을 클릭합니다.

3 '서로이웃 맺기' 대화상자가 나타나면 그룹을 선택한 후 '확인' 버튼을 클릭합니다.

4 서로이웃이 맺어졌다는 메시지가 나타
납니다. '확인'을 누르면 대화상자가 사라집
니다.

5 이웃 삭제하기, 서로이웃 취소하기
내 이웃들은 어디에서 관리할까요? 블로그
관리 화면에 들어간 후 '기본 설정 탭 – 열
린이웃 – 이웃, 그룹 관리'를 클릭합니다.
열린이웃 및 이웃 그룹을 관리할 수 있는
화면이 나타납니다.

6 이웃을 선택한 후 '삭제' 버튼을 클릭하면
'이웃 삭제' 대화상자가 나타납니다. 여기서
조건을 선택한 후 '확인' 버튼을 클릭하면 됩
니다. 아예 삭제하거나 서로이웃을 취소하고
이웃으로 관계를 바꿀 수 있습니다.

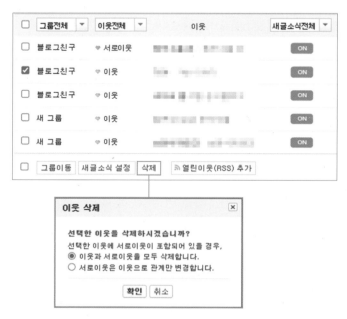

블로그 주인장 댓글이 달라야 하는 이유
댓글 관리

블로그에서 댓글 관리는 소통의 척도입니다. 인기 블로그일수록 댓글이 많고, 주인장과의 대화에 애정이 넘치게 되니까요. 네이버 블로그 앱을 활용하면 새 소식을 간편하게 확인하고 바로 반응을 보일 수 있습니다.

블로그 답글은 주인장의 목소리입니다. 주인장의 태도나 말투가 고스란히 녹아 있는 곳이니 예의 바른 말투로 응대하세요. 방문자가 내 블로그에 관심을 보이며 일부러 댓글을 남겨줬다면 감사한 마음을 표현하는 것이 좋습니다. 또 가능한 한 빨리 답글을 달도록 노력하세요. 댓글을 쓴 사람 마음이 어떨지 생각해 보면 왜 빨리 답글을 달라고 하는지 짐작할 수 있을 거예요. 용기를 내서 댓글로 질문이나 의견을 적었는데, 주인장이 몇 날 며칠이 지나도 답글을 안 해주면 무시당한 느낌이 들 수도 있으니까요.

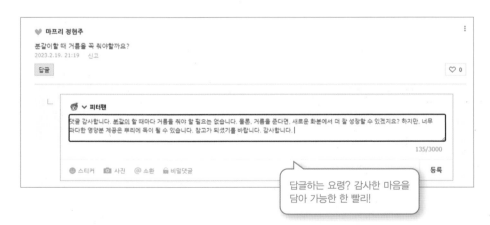

답글하는 요령? 감사한 마음을 담아 가능한 한 빨리!

1 댓글 확인하기

모바일에서 '네이버 블로그' 앱을 내려받아 설치한 후 '열기'를 탭합니다. 앱이 실행되면 네이버 아이디로 로그인합니다. '이웃새글'이 맨 처음에 나타납니다. 종 모양의 '내소식'을 탭하면 새로운 소식들을 확인할 수 있습니다.

새 소식이 있으면 종 옆에 빨간 점이 나타납니다.

2 바로 알림 설정하기

오른쪽 위에 있는 '더보기 – 환경설정'을 탭합니다. '알림 종류'에서 '알림 허용'을 선택한 후 '알림 종류 설정'을 탭하면 어떤 경우에 알림을 받을지 선택할 수 있습니다.

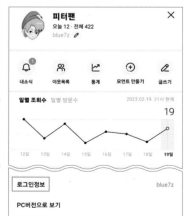

3 이제 내 블로그에 새 댓글이 올라오면 내 핸드폰에 앱 푸시가 나타납니다. 탭하면 댓글 내용이 나타나는데, 여기서 확인 후에 바로 답글을 쓸 수 있습니다. '내소식'에 들어가 답변하면 귀여운 스티커도 붙일 수 있답니다.

바쁠 땐 예약 필수!
예약 포스팅

블로그 포스팅을 일정 기간과 시간을 정해 노출하면 고정적인 방문객을 모으는 데 도움이 됩니다. 또 바쁘거나 정해진 시간에 딱 맞추기 어렵다면 포스팅을 미리 써두 었다가 예약한 시간에 자동으로 올라가도록 하면 됩니다.

1 발행하기
블로그 에디터에서 포스팅할 글을 쓴 후 '발행' 버튼을 클릭합니다. 포스팅 발행 조건을 설정할 수 있는 대화상자가 나타납니다.

2 '발행 시간'의 '예약' 버튼을 클릭합니다. 아래쪽에서 날짜와 시간을 설정한 후 '발행' 버튼을 클릭하면 됩니다.

3 예약 삭제하기

블로그 홈에서 '글쓰기'를 클릭하면 블로그
에디터로 들어가죠? 이 새 글 편집기 위에
예약 발행 건수가 나타납니다. 숫자 부분을
클릭하면 '예약 발행 글' 대화상자가 나타납
니다.

4 제목 옆의 삭제 아이콘을 클릭합니다.
삭제 알림 대화상자에서 '확인' 버튼을 클릭
하면 예약 발행된 포스팅이 삭제됩니다.

동네방네 소문내기
내 블로그 홍보 방법 4가지

내 블로그 활동지수는 몇 점?

내 블로그에 얼마나 많은 사람이 들어와야 '잘 나간다'고 할 수 있는 걸까요? 이럴 때 '블로그 활동지수'가 기준이 됩니다. 네이버에서는 인기 블로그를 판단할 때 몇 가지 지수를 두고 분석하는데, 이를 '블로그 활동지수'라고 부릅니다. 점수가 낮으면 상단노출이 힘들죠. 이쯤 되면 내 블로그 활동지수가 궁금하죠? 아쉽게도 네이버는 활동지수 기준을 공개할 뿐 수치 자체는 알려주지 않습니다. 대신 내 블로그 지수를 알려주는 유료, 무료 서비스가 많은데, 업체 나름대로 평가한 거라 정확한 것은 아닙니다.

짐작할 방법은 있습니다. 바로 '키워드 점유율'인데요. 내가 쓴 핵심 키워드로 10위 안에 노출되었다면, 그 핵심 키워드만큼 내 블로그가 최적화되었다고 봐도 됩니다. 예를 들어 월 십만 뷰 이상인 키워드로 내 블로그가 상단노출되었다면 그만큼 활성화된 거죠. 직접 찍은 사진과 직접 쓴 글로 전문성 있는 포스팅을 작성하세요. 이게 기본이니까요.

블로그 활동지수 평가기준

- **블로그 활동성지수** 운영 기간, 포스트 수, 포스트 쓰기 빈도, 최근 포스트 활동성을 봅니다. 전체 공개 포스트만 대상이며, 직접 작성했는지 다른 곳에서 복사한 것인지를 판단합니다.
- **블로그 인기도지수** 순방문자수(UV: User View), 페이지 뷰(PV: Page View), 방문 횟수, 이웃수, 스크랩수를 봅니다. 같은 방문자가 얼마나 자주 오는지(평균 방문 횟수, 재방문율), 한 번에 얼마나 많은 페이지를 보고 가는지(순방문자수와 페이지 뷰, 평균 사용 시간)를 종합적으로 분석합니다.
- **포스트 주목도지수** 블로그 홈의 주목받는 글과 같은 주목도지수를 봅니다. 포스트 내용이 충실하고, 많은 방문자가 포스트를 읽고, 댓글과 공감을 남길수록 올라갑니다.
- **포스트 인기도지수** 댓글, 엮인 글, 공감, 조회, 스크랩 등 포스트 단위의 반응을 봅니다. 내가 남긴 것인지, 이웃이 남긴 것인지, 타인이 남긴 것인지에 따라 다르게 반영됩니다.

블로그 포스팅 원고가 10개 이상 준비되었다면 본격적으로 홍보를 어떻게 할지 고민해야 하는 시점입니다. 홍보 방법은 크게 4가지가 있습니다.

1. 이웃을 늘리는 방법
2. 다른 SNS에 홍보해 유저 유입수를 늘리는 방법
3. 핵심 키워드를 잘 공략해 클릭수를 늘리는 방법
4. 광고대행사에 돈 주고 광고하는 방법

홍보의 기본은 이웃 늘리기 – 이웃과 서로이웃

블로그 '이웃'은 팔로워와 비슷하지만 조금 더 끈끈한 관계입니다. 특히 '서로이웃'은 이웃보다 더 가까운 사이라고 할 수 있는데, 상대방이 동의해야만 성립되는 관계라 그렇습니다. 그러니 매일 꾸준하게 이웃 신청을 해야 합니다. 하루 몇 명을 신청하겠다고 정하고 서로이웃을 받아주는 이웃에겐 서로이웃을, 그냥 이웃 신청만 받는 곳이라면 이웃 신청만 하면 됩니다. 가능하면 나와 같은 카테고리에 있는, 성공한 블로그들을 중심으로 신청하세요.

예를 들어 강아지에 관한 블로그를 운영할 생각이라면 '애완 · 반려동물'이라는 카테고리 내에서 유명한 블로그를 찾아가 신청합니다. 같은 카테고리의 성공한 블로그에는 내 글을 봐줬으면 싶은 유저들이 많고, 성공한 블로그의 이웃 링크를 타고 내 블로그로 넘어오는 이웃들도 있으니까요. 또 이웃의 글에 댓글을 남겨주세요. 블로그 활동지수도 높아지지만 댓글을 보고 내 블로그로 들어오는 이웃들도 있습니다.

내 글에 공감을 누르거나 댓글을 달아준 이웃이 있다면, 이웃으로 추가하고 서로이웃을 신청해 보세요. 내 글에 관심을 가진 이웃이라 성공률이 높은 편입니다. 만약 서로이웃 신청을 받았다면 불법적인 곳은 아닌지, 홍보 목적의 업체는 아닌지 확인 후 수락 여부를 결정하면 됩니다.

나를 추가한 이웃이 많은 게 이상적이지만, 초기엔 내가 추가한 이웃이 월등히 많은 게 당연합니다. 내가 추가한 이웃 중 내 블로그에 전혀 들어오지 않거나 나를 이웃으로 추가해 주지 않는 곳은 3달에 1번 정도로 기간을 정해 정리하는 게 좋습니다. 물론 내게 필요한 이웃이라면 남겨두어야 합니다. 시간 날 때마다 나를 추가한 이웃, 내가 추가한 이웃들을 방문하고 댓글을 남겨보세요. 이웃으로 추가하면 '이웃커넥트'에 작은 섬네일이 나타나는데, 최근에 추가된 이웃이 위쪽에 나옵니다.

다른 SNS 매체에 마구 홍보하기

네이버는 다른 SNS 매체에 블로그 글이 퍼져 나갈 수 있도록 다양한 공유 기능을 제공하고 있습니다. 공식적인 것은 아니지만 다수의 마케터가 블로그끼리 서로 타고 유입되는 것보다 다른 SNS 매체에서 유입되는 게 훨씬 블로그 지수가 높다고 말합니다. 블로그에 글을 올리고, 자신의 SNS 채널에 모두 공유하세요. 내가 가입해서 활동하는 카페가 있다면 거기에도 공유하면 좋습니다.

내 포스팅 아래쪽에 있는 공유 아이콘을 클릭하면 링크를 보낼 수 있는 곳들이 나타납니다. 맨 앞에 있는 카페 아이콘을 클릭하면 카페와 게시판을 선택해 공유할 수 있고, 같은

방법으로 밴드, 라인, 트위터, 페이스북, 카카오톡에도 공유할 수 있습니다. 가입된 모든 SNS에 글을 퍼트리는 것이 좋습니다.

공유될 때 해당 포스팅에 지정된 대표 이미지가 자동으로 따라갑니다. 대표 이미지를 지정하지 않으면 처음 나온 사진이 대표 이미지로 설정되니 신경 써서 선택하세요.

광고대행사에 돈 주고 맡기기 – 개인이라면 비추! 업체라면 시도!

광고대행사에서 진행하는 블로그 마케팅 즉 광고에 대해 질문하는 사람들이 많습니다. 실제로 어떤 카페에 가보면 이런 업체를 찾아 돈을 쏟아붓고 있는 모습도 많이 보입니다.

광고대행사는 키워드별로 상단노출 가능성이 높은 블로거들을 섭외한 후 돈을 주고 원하는 글을 그 블로그의 글로 올리게 해 내 블로그를 상단에 노출하는 방법을 씁니다. 보통 24시간 노출에 얼마 이런 식으로 돈을 받습니다. 특히 맛집은 경쟁이 치열해서 많은 돈을 줘야 상단노출이 가능합니다.

광고대행사를 이용하는 게 좋다 나쁘다 하기 전에 지금 뭐가 필요한지를 정확히 해야 합니다. 결론을 말하면 광고대행사 블로그 광고는 일시적인 효과는 있습니다. 다만 광고비가 꽤, 생각보다 많이 들어가고, 계약한 시간 이후엔 언제든 삭제할 수 있어서 지속적인 효과를 기대하기는 어렵다는 단점이 있죠. 내가 키운 내 블로그로 상단노출되는 것이 아니라, 다른 사람의 블로그에 홍보성 글이 노출된 것뿐이니까요. '나의 자산'이 아닙니다. 안정적인 홍보를 원한다면 내 블로그를 활성화하기 위해 노력하는 게 백번 낫습니다.

내 블로그에 길이 보이지 않는다면 확인하자

네이버 통계 활용

blog

처음엔 원대한 꿈을 갖고 시작하지만, 블로그를 키우는 과정은 고단하고 끝이 보이지 않는 어둠 속을 걷는 느낌일 때가 있습니다. 어떤 글을 써야 할지, 어떻게 해야 포스팅이 상단에 올라갈지 갈피를 잡기 힘들죠. 이럴 때 다음 내용을 참고해 주세요. 힘이 되길 바랍니다.

기본 정보, 히스토리 포스팅 미리 준비하기

뭐든 기본이 중요하잖아요? 특히 처음 시작하는 사람이라면 본격적인 홍보 활동을 하기 전에 기본적인 정보나 히스토리가 들어있는 포스팅을 작성해 두세요. 기본 정보란 블로그를 만든 이유, 주인장 소개, 회사라면 회사 소개, 위치 안내, 연혁 등을 말합니다. 또 포스팅도 미리 작성하는 게 좋습니다. 최소 10개 이상의 포스팅은 만든 후 시작하세요. 이 정도는 쌓여 있어야 방문한 이웃들이 그냥 나가는 일이 없을 테니까요. 카테고리별로 한두 개 정도의 글이 있도록 구성하면 됩니다.

일주일에 2~3개씩! 꾸준히 6개월, 하루 500명이 올 때까지 버티기

초기엔 일주일에 2~3개씩 꾸준히만 올려줘도 블로그가 활성화됩니다. 1일 1 포스팅이 법칙처럼 여겨지던 때도 있었지만, 이제는 네이버 알고리즘인 C랭크와 D.I.A 로직의 결과로 포스팅의 질과 외부 반응이 더 중요해졌습니다. 어설픈 글을 매일 올리느니, 알차게 만든 글을 가끔 올리는 게 훨씬 낫다는 걸 기억하세요. 또 매일 글을 올리다가 갑자기 띄엄띄엄 글을 올리면 블로그 활동지수가 떨어지게 됩니다. 처음부터 포스팅 주기를 서서히 올리는 게 좋습니다.

어쨌거나 SNS 마케팅의 핵심은 꾸준함입니다. 꾸준하게 포스팅하고 이웃들과 소통하는 것이 쌓이고 쌓여 홍보력을 갖게 된다는 걸 믿으세요. 일반적으로 매주 2~3개씩 좋은 글을 열심히 포스팅하고 이웃을 찾아다니며 홍보했을 때 빠르면 3개월, 늦어도 6개월 정도면 일일 순 방문자(UV)가 500명 선에 이르게 됩니다. 따라서 일차 목표를 UV 500명으로 생각하고 작업하면 됩니다. 갈 길은 멀지만 이때부터는 홍보 매체로서의 힘이 생겼다고 판단할 수 있기 때문입니다. 독특한 콘셉트가 있거나 갑자기 관심이 집중된 블로그라면 단 몇 주 만에 금방 일차 목표를 달성할 수도 있지만 보통 6개월 정도는 꾸준히 포스팅해야 달성되는 목표입니다.

이웃 블로그에 가서 공감 누르기, 댓글 남기기

계속 반복하지만 초기엔 하루에 한 번씩 이웃들 블로그에 들어가서 공감을 누르거나 댓글을 남겨보세요. 호의를 받은 이웃들이 내 블로그도 찾아줄 겁니다. 내 블로그 지수를 높이는 방법이기도 하지만, 이웃들과의 관계를 돈독하게 하는 방법이기도 합니다. 온라인이라고 해도 어차피 사람과 사람 사이의 커뮤니케이션입니다. 주고받고 사는 것이지요. 이웃과의 관계에 공을 들이세요.

상단노출된 포스팅 연구하기

아직 초기라 상단노출된 글도 없고 인기글도 없다면, 내가 노출하고 싶은 핵심 키워드로 상단 노출된 다른 블로그의 글을 연구해 보세요. 눈길이 가는 글은 스크랩해서 연구하는 것도 좋은 방법입니다.

연구하라고 했지만 뭘 봐야 할지 막막하죠? 어떤 키워드를 사용했는지, 어떻게 글을 써나갔는지, 어떤 사진을 사용했는지, 이웃들과의 관계나 댓글의 수, 반응 등이 어떤지 등을 중심으로 보세요. 내 블로그에 적용할 수 있는 것은 따로 메모하고, 자주 읽어보세요. 기획과 분석의 핵심은 정리된 생각을 적어두는 것입니다. 이렇게 연구를 거듭하다 보면 어떻게 포스팅을 쓰는 것이 좋고, 어떻게 블로그를 운영하는 것이 효과적일지 판단할 수 있는 날이 반드시 옵니다.

내 블로그가 검색화면 상단에 노출됐어도 나한테 따로 알려주는 기능은 없습니다. 어떤 글의 조회수가 급격하게 올라간다면, 해당 글의 핵심 키워드를 네이버에서 검색해 보세요. 검색결과를 보면 해당 포스팅이 블로그 첫 페이지 상단에 올라 있을 확률이 높습니다. 축하할 일이지만, 잠깐의 흥분이 가라앉으면 차분히 분석해야 합니다. 이 글이 왜 상단에 올라갔는지 유추해 보세요. 보통은 다른 포스팅에 비해 홍보성 요소가 적고, 실제 유저에게 필요한 정보를 제공한 경우가 많습니다. 사진이 다른 블로그보다 고급스러워 보일 수도 있죠. 이런 장점들을 메모해 두었다가 다음 포스팅에 활용해야 합니다.

내 블로그 상태와 활로 파악하기 – 네이버 통계

네이버는 통계 부분을 꽤 잘 제공하고 있습니다. 기본적으로 내 블로그에 대한 페이지수(PV), 순방문자수(UV), 인기글 등을 파악할 수 있습니다. 일일, 주간, 월간 등으로 볼 수 있고, 유입되는 매체나 링크도 알 수 있습니다. 네이버나 카카오는 한국인이 좋아하는 UI를 끊임없이 연구해서 제공하기 때문에 보기 편합니다.

블로그를 운영하면서 하루에 한 번씩 '통계'를 클릭해서 현 상태를 파악하세요. 앞으로 얼마나 가야 할지, 어느 매체로 유입이 많이 되는지, 어떤 글이 인기인지 알 수 있습니다. 사람들이 어떤 글을 좋아하는지, 어떻게 써야 반응이 오는지, 어떤 키워드를 쓰니 상단에 노출되는지 등을 감 잡기 시작하면 다음 포스팅을 어떻게 쓸 것인지 기획하기가 편해지니까요.

사람들이 내 블로그를 얼마나 많이 봤을까? – 조회수

블로그 관리 화면에 들어갑니다. '내 블로그 통계' 탭을 클릭한 후 '방문 분석 – 조회수'를 클릭합니다. 조회수는 내 블로그가 얼마나 많이 조회되었는지를 날짜별로 보여줍니다. 전체적인 인기도라고 보면 됩니다.

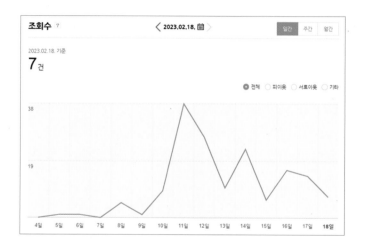

몇 명이 들어왔지? – 순방문자수

순방문자수는 내 블로그 방문자가 몇 명인지를 알려줍니다. 같은 사람이 여러 번 들어오는 건 세지 않고, 중복적이지 않은 방문자만을 말합니다. '순방문자수'는 광고를 실었을 때의 광고효과를 분석하는 마케팅 기준이기도 합니다. 광고 후 순방문자가 몇 명이 들어왔는지로 광고효과를 파악합니다.

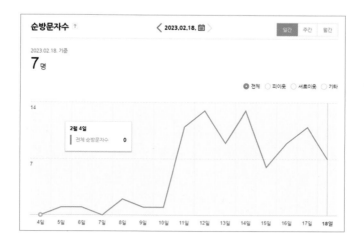

얼마나 봤지? – 평균 사용 시간

검색 알고리즘이 변화하면서 중요한 요소로 떠오른 것이 바로 '평균 사용 시간'입니다. 좋은 글이라면, 많은 사람이 오래 볼 테니까 말이죠. 글을 보는 평균 사용 시간은 길수록 좋습니다.

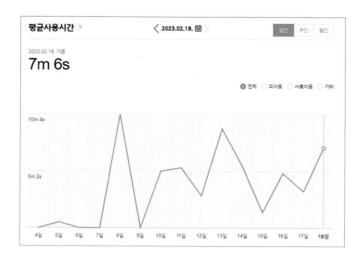

어디를 거쳐 들어왔지? – 유입분석

'유입분석'은 어떤 매체를 통해 얼마나 많은 사람이 들어왔는지를 알 수 있습니다. 특정 매체를 거친 사람이 많다면 매체의 특성에 맞는 글을 작성해서 올리면 좋겠죠?

내 블로그의 어떤 글을 좋아할까? – 조회수 순위

내가 포스팅한 글들의 조회수 순위를 보면 내 블로그의 어떤 글이 인기가 있는지 알 수 있습니다. '내 블로그 통계 탭 – 방문 분석 – 조회수'를 클릭하면 나타납니다.

PART 3

인스타그램
마케팅

인스타그램이 살아 움직이기 시작했다!
릴스, 라이브 등 인스타그램에 동영상 관련 기능이 대폭 추가되었습니다.
좀 더 친화적이고 공격적인 온라인 마케팅 도구로
탈바꿈하고 있으니 얼른 만나봅시다.

어떻게 인스타그램으로 돈을 버는 거지?
인스타그램 수익구조

인플루언서의 사전적 정의는 '영향력을 행사하는 사람'이라는 뜻입니다. 인스타그램에서는 팔로워수가 많아서 영향력이 높은 사람을 말합니다. 인플루언서가 입은 옷이 화제가 되면서 완판되는 사례도 종종 있죠. 팔로워수가 몇 명인지에 따라 인플루언서 레벨이 나뉘고, 돈 버는 방법도 달라집니다.

Q. 인스타그램으로 돈 버는 방법은 뭔가요?

제휴 마케팅 처음에 조금만 노력하면 100명 정도의 팔로워 확보는 그리 어렵지 않고, 조금 더 집중하면 1,000명까지도 너끈히 가능합니다. 이 단계에서 시도할 수 있는 것은 광고주와 인플루언서를 연결하는 제휴업체입니다. 메커니즘은 이렇습니다. 광고주가 광고비용을 입금하고, 광고하고 싶은 내용을 제공합니다. 그러면 제휴업체는 회원들에게 오픈하여 광고문구를 인플루언서 SNS에 올리게 하고 링크를 제공합니다. 팔로워가 내 SNS에서 광고를 클릭하는 등의 액션을 하면 인플루언서는 일정 금액을 받을 수 있습니다. 배너광고를 떠올리면 쉽습니다. 어렵지 않게 접근할 수 있지만, 광고 콘텐츠를 무분별하게 올리면 팔로워들이 실망하고 떠날 수 있으니 적정한 수준으로 잘 조절해야 합니다.

광고대행사 광고대행사를 거쳐 광고를 수주하는 방법입니다. SNS 광고를 주로 하는 광고대행사들이 많은데, 어느 정도 팔로워수가 확보된 SNS 채널과 작업합니다. 내 팔로워수가 적당하다면 마냥 기다리지 말고 이런 업체에 먼저 제안해 고정적으로 광고를 수주할 수도 있습니다. 어떤 방법이든 원칙은 내 팔로워들이 관심 있어 하고, 내 채널에 어울리는 광고를 선별해서 올리는 것이라는 걸 기억하세요.

직접 판매/공동구매　　내 채널이 많이 알려졌을 때 쓰는 방법입니다. 충성도 높은 팔로워로 구성되었다면 1,000명부터도 도전할 수 있습니다. 요즘은 수십만 명 이상의 팔로워를 거느리는 매크로 인플루언서는 물론 1,000명 정도인 마이크로 인플루언서까지 공동구매를 적극 진행합니다. 현재 미국에선 인스타그램 안에서 직접결제를 할 수 있도록 테스트 중입니다. 우리나라에선 아직은 외부 쇼핑몰이나 결제모듈을 연결해 사용하지만 곧 바뀔 겁니다. 그렇게 되면 팔로워와 소통하는 동시에 판매가 이루어지고, 즉각적인 결제까지 끌어낼 수 있는 거죠. 지금은 패션, 화장품 등 일부 제품만 다루지만, 곧 일반 쇼핑몰처럼 다양한 아이템을 다루게 될 테니 온라인 거래를 꿈꾼다면 진지하게 주시하며 준비해 보세요.

기업과 직접 계약　　기업과 직접 계약을 맺고 판매 수익을 나누는 방법입니다. 물품을 제공받아 간접적으로 광고를 해주고, 해당 채널에 연결된 쇼핑몰에서 판매된 수익의 몇 프로를 가져갑니다. 실제로는 수백만 팔로워를 거느린 메가 인플루언서 급에서나 가능합니다. '판매 수익금의 50%' 식으로 본인이 비용을 정하기도 하는데, 다소 불공정해도 인플루언서 힘이 워낙 막강해서 기업 대부분은 이런 조건을 수락하는 분위기입니다.

Q. 인스타그램으로 얼마나 벌 수 있어요? 인스타그램 레벨

인스타그램에서는 팔로워수를 기준으로 인플루언서 레벨을 나눕니다. 레벨에 따라 돈을 버는 방법이 다르고, 레벨이 높을수록 방법 역시 다양해집니다. 광고비는 평균 1회당 팔로워수×최소 10원 정도입니다. 팔로워수당 광고금액을 환산하는 방법으로 수익 규모를 예측할 수 있습니다.

> 팔로워가 수백만 명 이상 – 메가 인플루언서
> 팔로워가 수만에서 수십만 명 – 매크로 인플루언서
> 팔로워가 1만 미만 – 마이크로 인플루언서

1. 마이크로 인플루언서(팔로워수: 1,000~10,000명까지) + 예상수익: 월 100~500만 원
마이크로 인플루언서는 팔로워수가 천 명 이상 만 명 이내인 경우를 말합니다. 팔로워는 그리 많지 않지만 가장 열심히 활동하는 레벨입니다. 이 레벨의 수익 방법은 제휴채널 활용과 광고대행사를 통한 광고수주가 있습니다. 또 별도 쇼핑몰을 연결하거나 공동구매를 할 수도 있습니다.

제휴채널 활용은 팔로워 충성도와 깊은 관련이 있어서 수익금액을 정확하게 말하긴 어렵습니다. 팔로워수가 적더라도 끈끈한 관계를 유지하고 있다면 참여도가 높으니까요. 광고대행사에서는 건당 광고비를 받는 경우가 많은데, 광고대행사마다 광고 종류마다 비용이 다릅니다. 광고대행사에 내 정보를 제공하고, 광고 캠페인이 있을 때 참여시켜 달라고 미리 요청하면 기회를 얻을 수 있습니다.

아이러니하게도 요즘 가장 호감을 받는 레벨이기도 합니다. 광고가 너무 많아지자 각종 사고로 이어지면서 대형 인플루언서가 주는 정보에 불신을 보이는 유저가 많아져서 그렇습니다. 마이크로 인플루언서는 이웃집 언니 같은 친숙한 이미지로 나를 속이지 않을 거라는 신뢰를 얻기 쉬우니까요. 광고대행사에서도 신뢰도와 실효 면에서 마이크로 인플루언서에게 많은 관심을 보이고 있습니다. 결국 팔로워와의 관계가 광고효과를 좌지우지하는 거니까요.

2. 매크로 인플루언서(팔로워수: 10,000~수십만 명) + 예상수익: 월 500~수천만 원
수만에서 수십만에 이르는 가입자나 구독자를 확보한 온라인 카페, 페이스북, 인스타그램, 블로그, 유튜브 채널 등의 운영자를 말합니다. 수익 방법은 마이크로 인플루언서와 같지만 금액은 최소 5배 이상입니다. 팔로워수가 많다면 그만큼 더 큰 광고효과가 있을 것으로 예상하기 때문입니다.

공동구매나 온라인 판매로 수익을 낼 수도 있습니다. 충성도 높은 팔로워층이 있는 레벨이라 대체로 잘 진행되는 편입니다. 공동구매로 판매할 때는 통상 물건값의 20~30%가 수익이고, 광고비는 평균 1회당 팔로워수×최소 10원 정도로 예상하면 됩니다. 10,000명의 팔로워를 가진 매크로 인플루언서라면 1회 광고비로 최소 10만 원을 챙길 수 있다는 말입니다. 제품 판매가 잘 되는 채널이거나 경쟁이 심한 분야의 인플루언서라면 광고효과가 크기 때문에 기업이 가장 선호하는 레벨입니다.

3. 메가 인플루언서(팔로워수: 수십만~수백만 명) + 예상수익: 월 1,000만 원~억대
연예인, 셀럽, 유명 크리에이터 등으로 수십만에서 시작해 많게는 수백만 명에게 영향력을 행사하는 유명인을 말합니다. TV나 뉴스에도 종종 나올 정도로 거의 연예인이라고 봐도 무방한 레벨이죠. 메가 급이 되면 광고 수주도 하지만, 기업과 공동 마케팅을 하거나 자체 상품을 출시해 판매하는 등 적극적인 수익모델을 만들 수 있습니다. PPL 형태로 제품을 옆에 둔 사진을 올리는 것만으로도 많은 광고비를 받을 수 있죠. 메가 인플루언서 광고비는 몇천만 원부터 수억대인 것으로 알려져 있습니다. 비용 규모가 있다 보니 주로 대기업과 작업합니다.

내 인스타그램 레벨은 뭘까?

내 레벨 확인 방법

레벨을 나누는 기준? 팔로워수 말고 뭐가 더 있지?

인플루언서 레벨을 나누는 1차 기준은 '팔로워수'입니다. 그러나 기업이나 광고대행사에서 따지는 것은 팔로워수만은 아닙니다. 팔로워수를 확인하긴 하지만 팔로워들의 충성도는 어느 정도인지, 전에 물건을 얼마나 판매했었는지, 한 게시물에 평균적으로 나오는 좋아요나 댓글수는 얼마나 되는지 등 여러 기준을 적용해 팔로워 등급을 A, B, C로 나누기도 합니다. 공통지표가 있는 게 아니라 광고대행사마다 다른 내부 기준이 있습니다.

한때 인스타그램에서 허수로 팔로워나 좋아요를 찍어낼 수 있었기 때문에, 광고대행사로선 이것만 믿고 광고를 맡기기가 어렵습니다. 실제로 어느 정도 광고효과를 예상할 수 있을지 판단할 수 있는 기준이 필요한 거죠. 이때 어느 회사나 공통으로 확인하는 게 바로 '실제 댓글수'입니다. 아무 의미 없는 댓글이나 프로그램으로 조작한 댓글도 있어서 100% 신뢰하긴 힘들지만, 그래도 새 게시물이 올라왔을 때 전체 팔로워수 중 3% 정도의 댓글이 붙는 것을 정상이라고 판단합니다. 이 정도도 안 붙는다면 팔로워가 허수일 가능성이 크다고 봅니다.

예를 들어, 내가 1,000명의 팔로워를 가지고 있다면 새 게시물이 올라왔을 때 최소 30개 정도의 댓글이나 좋아요 반응이 있는 것이 정상이라고 판단합니다. 대행사에 따라 1~5%로 기준을 다르게 잡을 수도 있습니다. 중요한 것은 팔로워수 대비 어느 정도의 반응이 있어야 신뢰한다는 점입니다.

내 레벨을 확인하는 방법은?

내 인스타그램 레벨이 무엇인지 알아보는 방법은 간단합니다. 내 프로필 화면에 들어가면 위쪽에 '게시물, 팔로워, 팔로잉' 수가 나타납니다. 여기서 팔로워수를 확인하면 됩니다. 다른 사람의 레벨을 확인할 때도 마찬가지입니다.

나이키처럼 레벨이 엄청 높으면 뭔가 보상이 있을까요? 유튜브 실버버튼이나 골드버튼처럼 인스타그램에서 직접 제공하는 보상은 없습니다. 그러나 영향력 있는 인플루언서가 되면 기업, 광고회사, 제휴채널을 통해 광고비를 받을 수 있고, 공동구매나 개인 쇼핑몰을 열어서 물건을 판매하고 돈을 벌 수 있습니다. 이것을 막지 않는 것이 보상이라면 보상이겠죠.

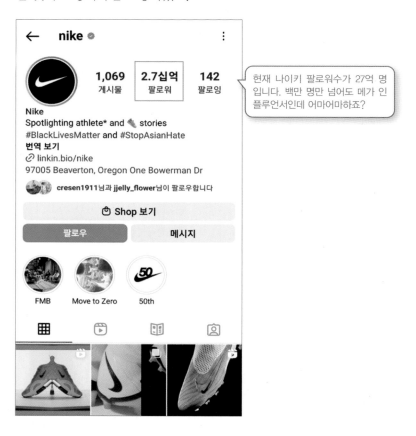

현재 나이키 팔로워수가 27억 명입니다. 백만 명만 넘어도 메가 인플루언서인데 어마어마하죠?

지금 인스타그램이어야만 하는 이유?
인스타그램만의 특성

많은 SNS 채널 중 왜 인스타그램으로 마케팅해야 한다고 말하는 걸까요? 인스타그램만 가진 특성이 따로 있기 때문입니다. 특히, 빠른 효과를 원한다면 가장 먼저 다뤄야 할 매체는 단연 인스타그램입니다. 왜 그런지 인스타그램의 특성을 자세히 알아보겠습니다.

첫 번째, 아직 개인에게 기회가 남아 있는 매체이기 때문입니다
– 관심사, 최신성, 관계성에 따라 같은 규칙이 적용되는 인스타그램 알고리즘
인스타그램 알고리즘은 인기 있는 사람이 올렸다고 그 콘텐츠를 먼저 보여주지 않습니다. 기본적으로는 내 관심사와 관계에 따라서 최신 게시물을 제일 먼저 보여주는 나름 평등한 매체입니다. 물론, 검색할 때는 인기 게시물 위주로 보여주는 것으로 개편되긴 했지만요.

"그럼, 다른 매체는요? 평등하지 않나요?"

이 질문에 답하려면 온라인의 특성을 이해해야 합니다. SNS든 포털이든 처음엔 무료와 혁신적인 서비스, 나름의 특색으로 사람들을 유혹합니다. 오프라인에서도 처음 가게를 열면 행사도 하고 서비스도 주듯이 온라인에서도 처음엔 이벤트성 모집행위를 하지요. 그렇게 고객이 어느 정도 모이면 그다음엔 뭘 할까요? 네! 맞습니다. 돈을 버는 것이죠.

네이버든 페이스북이든 유튜브든 온라인 알고리즘은 수시로 바뀝니다. 대외적인 이유는 고객들에게 더 좋은 서비스와 콘텐츠를 제공하겠다는 거지만 속사정은 다릅니다. 어떤 매체가 활성화되면 그 매체에 의존해 돈을 버는 개인이나 크고 작은 기업이 생기기 마련입니다. 내 매체로 들어올 돈들이 다른 개인이나 광고회사로 분산되는 거죠. 실제로도 블로그가 활성화되니 블로그 상위노출을 판매하는 광고대행사와 파워블로거들이 광고수익을 적지않이 가져갔습니다. 결국, 네이버 역시 블로그에 광고 콘텐츠가 너무 많아졌다면서 대대적인 검색 알고리즘 개편을 단행했습니다.

네이버 알고리즘이 확 바뀐 결과 광고대행사와 파워블로거들은 한 번에 수익처를 잃게 되는 현상이 발생했습니다. 그러나 이것은 플랫폼을 가진 매체사의 권리이며, 콘텐츠 정화 활동 역시 꼭 필요합니다. 그 과정에서 기존 시스템으로 수익을 만들었던 개인과 회사들이 타격을 입게 되는 것 역시 필연적입니다.

열심히 콘텐츠를 올렸다고 무조건 유저의 첫 화면에 보이는 매체가 있나요? 인스타그램이 유일합니다. 관심사가 같은 팔로워를 모으고 지속적으로 콘텐츠를 올리고 팔로워와의 관계를 돈독하게 할수록 여러분의 영향력은 급속도로 커지게 될 것입니다.

두 번째, 인스타그램은 쉽습니다

초보자가 어떤 시장에 진입할 때 가장 두려운 것은 잘 알지도 못하는 기능과 특성들일 것입니다. 인스타그램은 간단히 사진을 올리고 공유하자는 데서 출발했기 때문에 페이스북보다도 훨씬 간단합니다. 사진만 이쁘고 개성 있게 찍을 수 있다면 별다른 보정도 필요 없습니다. 스마트폰이 일상이 된 지금 사진을 찍어서 올린다는 건 정말 쉬운 일이죠. 따라서 글쓰기가 어렵다고 생각하는 사람에게도 적합합니다. 주로 스마트폰을 통해 활동하니 굳이 컴퓨터 앞에 앉을 필요도 없습니다. 다른 일을 하다가 느낌 좋은 풍경이 있다면 바로 찍어서 올리면 됩니다. 몇 번만 해보면 쉽게 사용할 수 있을 정도로 인터페이스도 쉽죠.

세 번째, 인스타그램은 검색 기반의 매체입니다

인스타그램은 해시태그가 중요합니다. 쉽게 말하면 '검색어'인데, 다른 매체와 달리 인스타그램은 새 게시물을 올릴 때 핵심 단어들을 작성자가 직접 입력할 수 있고, 그 단어들을 기반으로 검색됩니다. 이 단어들을 '해시태그'라고 부릅니다. 내가 정한 해시태그가 인스타그램에 등록된 해시태그와 일치했을 때 노출하는 것이 인스타그램 알고리즘입니다.

페이스북에서도 검색할 수는 있지만, 보통은 페이스북에서 보여주는 피드 중 관심 있는 것만 골라 읽게 됩니다. 내 친구들, 내가 좋아요를 누른 피드가 맨 앞에 노출되긴 해도 그 외 다른 광고를 넣고 빼는 것은 모두 페이스북 몫입니다. 그래서 페이스북 유저들의 고질적인 불만은 내가 관심 있는 것만 볼 수 없다는 것이죠. 인스타그램은 게시물이 아니라 해시태그를 기준으로 검색하기 때문에 내가 적합한 콘텐츠를 생산할 수만 있다면 노출 확률도 올라갑니다. 이 말은 나만 부지런하면 특정 분야의 인기 인플루언서가 될 기회가 있다는 것이고, 이것은 곧 돈을 벌 기회가 있다는 뜻이기도 합니다.

네 번째, 증가하고 있는 유저수입니다

사람들은 새로운 서비스와 신기한 것에 환호하지만 어느 정도 적응되면 다른 곳으로 눈을 돌립니다. 다음 카페가 유행할 때 확 몰렸던 사람들이, 네이버 검색서비스가 히트하자 네이버 카페로 이동한 것을 떠올려 보세요. 영원히 네이버가 주도할 것 같던 시장은 카카오톡이 들어오면서 다시 변했죠. 그러다가 페이스북, 인스타그램이 유행하고, 현재는 유튜브가 많은 관심을 받고 있습니다. 그렇습니다. 사람들의 관심은 계속 변합니다.

이런 흐름을 쫓아다니면서 마케팅하는 것이 SNS 마케터 숙명입니다. 사람들 관심이 어디로 향하는지를 수시로 살피고 왜 그런지를 파악해야 하고, 그런 면에서 유저수 증감은 인기 매체를 판별하는 중요한 기준입니다. 나중에 또 변하겠지만 현재 페이스북 유저는 조금씩 줄고, 인스타그램과 유튜브 유저는 늘고 있습니다.

다섯 번째, 잠재고객과 소통할 수 있는 '진정한' 소통창구입니다

고객과 소통하는 방법으로 인스타그램을 이용하는 중소기업이 유난히 많습니다. 브랜드 충성도가 높은 진성 고객을 찾아내, 그들과 소통할 수 있는 꽤 괜찮은 소통창구라는 걸 알기 때문입니다. 이 부분은 인스타그램 인플루언서를 꿈꾸는 사람들에게도 중요합니다. 단순히 팔로워수가 많은 게 중요한 게 아니라, 내 매력을 알아보는 팔로워들과 끈끈한 소통을 통해 강력한 팬덤을 만들 수 있다는 것이 인스타그램의 진짜 장점이니까요.

내 경쟁자는 어떻게 살아남았나?
벤치마킹 4단계

개성 있는 콘텐츠를 만들려면 인스타그램 기획서가 필요합니다. 가장 먼저 할 일은 내가 들어가고 싶은 분야의 다른 인스타그램 계정을 연구하는 시장조사, 즉 벤치마킹입니다. 경쟁자들은 어떤 콘텐츠를 게시하는지, 이용자들과 어떤 방식으로 소통하는지, 어떤 콘텐츠의 반응이 좋은지 등을 보고 정리합니다. 경쟁자 장단점을 파악해야 내가 어떤 식으로 콘텐츠를 만들면 승산이 있을지 판단할 수 있으니까요.

1단계. 우리나라 인기 인스타그램 순위는? 녹스인플루언서
우리나라에서 가장 인기 있는 인스타그램 계정은 어디일까요? 어디서 이런 정보를 알 수 있을까요? SNS 랭킹 사이트인 녹스인플루언서(noxinfluencer)는 세계 각국의 유튜브, 인스타그램, 틱톡, 트위치(Twitch, 미국 아마존닷컴의 인터넷 방송 중계 서비스) 랭킹을 제공합니다. 인스타그램 팔로워 순위, Nox 평점 순위, 게시물 순위, 참여도 순위를 분야별로 확인할 수 있습니다. 광고주로 회원가입을 해야 볼 수 있는데, 자세한 방법은 4부 유튜브 부분에서 설명합니다.

녹스인플루언서_ https://kr.noxinfluencer.com

2단계. 해시태그 검색하고 팔로잉하기

큰 틀을 알았으면 이제 분야별 인기 계정을 살펴볼 차례입니다. 그 전에 할 일이 있습니다. 어떤 분야든 시작은 나를 파악하는 것이죠. 1부에서 설명한 내용을 참고로 내가 좋아하거나 자신 있는 분야가 뭔지부터 생각해 보고, 그것과 관련된 단어들을 생각나는 대로 적어보세요. 그다음 인스타그램에 들어가 그 해시태그를 하나씩 검색하면서 살펴봅니다. 연결된 해시태그에도 들어가 보고 유용한 해시태그라고 생각되는 것은 적어둡니다.

이렇게 하다 보면 해당 분야에서 팔로워수가 많고, 활동을 많이 하는 인플루언서를 찾을 수 있습니다. 해시태그마다 나타나는 인기순위는 다를 수 있지만, 비슷한 카테고리에서 유난히 인기순위에 자주 올라온다면 그 분야를 이끄는 인플루언서일 확률이 커지는 거죠. 이런 곳을 팔로잉하면서 벤치마킹합니다. 인기 피드, 인기 계정을 꾸준히 들여다보세요. 어떤 콘텐츠들이 올라오는지, 댓글 반응은 어떤지 등도 함께 살펴보세요.

3단계. 뉴스 검색, 책을 통해 유명한 인플루언서 찾기

2단계와 함께 3단계를 진행합니다. 포털 뉴스 검색을 활용해 특정 분야에서 유명한 인플루언서를 찾아보세요. 인터뷰나 언론에 자주 언급되는 인플루언서나 SNS 관련 책 저자를 살펴보는 방법도 있습니다. 어떻게 유명해졌는지, 사람들이 왜 그 사람의 인스타그램을 좋아하는지, 어떤 콘텐츠에 호응하는지를 파악하는 것이 중요합니다.

4단계. 이렇게 찾은 정보로 벤치마킹 분석표 만들기

어느 정도 감이 왔으면 이제 내 모델이 될 만한 인스타그램 계정 3~5곳 정도를 정합니다. 이때 상, 중, 하 3레벨로 벤치마킹 대상을 고르는 것이 좋습니다. 하 레벨은 팔로워 1,000명 수준으로 내가 노력하면 잡을 수 있는 수준입니다. 중 레벨은 팔로워 10,000명 수준인 중간 단계, 상 레벨은 팔로워 100,000명 이상 최고 단계의 대상을 정해보세요. 상중하의 기준은 여러분의 수준에 맞춰 추후 바뀔 수도 있습니다. 처음 시작할 땐 낮은 수준의 상중하 벤치마킹 대상을 선택하고, 1차 선정했던 상중하 벤치마킹 대상자를 꺾은 다음엔 더 높은 수준의 상중하 벤치마킹 대상을 선택하여 공략하는 것이 좋습니다.

이렇게 하는 이유는 전체적인 흐름과 구체적인 목표를 잡기 위해서입니다. 지금 시작한 내 채널이 하루아침에 상 레벨을 따라잡을 수는 없으니까요. 처음엔 하 레벨을 목표로 하되, 최종 목표인 상 레벨이 어떤 상태인지를 알고 시작해야 길을 잃지 않습니다.

표를 만들어 비교분석하는 방법을 알려드릴게요. 이렇게 정리하면 내 인스타그램 콘텐츠는 어떻게 만들어야겠다는 생각이 좀 더 구체화됩니다. 이 표를 참고로 이미지 스타일이나 목표, 콘셉트와 연결된 소재 등을 적어보세요. 예를 들어 강아지 인스타그램을 만들기로 했고, 콘셉트는 강아지 일상, 재밌는 표정 등을 찍는 것으로 정했다면 강아지가 밥 먹는 모습, 똥 싸고 창피해하는 귀여운 모습, 자는 모습, 귀여운 옷을 입혀놓았는데 싫어하는 모습 등 다양한 상황을 소재로 쓸 수 있습니다. 평소에 자료를 많이 모아놓을수록 유리합니다.

레벨 수준	상	중	하
이름	A 인스타그램	B 인스타그램	C 인스타그램
URL			
팔로워수			
인기 콘텐츠 스타일			
첫인상			
장점			
단점			
적용할 점			
추가할 점			

벤치마킹 분석표

요즘 잘 나가는 인스타그램 콘텐츠는?

인기 콘텐츠 종류

요즘이라고 말하긴 했지만 사실 언제나 잘 팔리는 콘텐츠가 있습니다. 광고업계에선 3B 콘텐츠를 꼽는데 아이, 여성, 동물(Baby, Beauty, Best)을 말합니다. 이들이 등장할 때 다른 것보다 주목도가 높고, 인스타그램도 예외는 아닙니다. 이외에도 인스타그램에서 전통적으로 강한 소재는 #뷰티, #패션, #여행, #커피, #일상 #외식 등 비주얼이 강한 것들입니다. 일상 콘텐츠지만 색다른 렌즈로 보듯 특별하게 표현한다는 특징이 있습니다.

지나치게 사치스러워 보일 때도 있지만, 일반 유저도 인스타그램에는 그렇게 표현한 사진을 올립니다. 이것이 인스타그램의 악영향으로 꼽히기도 하죠. 일부 셀럽의 인스타그램 안에서의 자랑과 사치는 점점 질타의 대상이 되고, 사각틀 안에서의 세상이 얼마나 현실과 동떨어져 있는가를 표현하는 작가가 생길 정도입니다. 자연스러운 자정작용이고, 눈에 보이는 게 전부였던 인스타그램 콘텐츠가 조금씩 현실화하는 과정이라고 생각합니다. 마케터로서 우리가 할 일은 유저 시선을 끌 수 있는 콘텐츠를 기획하고, 거짓 없는 소통으로 다가서는 것입니다.

인기 있는 콘텐츠는 3B – Baby, Beauty, Beast

아이(Baby)　어린아이를 볼 때 생기는 애정, 보호본능에 기반한 콘텐츠입니다. 초기에 블로그를 휘어잡았던 파워블로거 중 아이를 키우는 육아맘들이 많았던 것도 이런 이유입니다. 다른 매체에 비해 인스타그램 유저는 젊은 편이라 좋아하는 콘텐츠 역시 '아이' 자체보다는 동경하는 대상에 대한 것이 많습니다. 그래서 '아이'로 검색하면 유명 아이돌이나 동물 사진이 더 많이 등장합니다.

뷰티(Beauty) 아름다운 여성에 대한 콘텐츠입니다. 우연일 수도 있지만 실제로 인스타그램에서 성공한 사람 중에는 뛰어난 외모를 가진 분들이 꽤 많습니다. 그들의 화장법, 피부관리, 옷 쇼핑 등 여성이라면 관심 있을 만한 콘텐츠가 인기입니다. 인스타그램이 한 장의 사진이나 이미지로 승부를 보는 곳이다 보니 더 그런 경향이 있습니다.

동물(Beast) 요즘 특히 핫한 주제가 반려동물입니다. 1인 가구가 늘면서 반려동물을 키우는 사람들이 점점 많아지고 있죠. 인스타그램에서도 강아지, 고양이, 햄스터 등 다양한 반려동물 게시물이 인기가 많습니다. 귀여운 동물은 언제 어디서나 환영받으니까요.

주목도에 따라 나누기

사람들의 관심이 이어지는 기간, 즉 주목도에 따라 콘텐츠를 나누기도 합니다. 이런 게 있다는 걸 알고 배치 방법을 신경 써야 합니다. 매번 장기주목 콘텐츠를 제작할 수만 있다면 바로 인기게시물로 등극하겠지만 현실적으론 쉽지 않죠. 가장 안정적인 방법은 기획할 때부터 단기, 중기, 장기주목 콘텐츠를 나누고 골고루 섞어서 노출하는 것입니다.

나는 장기주목 콘텐츠라고 만들었는데 팔로워들이 그렇게 받아들이지 않는다면? 그렇다면 원인을 분석해서 재도전합니다. 그래서 기획과 분석은 하나입니다. 기획하고 실행하고 분석하고 다시 정리한 후 재기획―실행―분석으로 반복하는 거지요.

단기주목 콘텐츠　인간의 욕구를 자극하는 콘텐츠를 말합니다. 앞서 본 3B가 대표적인 단기주목형 콘텐츠인데, 단기주목이라고 나쁜 건 아닙니다. 인스타그램은 유행이나 흥미가 매우 빠르게 움직이는 매체라서 빠르게 주목시키는 게 중요하니까요. 주목하는 기간이 짧으니 유저가 흥미를 잃지 않도록 자주 업로드하는 것이 힘들고, 금방 소재가 고갈될 수 있다는 단점이 있습니다.

중기주목 콘텐츠　주목도가 좀 더 오래가는 콘텐츠를 말합니다. '~하는 법, ~ 노하우' 등 살아가면서 도움이 되는 정보들이 대표적이며, 카드뉴스나 릴스 등의 형태가 많습니다. SNS 초기부터 카드뉴스는 매력적이었는데, 요즘은 인스타그램에 맞게 사진에 자막처럼 설명이 붙는 하이브리드형 카드 콘텐츠들이 나타나고 있습니다. 중기주목 콘텐츠가 중요한 이유는 인스타그램 확산에 '콘텐츠 저장 수'가 영향을 주기 때문입니다. 인스타그램 알고리즘은 사람들이 많이 저장할수록 중요한 콘텐츠라고 판단해 더 많이 보여주려는 경향이 있습니다.

장기주목 콘텐츠　팔로워 마음을 사로잡는 공감형 콘텐츠를 말합니다. 공감 콘텐츠를 제작할 수만 있다면 사람들의 입에서 입으로 더 많이 확산되고, 좋아요수가 늘고, 진성 팔로워가 느는 효과가 생깁니다. 충성도 있는 팬덤으로 이어지죠. 이런 콘텐츠는 주인장의 진심에서 나옵니다. 타인의 공감을 얻을 수 있도록 나의 경험, 그때의 감정을 끄집어내어 콘텐츠를 제작해 보세요. 잭폿이 터지는 유니콘 콘텐츠가 될 수 있습니다. '유니콘 콘텐츠'란 어디에서나 눈에 띄는 뿔을 가진 유니콘처럼 눈에 확 띄는 콘텐츠를 말합니다.

빨리 스타가 되고 싶은데 써도 될까?
팔로워 생성기

짐작한 것이 맞습니다. 정답은 NO! 진성 팔로워가 내 재산!

팔로워를 자동으로 만들어 주는 프로그램이 있다면 쓸 건가요? 내 채널을 빨리 활성화하고 싶은 마음이 크면 이런 유혹이 다가올 수 있습니다. 실제로 인스타그램 초기에 유행한 방법이지만, 지금은 절대 그런 프로그램을 쓰면 안 됩니다.

팔로워수가 많다고 다 영향력 있는 인플루언서일까요?

이 질문에 답할 수 있다면 결정을 내리기가 쉬워집니다. SNS 마케팅 업체 중에는 프로그램이나 기계 조작을 통해 팔로워를 늘려주는 곳들이 있습니다. 허수 팔로워를 짧은 시간에 많이 만들어 주는 거죠. 이 허수들은 영향력이라는 부분에선 아무 의미가 없습니다. 인스타그램 알고리즘이 강화되면서 이런 계정을 다 찾아내 정지시키고 있습니다. 아예 계정이 삭제될 수도 있으니 생각도 하지 마세요. 이런 위험을 피하려고 요즘 광고업체에서는 선 팔로우를 하고, 자신을 팔로우하도록 유도해 팔로워를 만드는 방법을 쓰기도 합니다.

진짜 인플루언서를 알아보는 방법

진짜 영향력 있는 인플루언서를 알아보는 방법이 있습니다. 먼저 팔로워 국적을 보세요. 세계적으로 유명한 아이돌이나 배우, 모델, 스포츠 스타 등 연예인이 아니라면 외국인 팔로워만 많은 건 이상합니다. 또 팔로워와 좋아요수는 엄청 많은데 댓글이 빈약한 것도 의심스럽습니다. 관심 있는 팔로워가 많다면 인플루언서가 글 하나를 쓰더라도 많은 댓글이 달리기 마련이니까요. 반대로 댓글수는 엄청 많지만 같은 댓글이 여러 번 반복되거나 아무 의미가 없는 댓글인 경우도 의심하세요. 우리 목표는 팔로워수가 적고 좀 천천히 늘더라도, 끈끈한 애착관계로 이어진 인플루언서가 되는 거니까요.

드디어 내 인스타그램을!

가입하기, 프로필, 연락처

이제 인스타그램을 설치할 차례입니다. 온라인과 모바일 특성상 인터페이스가 자주 바뀌어 여러분이 보는 시점에는 책과 완벽히 똑같지 않을 수 있습니다. 그러나 가입 과정에서 확인하는 것은 매번 비슷하니 화면 내용을 잘 보면서 진행하면 됩니다.

내 사진 대신 아바타?

보통은 내 프로필로 사진을 넣는데, 사진 대신 아바타를 만들어 쓸 수 있는 기능이 새로 추가되었습니다. 피부색, 헤어스타일, 얼굴형, 눈, 코, 입. 수염, 안경, 모자, 메이크업까지 만드는 재미가 있죠. 다 만들어 등록하면 방금 만든 내 아바타가 적용된 스티커도 무료로 줍니다.

1 인스타그램 앱 내려받기

스마트폰 기종에 따라 Play 스토어나 앱스 토어에서 인스타그램 앱을 내려받아 설치합니다. 설치가 끝나면 '열기'를 탭합니다.

2 회원 가입하기

첫 화면이 나타나면 '새 계정 만들기'를 탭합니다. 휴대폰 번호를 입력한 후 인증받고, 이름과 비밀번호를 입력합니다. 이메일 주소로 가입할 수도 있습니다.

3 화면 안내에 따라 쭉 진행하세요. 6자 이상의 비밀번호, 생년월일 등을 입력하면 '사용자 이름 만들기' 화면에 자동으로 이름이 입력되어 나타납니다. 나중에 수정할 수 있으니 그대로 두고 '다음'을 탭합니다. 약관까지 다 동의하면 '프로필 사진 추가'나 '페이스북 친구 찾기' 화면이 나타납니다. 나중에 해도 되니 여기서는 다 '건너뛰기'를 선택합니다.

4 내 프로필 편집하기 – 사용자 이름 바꾸기

– 가입이 무사히 끝났네요. 이제 내 정보를 편집해야 하니 '내 프로필' 아이콘을 탭하세요.

– 내 프로필 화면이 나타나면 '프로필 편집' 버튼을 탭합니다.

– 이름과 사용자 이름을 탭한 후 수정합니다.

5 내 프로필 사진 넣기

'사진 또는 아바타 수정'에서 '사진'을 탭합니다. '새로운 프로필 사진'을 탭한 후 갤러리에서 사진을 선택합니다. 마음에 드는 필터를 적용한 후 다음 아이콘을 탭하면 내 사진이 적용됩니다. 계속 편집해야 하니 다시 '프로필 편집' 버튼을 탭하세요.

6 내 인스타그램 소개하기

이번에는 '소개'를 탭합니다. '소개' 화면에 내 인스타그램 소개 내용을 간단히 입력한 후 완료 버튼을
탭합니다. 프로필에 소개글이 저장되어 나타납니다.

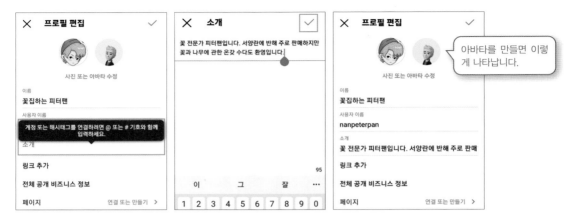

7 연락처 연결하기 – 내 친구들, 인스타그램, 페이스북

내 프로필 화면에서 더 보기 아이콘을 탭한 후 '사람 찾아보기'를 탭합니다. 인스타그램이 내 연락처에
접근할 수 있도록 허용하면 인기 계정 리스트가 나타납니다. '연락처 연결'의 '연결' 버튼을 탭하세요.

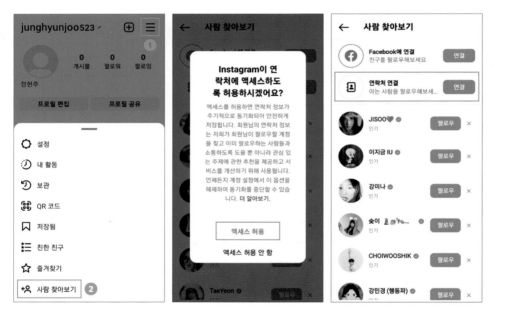

8 내 프로필 화면에 '사람 찾아보기'가 추가되면서 내 연락처에 있는 친구들이 나타납니다. 옆의 '모두 보기' 버튼을 탭한 후 페이스북까지 연결하면 페이스북에 저장된 친구들도 연결됩니다. 어디서든 '팔로우' 버튼을 탭하면 바로 팔로잉할 수 있습니다.

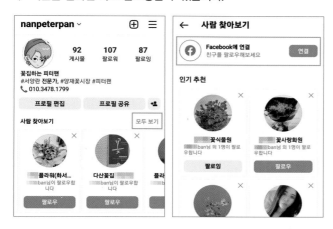

9 내 QR코드로 프로필 공유하기

언제라도 '프로필 공유' 버튼을 탭하면 인스타그램에서 제공하는 내 QR코드가 나타납니다. 이 QR코드를 친구들에게 공유해 내 계정을 홍보하거나 제품 발송 시 스티커로 만들어 사용할 수 있습니다.

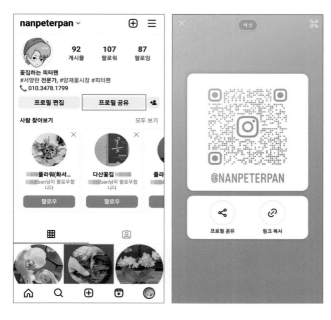

화면에 있는 게 다 뭐지?

인스타그램 인터페이스

인스타그램에 가입한 후 로그인하면 다음과 같은 화면이 나타납니다. 앞으로 자세히 알아보겠지만 화면에 있는 게 뭔지만 알아도 얼추 사용할 수 있으니 후루룩 살펴보고 넘어갑시다.

여러분이 보는 시점에서는 책에 있는 화면과 다를 수 있습니다. 대대적인 인터페이스 개편이 아닌 이상 완전히 달라지지는 않고, 보통은 아이콘이 있다 없다 하거나 같은 기능을 하는데 이름과 위치가 바뀌는 정도입니다. 온라인 매체 특성이 그렇습니다. 유저를 위한 끊임없는 노력이라고 볼 수도 있지만, 익숙해지기가 무섭게 자주 바뀌어서 조금 번거롭기도 하지요.

만약 인터페이스가 지금과 전혀 다르게 바뀌었다면 그건 매체 정책이 대대적으로 개편되었다는 뜻이니, SNS 마케팅이 목적인 우리는 긴장해야 합니다. 뭐가 왜 어떻게 바뀌었고, 유저들의 반응이나 인터페이스 접근 방법, 수익에 어떤 차이가 생겼는지를 파악해야 하죠. 기본 기능을 배우는 지금으로서는 거기까지 생각할 필요는 없습니다. '아, 인스타그램이나 유튜브 같은 온라인 매체는 인터페이스가 소소하게 자주 바뀔 수 있구나' 정도만 알아두면 됩니다.

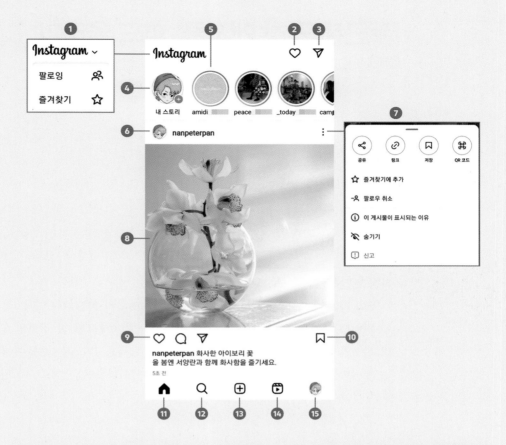

1 **인스타그램 로고** 탭하면 팔로잉과 즐겨찾기 화면으로 바로 갈 수 있습니다. '팔로잉'은 내가 팔로잉하고 있는 계정을, '즐겨찾기'는 즐겨찾기한 계정의 최신 게시물과 소식을 바로 보여줍니다.

2 **알림** 나한테 좋아요, 메시지를 보냈거나 팔로잉한 사람이 있으면 알려줍니다.

3 **다이렉트 메시지(DM)** 친구에게 메시지를 보냅니다. 영상이나 음성통화, 공개 채팅 등을 할 수 있습니다.

4 **내 스토리** 스토리 게시물을 만듭니다. 하루짜리 게시물을 '스토리'라고 불러요.

5 **스토리** 내가 팔로잉한 친구들의 스토리가 여기에 나타납니다. 탭하면 바로 볼 수 있습니다.

---

6 **게시자 프로필** 지금 보고 있는 게시물을 올린 회원의 프로필입니다. 탭하면 게시자 홈에 방문할 수 있습니다.

7 **더 보기** 다양한 추가 기능이 나타납니다.

8 **피드 영역** 사진이나 동영상 등 인스타그램 게시물을 '피드'라고 부르는데, 그 피드가 나타나는 영역입니다.

9 **좋아요, 댓글, 공유** 지금 보고 있는 게시물에 좋아요를 누르거나 댓글을 씁니다. 이 게시물을 다른 사람에게 보낼 수도 있습니다.

10 **컬렉션에 저장** 즐겨찾기로 저장합니다.

---

11 **홈** 탭하면 어디에 있든 인스타그램 첫 화면으로 돌아갑니다.

12 **탐색** 검색어, 즉 해시태그를 입력해 검색합니다.

13 **새 게시물 만들기** 새로운 사진이나 동영상을 촬영해 게시물을 만듭니다.

14 **릴스** 짧은 동영상인 '릴스'를 봅니다. 좋아요를 탭하면 관심도가 등록되어 유사 콘텐츠가 노출됩니다.

15 **내 프로필** 내 프로필 화면에 들어갑니다. 프로필 정보를 수정하거나 내가 올린 피드 게시물을 한 번에 확인할 수 있습니다.

두근두근 첫 게시물, 피드 올리기

해시태그

가장 일반적인 게시물, 피드

가입도 하고 대충 훑어봤으니 이제 써봐야죠. 어렵지 않습니다. 인스타그램은 사진을 찍어서 올리면 끝입니다. 내 사진이 노출될 해시태그만 잘 정하면 되는데, 해시태그는 언제든 수정할 수 있으니 부담 없이 해보세요. '피드'는 보통 우리가 알고 있는 게시물이라고 생각하면 됩니다. 사진들의 색이나 느낌만 봐도 내 인스타그램이라는 것을 느낄 수 있도록 꾸며보세요.

최신순으로 바뀐 인스타그램 알고리즘

인스타그램은 기존의 피드 노출 알고리즘을 2022년 초부터 폐지하고, 이후부터는 콘텐츠를 올린 시간 순서대로 노출하겠다고 발표했습니다. 기존 알고리즘이 콘텐츠를 양극화시키고, 과도한 광고로 적대감을 만든다는 게 이유라고 합니다.

이유가 뭐든 '올린 시간순'이라는 게 중요해졌죠. 이 말은 타깃으로 하는 유저가 인스타그램에 많이 접속하는 시간대를 분석해야 한다는 뜻이기도 합니다. 내 인스타그램 타깃층이 자주 보는 시간대를 분석해 그 시간에 맞춰 게시물을 올려야 하니까요.

조금 더 나가면 이제 인스타그램에선 '관심사'가 가장 중요한 요소가 될 것이라는 말이기도 합니다. 관심사에 따라 유사 콘텐츠가 먼저 노출되고, 내가 만든 콘텐츠 역시 내 관심사와 유사한 팔로워들에게 먼저 확산할 테니까요. 그래서 내가 원하는 팔로워들에게 내 콘텐츠를 확산하려면, 나부터 관심사로 확정한 콘텐츠만 소비하고, 관심사가 유사한 팔로워들을 확보해야 합니다. 그래야 원하는 유사 팔로워들에게 더 노출될 수 있습니다. 물론 나만의 콘셉트가 정확하게 녹아 있는 질 좋은 콘텐츠를 제작하는 게 가장 강력한 무기가 되겠죠.

1 새 게시물 올리기

⊕ 만들기 아이콘을 탭합니다. '새 게시물' 화면이 나타나면 갤러리에서 사진을 선택하거나 촬영하면 됩니다. 여기서는 카메라 버튼을 탭한 후 사진을 찍습니다. 자동으로 필터 화면이 나타나는데, 원하는 필터를 적용한 후 다음 버튼을 탭합니다.

2 게시글 쓰고, 해시태그 달기

'새 게시물' 화면이 나타납니다. 게시물과 함께 올릴 간단한 내용을 써보세요. 다 썼으면 '#'을 입력한 후 띄어쓰기 없이 검색어를 입력하세요. 9개 이내로 입력하는 게 가장 좋습니다. 키워드를 다 입력하지 않아도 아래쪽에 다양한 해시태그가 제안되는데, 여기서 탭하면 검색 노출에 유리합니다. 완료 버튼을 탭합니다.

봄내음이 가득한 호접란 ^^
침대 옆에 두면 자는 동안 산소를 뿜어준답니다.
#호접란화분 #호접란키우기 #호접난화분 #호접 #호접란부케 #호접란꽃바구니

3 음악 추가하기

이번에는 '음악 추가'를 탭합니다. 새로 추가된 기능으로 이미지와 게시물에 쓴 글 등을 분석해 인스타그램이 자동으로 음악을 추천합니다. 원하는 음악을 선택하면 재생길이와 재생구간을 선택할 수 있습니다. 완료 버튼을 탭하면 선택된 음악이 '새 게시물' 화면에 나타나고, 다시 완료 버튼을 탭하면 내 피드에 노출됩니다.

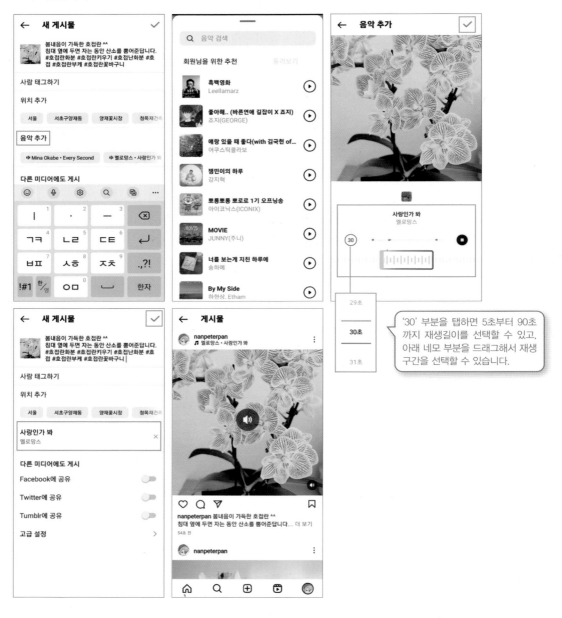

4 내 게시물 모두 확인하기

잘 올라갔는지 확인해야죠? '내 프로필' 아이콘을 탭해 보세요. 내 피드에 올라간 게시물을 모두 확인할
수 있습니다.

5 게시물 수정하기 – 문구, 해시태그 수정

게시물에서 더 보기 아이콘을 탭한 후 '수정'을 탭합니다. '정보 수정' 화면이 나타나면 문구
나 해시태그를 수정할 수 있습니다.

6 게시물 삭제하기

게시물에서 더 보기 아이콘을 탭한 후 '삭제'를 탭합니다. 삭제 확인 대화상자에서 '삭제'를 탭하면 됩니다.

단 하루만 보이는 게시물, 스토리 올리기

인스타그램 게시물 이름이 헷갈려요! 피드, 스토리, 하이라이트

피드는 일반 게시물이고, 따로 삭제하지 않는 한 계속 그 상태로 있습니다. 이번에 알아보는 스토리는 24시간 동안만 보이다가 자동으로 지워지는 게시물입니다. 가까운 사람들과 잡담하는 기분으로 가볍게 올려보세요. 이 스토리에 올린 사진이 사라지지 않도록 따로 저장하는 기능이 '하이라이트'입니다. 그냥 스토리를 모아놓는 앨범이라고 생각하면 쉽습니다.

내 스토리

스토리를 올리면 '내 스토리'에 테두리가 생깁니다. 테두리로 내가 팔로우한 다른 계정에서 스토리를 올려도 금방 알 수 있고, 탭하면 바로 스토리를 볼 수 있습니다. 또 사진에 글자를 입력하는 기능도 스토리에서만 가능합니다. 24시간 즉 하루에 하나만 올릴 수 있지만, 여러 장의 사진을 편집해서 하나의 스토리로 올려도 되고, 지우고 다른 것으로 올려도 됩니다.

내 스토리

소통을 유도하는 스토리 스티커 활용하기 – 설문조사, 질문, 카운트다운, 슬라이더

인스타그램 스토리에는 귀여운 것부터 설문하기, 퀴즈, 슬라이더, 카운트다운 등 소통 기능이 있는 스티커까지 무료로 제공합니다. 단순한 꾸미기가 아니라 팔로워들의 참여와 소통을 유도할 수 있는 장치이고, 인스타그램 알고리즘이 확인하는 기준이기도 하니 적극적으로 활용하세요.

1 스토리 만들기

인스타그램 홈 화면에서 '내 스토리'를 탭합니다. '스토리에 추가' 화면이 나타납니다. 피드를 올릴 때처럼 갤러리에서 선택해도 되고, 카메라로 바로 촬영할 수도 있습니다. 이번에는 갤러리에 있는 사진을 선택했습니다. '선택' 버튼을 클릭하여 여러 장의 사진을 선택해도 됩니다.

2 글자 입력하기

글자 아이콘을 탭한 후 커서가 나타나면 입력합니다. Enter 를 누르면 다음 줄로 이동합니다.

3 글자 편집하기

이것저것 눌러보면서 편집해 보세요.

- 왼쪽 슬라이더를 위아래로 드래그해 글자 크기를 조정할 수 있습니다.
- 위쪽 아이콘들을 탭하면 문단 정렬, 글자 색상, 글자 배경, 애니메이션을 넣을 수 있고, 아래쪽 아이콘들은 글꼴입니다.
- '완료' 버튼이나 글자 바깥쪽을 탭하면 적용됩니다. 수정하려면 다시 글자 부분을 탭하세요.

4 글자 위치 이동하기, 각도 바꾸기하기

손가락으로 글자를 탭한 후 드래그하면 원하는 위치로 이동할 수 있습니다. 두 손가락을 글자 위에 대고 살짝 돌리면 글자 각도를, 오므렸다 펴는 동작으로 크기를 조정할 수 있습니다.

5 스토리 스티커 적용하기, 삭제하기

스티커 아이콘을 탭합니다. 원하는 스티커를 탭하면 바로 입력됩니다. 글자처럼 원하는 위치로 드래그하세요. 화면 아래쪽으로 살짝 드래그하면 '삭제' 버튼이 자동으로 나타나 삭제할 수 있습니다.

글자 등 다른 요소를 삭제할 때도 이렇게 하면 됩니다.

6 필터 적용하기

필터 아이콘을 탭하면 화면 아래쪽에 다양한 필터가 나타납니다. 양쪽으로 밀어서 원하는 필터를 적용할 수 있습니다. 다 되었으면 '완료'를 탭합니다.

7 스토리 삭제하기

홈 화면 '내 스토리'에 테두리가 나타나면 스토리가 적용된 것입니다. '내 스토리'를 탭하면 현재 스토리가 나타납니다. 삭제하려면 '더 보기 – 삭제'를 탭하면 됩니다.

  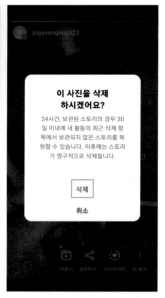

스토리를 보관하는 게시물, 하이라이트 올리기

스토리는 24시간 후에 자동으로 사라집니다. 사라지지 않고 계속 볼 수 있게 하려면 '하이라이트'로 저장하면 됩니다. 하이라이트는 '스토리를 모아놓는 폴더' 혹은 '앨범'이라고 생각하세요. 앨범 커버처럼 하이라이트 커버를 따로 만들 수도 있습니다.

단순히 여러 개의 스토리를 보관한다는 기능을 넘어, 하이라이트는 인스타그램 마케팅 요소로도 활용됩니다. 기업이라면 상품이나 광고 제작 비하인드, B컷 광고를 공개해 관심을 끌 수도 있고, 개인이라면 최근 여행 기록이나 아기 탄생기록 등을 남길 수도 있죠. 프로필 아래 눈에 띄는 위치에 있어서, 일단 내 계정에 들어온 유저가 가장 먼저 볼 수 있습니다. 당연히 다른 게시물을 보거나 쇼핑몰로 유도하는 데도 중요한 역할을 합니다.

❶ 스토리　24시간만 보이는 게시물
❷ 하이라이트　스토리 앨범
❸ 피드　일반 게시물

1 하이라이트 만들기

홈 화면에서 '내 스토리'를 탭합니다. 스토리 화면이 나타나면 '하이라이트'를 탭합니다. '새로운 하이라이트'에 하이라이트 이름을 입력한 후 '추가'를 탭합니다.

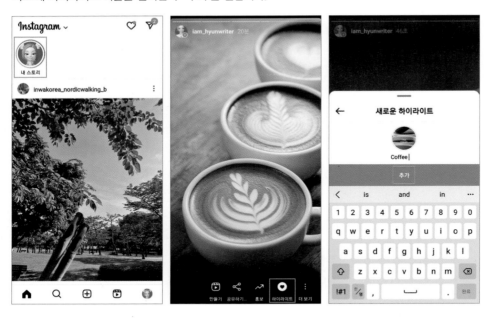

2 하이라이트 수정하기

하이라이트가 추가됩니다. 하이라이트를 1~2초 정도 누르고 있으면 메뉴가 나타나는데, '하이라이트 수정'을 탭합니다. '수정' 화면이 나타나면 하이라이트 이름 수정부터 커버 사진 수정, 스토리 파일 이동까지 모두 가능합니다.

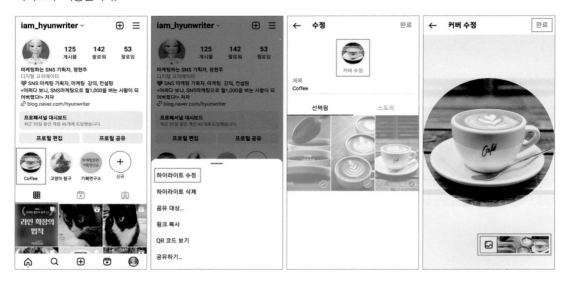

3 기존 하이라이트에 스토리 추가하기

새 스토리를 보다가 하이라이트 아이콘을 탭합니다. '하이라이트에 추가'에 기존 하이라이트가 나타나면 넣고 싶은 하이라이트를 선택하면 됩니다.

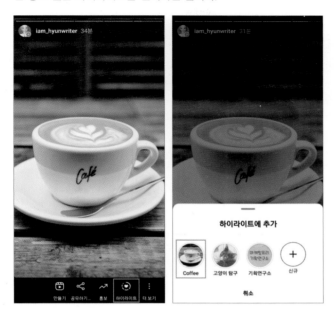

4 스토리로 공유하기

스토리를 다른 사람에게 보냅니다. '공유하기' 아이콘을 탭한 후 받을 사람을 선택하면 됩니다. 'Instagram Direct'를 탭하면 인스타그램 계정이 있는 사람한테 바로 공유할 수 있습니다.

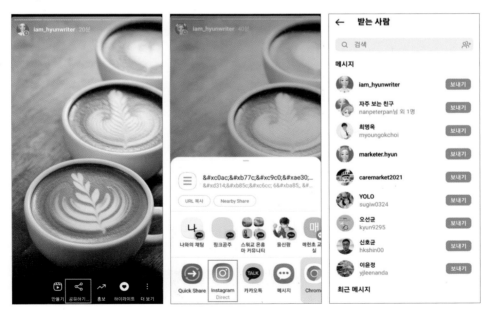

5 페이스북과 인스타그램은 한 식구

한 번만 공유 설정을 해두면 인스타그램 스토리 및 게시물이 자동으로 페이스북에 공유됩니다.
'Facebook' 아이콘을 탭한 후 로그인합니다. '공유 설정'을 탭한 후 '게시물 및 스토리 공유'를 탭하면
됩니다.

어? 왜 내 화면은 책과 다르지?

인스타그램 아이콘이 책과 다를 수 있습니다. 인스타그램 일반 계정과 프로페셔널 계정 차이입니다. 기본 기
능은 되는데, 세밀하게 조정하는 몇몇 기능이 막혀 있으니 마케팅이 목적이라면 프로페셔널 계정으로 바꾸길
권할게요. 광고 유도가 많아서 좀 귀찮긴 하지만 업그레이드 자체는 무료입니다.

일반 계정   프로페셔널 계정

아이콘이 살짝 다르니 참고하세
요. 프로페셔널 계정은 뒤에서
자세히 다룹니다.

당신의 게시물이 좋아요
좋아요, 댓글, 공유, 저장

인스타그램을 팔로워와의 소통 창구로 활용하세요

우리가 원하는 팔로워에 대한 영향력, 마케팅 용어로 말하자면 '충성도'는 기존에 형성된 팔로워와의 신뢰와 믿음에서 시작됩니다. 팔로잉을 더 받고 싶다면 먼저 더 많이 팔로우하고, 더 따뜻한 댓글과 좋아요를 눌러주세요. 누가 내 콘텐츠에 댓글을 남기면 살갑게 인사하고 친절하게 맞아주세요.

나부터 좋은 친구가 되어야 좋은 친구들이 생기는 건 진리입니다. 영혼 없이 댓글을 달거나 무분별하게 DM을 발송하는 건 도움이 되지 않습니다. 특히 마구 DM을 발송하면 계정이 정지되거나 삭제될 수 있으니 주의해야 합니다. 진정한 소통창구라 생각하고 소통하다 보면 가슴 따뜻한 선팔과 좋아요라는 보답이 오게 되어 있습니다.

다른 사람의 게시물에 반응을 보이는 기능들

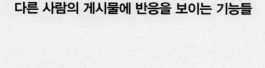

❶ 좋아요 게시물이 맘에 들면 호응하기
❷ 댓글 댓글 창에 간단한 댓글 쓰기
❸ 공유 다른 사람에게 이 게시물 보내기
❹ 컬렉션에 저장 즐겨찾기처럼 저장하기

1 좋아요

게시물을 보다가 맘에 들면 '좋아요'를 탭하세요. 좋아요를 많이 받으면 인기 게시물이 됩니다.

2 댓글 쓰기

댓글 아이콘을 탭해 글자를 입력한 후 '게시'를 탭하면 댓글이 올라갑니다. 또는 피드 아래쪽 댓글 달기에서 입력할 수도 있습니다.

3 공유 – 그룹 만들기

게시물 아래 있는 공유 아이콘은 이 게시물을 꼭 봤으면 하는 사람에게 보내 게시물을 노출하는 것이 목적입니다. 공유 아이콘을 탭한 후 메시지를 입력합니다. 받을 사람 오른쪽에 있는 '보내기'를 탭하면 전송됩니다. 받을 사람을 일일이 지정하지 않고 그룹으로 만들어 한 번에 보낼 수도 있습니다. 그룹 만들기 아이콘을 탭하면 '새 그룹' 화면이 나타납니다. 그룹으로 묶을 계정을 모두 선택한 후 완료 버튼을 탭하면 됩니다.

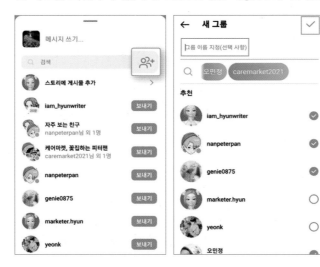

4 컬렉션에 저장 = 즐겨찾기

나중에 이 게시물을 다시 보고 싶다면 저장할 수 있습니다. 저장 아이콘을 탭하면 색이 흰색에서 검은색으로 바뀌면서 '저장됨'이 나타납니다. '컬렉션에 저장'을 클릭하면 새 컬렉션을 새로 만들 수 있습니다. 즐겨찾기 폴더를 만든다고 생각하세요.

5 내 프로필 화면에서 더 보기 아이콘을 탭한 후 '저장됨'을 탭하면 저장된 컬렉션을 볼 수 있습니다.

당신의 인스타그램이 좋아요
팔로잉, 선팔, 맞팔

당신의 인스타그램을 계속 보고 싶어요(팔로잉), 먼저 팔로우할게요(선팔), 같이 팔로잉해요(맞팔), 팔로워를 취소할래요(언팔)! 팔로잉은 유튜브의 '구독' 신청과 비슷합니다. 다만 인스타그램에서는 선팔해 준 팔로워에게 맞팔해 주는 것이 예의입니다. 맞팔할 때는 내 콘셉트에 맞는 팔로우인지를 먼저 확인하세요. 게시물을 보다가 맘에 들어서 이 사람이 게시물을 올릴 때마다 앞으로도 계속 보고 싶다면 팔로잉하면 됩니다.

맞팔 신청은 3:3:3:1

1일 맞팔 신청은 100명까지 가능합니다. 그렇다고 한 번에 100명에게 맞팔 신청을 한다면, 인스타그램 알고리즘은 어뷰징 Abusing, 즉 악의적인 광고성 계정으로 판단해 계정을 차단할 수도 있습니다. 그래서 요령껏 나눠서 팔로우 신청을 해야 합니다.

가장 좋은 방법은 아침:점심:저녁:자기 전=30명:30명:30명:10명으로 나눠서 하는 것입니다. 귀찮다고요? 맞습니다. SNS 채널을 키운다는 건 초반에 손이 많이 갑니다. 하지만 어느 정도 궤도에 오를 때까지는 귀찮아도 꾸준히 해야 합니다. SNS 채널을 키우는 건 나무를 키우는 것과 같습니다. 씨앗을 틔우고, 거름도 주고, 햇빛도 주고, 물도 때때로 잘 줘가며 조금씩 조금씩 키워가는 과정이니까요.

팔로워, 팔로잉, 맞팔로우

- 팔로워: 나를 따르는 사람 수. 내 콘텐츠가 좋아서 나를 구독하는 사람들입니다.
- 팔로잉: 내가 따라다니는 사람 수. 상대방의 콘텐츠가 좋아서 내가 구독하고 있다는 뜻입니다.
- 맞팔로우: 서로 팔로잉하고 있다는 뜻입니다.

맞팔 신청은 하루 100명까지만 3:3:3:1로!

1 선팔하기 – 팔로우, 팔로잉

게시물 위쪽에 있는 프로필을 탭합니다. 이 게시물을 올린 사람의 프로필이 나타나면 '팔로우' 버튼을 탭합니다. '팔로잉'으로 버튼이 변경되면 끝입니다. 간단하죠?

2 팔로잉 확인한 후 맞팔하기 – 맞팔로우

팔로워가 생겼다는 알림이 홈 화면 위쪽에 있는 활동 아이콘에 나타나면 탭하세요. '알림' 화면이 나타나면서 나를 팔로잉하거나 내 게시물에 반응을 보인 사람들을 볼 수 있습니다. 어떤 사람인지 궁금하니 방문해 볼까요? 프로필 이미지를 탭합니다. 이미 나를 팔로잉했으면 '맞팔로우' 버튼이 나타납니다. 나도 맞팔하려면 탭하면 됩니다.

3 나를 팔로잉해준 사람에게 메시지 보내기

인스타그램 알고리즘은 소통을 중요하게 생각한다는 거 기억하죠? 맞팔해 주거나 팔로잉해 준 회원을
방문해 팔로잉한 후 '메시지' 버튼을 탭하면 감사 메시지를 보낼 수 있습니다.

외부 앱? 이제 언팔은 반드시
인스타그램에서!

언팔

'언팔'이란 팔로워를 끊는 것을 말합니다. 인스타그램 홍보를 위해선 여기저기 관련 분야를 찾아 먼저 선팔하고 좋아요를 보내야 합니다. 한 달 동안 열심히 1,000명에게 선팔했는데, 그중 900명이 아무것도 해주지 않는 상태가 계속된다면 정리가 필요하 겠죠. 팔로잉만 너무 많으면 이상하니까요. 이런 방식으로 계속 선팔, 맞팔, 언팔을 번갈아 진성 팔로워들을 만들고 관계를 잘 유지해야 채널 홍보에 도움이 됩니다.

예전엔 언팔용 앱을 내려받아 사용했는데, 인스타그램 검열이 민감해지면서 언팔용 앱을 사용하기 힘들어졌습니다. 대신 사용하기 쉬운 언팔 기능이 제공되니 이제 언 팔도 인스타그램에서 작업하세요. 무조건 삭제하지 말고 이 책에서 전하는 요령으 로 해보세요.

교류가 가장 적은 계정들부터 찾아 언팔하기

내 프로필 화면에 들어가 '팔로잉'을 탭합니다. '카테고리'에서 '교류가 가장 적은 계 정'을 탭하면 교류가 거의 없는 계정들이 나타납니다. 현재의 '팔로잉' 버튼을 탭하면 바로 '팔로우' 버튼으로 바뀝니다. 이렇게 교류가 가장 적은 계정부터 정리합니다.

팔로우한 날짜가 오래된 순으로 언팔하기

팔로잉 정렬 기준을 이용해 정리할 수도 있습니다. 앞과 같은 방법으로 내 프로필 화면에서 '팔로잉'을 탭하면 '카테고리' 항목 아래 '정렬 기준' 항목이 있습니다. 오른쪽에 있는 화살표를 탭한 후 '팔로우한 날짜 오래된순'을 선택합니다. 팔로잉한 지는 오래되었는데 맞팔이 아닌 계정들이 나타납니다. 여기서 팔로잉을 취소하면 됩니다.

게시물에서 바로 언팔하기

피드 게시물을 보다가 바로 팔로우를 취소하고 싶을 때는 빠른 방법이 있습니다. 게시물 오른쪽에 있는 더 보기 아이콘을 탭한 후 '팔로우 취소'를 탭하면 됩니다.

소통 전문 배달꾼

다이렉트 메시지(DM), 공유

종이비행기 모양 아이콘은 인스타그램용 메신저라고 생각하면 됩니다. 원하는 회원을 찾아 지금 보고 있는 게시물을 보내거나 서로 묻고 대답하는 채팅을 할 수 있습니다. 물건을 판매할 때나 팔로워를 모집할 때도 사용하고, 검색을 통해 새로운 사람에게 다가갈 때도 사용합니다.

다이렉트 메시징, 다이렉트 메시지(DM), 공유 아이콘?

인스타그램 회원들끼리 게시물이나 메시지를 주고받는 모든 활동을 'Direct 메시징'이라고 하며, 정식 이름은 '인스타그램 다이렉트(Instagram Direct)'입니다. 사진이나 동영상, 피드 게시물, 스토리, 프로필, 문구, 해시태그, 위치정보 등 다른 사람과 뭔가를 공유하고 싶을 때 이용합니다. 또 두 명 이상과 채팅하거나 영상통화를 할 수도 있습니다.

아이콘의 위치에 따라 기능에 약간 차이는 있지만 기본적으로 '공유 기능'이라고 기억하면 됩니다. 구독자 50명, 사용자 50명 합해서 하루 총 100명에게 메시지를 보낼 수 있습니다. 한 번에 많은 메시지를 계속 보내면 어뷰징, 즉 악위적인 광고라고 판단해 인스타그램이 계정을 차단할 수 있으니 주의하세요. 한 시간 간격으로 10개 정도씩만 보내는 것이 좋습니다.

다이렉트 메시지(DM): 새 메시지 보내기, 영상통화하기

공유: 피드 게시물을 다른 사람에게 보내기

피드 게시물을 다른 사람에게 보내기 – 공유 아이콘

피드 게시물 바로 아래 있는 공유 아이콘을 탭하면 나랑 친한 사람들의 목록이 나타나 이 게시물을 보라고 바로 보낼 수 있습니다. '메시지 쓰기'에 내용을 입력한 후 '보내기' 버튼을 탭합니다. 보내면 '취소' 버튼으로 바뀝니다. '완료' 버튼을 탭합니다.

만약 모르는 사람들에게 마케팅과 관련된 홍보용 메시지를 보내고 싶다면 검색란에 원하는 검색어를 검색하세요. 예를 들어 서양란과 관련된 회원들에게 보내고 싶다면 '서양란'이라고 검색하면 됩니다.

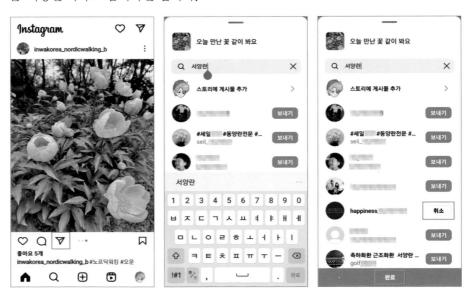

나에게 온 메시지 확인하기 – 다이렉트 메시지(DM) 아이콘

나에게 메시지가 오면 위쪽에 있는 다이렉트 메시지 아이콘에 숫자가 나타납니다. 탭하면 파란 점으로 표시된 새 메시지가 나타납니다. 여기서 각 메시지를 탭하면 채팅 메신저에서처럼 대화할 수 있습니다.

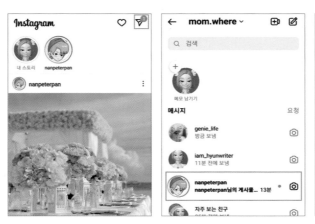
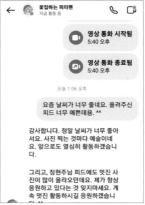

메시지 보내기, 채팅창 만들기 – 다이렉트 메시지 아이콘

1 홈 화면에서 상단의 다이렉트 메시지 아이콘을 탭합니다. 최근에 연락한 순으로 팔로워들이 나타납니다. 상단에서 연필 모양의 메시지 아이콘을 탭하면 '새 메시지' 화면이 나타나 받는 사람을 검색할 수 있습니다. 검색 후 '+' 버튼을 탭하세요.

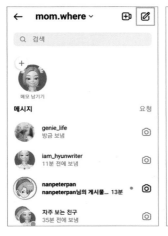
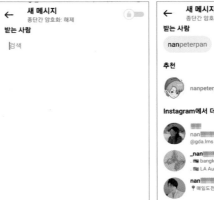

2 '받는 사람'에 이름이 나타나면서 '채팅 만들기' 버튼이 활성화됩니다. 사람을 추가하면 '채팅 만들기' 버튼이 '그룹 채팅 열기' 버튼으로 바뀝니다. 버튼을 탭하면 채팅창이 열리고 메신저처럼 쓸 수 있습니다. 메시지를 입력하면 그룹 모두에게 메시지가 전달됩니다.

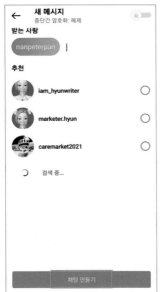

메시지 보내기, 채팅창 만들기 – 다이렉트 메시지 아이콘

음성통화 영상통화

홈 화면에서 다이렉트 메시지 아이콘을 탭합니다. 최근에 연락한 순으로 팔로워들이 나타납니다. 연락할 사람을 선택하면 메시지 화면이 나타납니다. 메시지를 보낼 수도 있고, 위쪽에 있는 음성통화, 영상통화 아이콘을 탭해 통화할 수도 있습니다.

대세 중의 대세는 숏폼 동영상
릴스 인터페이스

요즘 가장 많이 보는 SNS 콘텐츠는 바로 숏폼(Short Form) 동영상입니다. 평균 15~60초 사이의 짧은 동영상을 '숏폼 동영상'이라고 하는데, 원조인 틱톡을 시작으로 유튜브 쇼츠(Shorts), 인스타그램 릴스(Reels), 페이스북 와치(Wathch), 네이버 블로그의 블로그 모먼트(Blog Moment) 등이 다 같은 형식입니다.

릴스를 소비하는 내 타깃층의 특성을 파악한 후 그들에게 맞는 콘텐츠를 제공하는 게 중요합니다. 재미있어서 자주 내 계정에 들어오게 만들거나, '~하는 법' '~해보기'처럼 정보로 저장할 만한 콘텐츠로 말이죠. 콘텐츠가 많이 저장될수록 비슷한 타깃층에게 노출될 확률이 올라갑니다. 재미와 정보를 동시에 제공할 수 있는 콘텐츠를 만들어 보세요.

릴스(Reels) 기능 한눈에 보기

❶ 더 보기 아이콘을 탭하면 전체 메뉴가 한글 이름과 함께 나타납니다.
❷ 메뉴 위치를 왼쪽이나 오른쪽으로 바꿉니다.
❸ 카메라 방향을 앞뒤로 바꿉니다.

오디오 인스타그램에서 제공되는 음원을 영상에 넣습니다. 재생구간을 선택한 후 보이스오버로 내가 직접 음성을 녹음해 덧붙일 수도 있습니다.

효과 영상에 다양한 필터를 적용합니다. 셀카 모드에 적용할 만한 보정 필터도 많아 인물 위주로 찍을 때도 꽤 유용합니다.

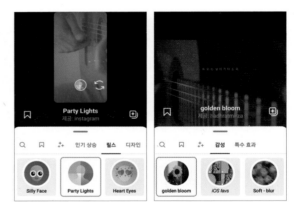

직접 추가 콜라보 게시물을 만들 때 사용합니다. 콜라보 게시물은 하나의 주제로 여러 사람이 모여 소통하기 위한 기능입니다. 인스타그램 게시물 작성 시 공동작업을 목적으로 사람 태그를 하는 것처럼 하나의 주제로 콘텐츠를 모으는 효과가 있습니다.

참여하기: 콜라보 스티커에서 현재 주제 중 하나 선택하기 만들기: '직접 추가'스티커 탭하기

길이 15초, 30초, 60초, 90초 중 영상 재생길이를 선택합니다. 다른 영상을 불러올 때도 길이를 미리 설정해서 불러올 수도 있어 편리합니다. 기본값은 15초입니다.

속도 영상 재생속도를 조절합니다. 최대 3배까지 빠르게, 0.5배까지 느리게 할 수 있습니다. 영상 길이를 맞출 때 여기서 속도 조절을 해서 맞추기도 합니다.

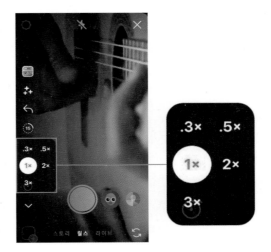

동영상 레이아웃 화면을 가로세로 2~3개로 나눕니다. 나눠진 각 화면에 다른 그림이나 동영상을 불러올 수 있습니다.

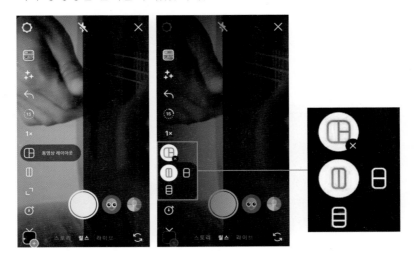

타이머 말 그대로 타이머입니다. 전체 재생 길이를 맞춰 놓고 촬영을 시작하거나 카운트 다운으로 준비시간을 둘 수 있어 춤, 공연 등 1인 동영상 제작자에게 유용합니다.

듀얼 카메라 앞뒤 양쪽을 동시에 촬영할 수 있는 기능입니다. 직접 앞쪽을 찍으면서 셀카로 말하는 모습까지 담을 수 있습니다.

제스처로 관리 옵션 손을 흔드는 등 제스처로 촬영을 시작할 수 있습니다.

첨부 탭하면 내 갤러리에서 원하는 사진이나 동영상을 가져와 릴스에 추가할 수 있습니다.

동영상 게시물, 릴스 만들기
자막, 음악, 영상 편집

인스타그램 릴스는 기발한 아이디어로 만든 재밌는 콘텐츠가 많아서, 릴스만 보고 있어도 한 두 시간은 금방 지나가 버립니다. 인터넷에서 릴스 만드는 법만 검색해도 다양한 편집방법이 나오니 이 책으로 기본을 잡은 후에 다양한 아이디어를 찾아 연습해 보세요.

동영상 편집용 앱이 많이 있지만, 우선은 인스타그램에서 제공하는 기능들을 사용해 보세요. 생각보다 간단하고, 동영상 편집에 필요한 기능들이 잘 배려되어 있습니다. 인스타그램 릴스 사용법에 익숙해진 이후 뭔가 부족함을 느꼈을 때 외부 앱을 이용하는 걸 권합니다.

할리우드 못지않은 릴스 편집 앱
요즘 사진 보정보다 더 중요한 게 동영상이죠. 그런 흐름으로 릴스 편집 앱들도 많이 사용합니다. 여기 소개한 앱들은 영상 편집 툴로서의 기본 기능은 모두 탄탄하니 각각의 장점과 본인의 필요에 따라 선택하면 됩니다.

– 세로형 편집툴로 가장 많이 사용되고 있는 블로(VLLO)
– 무료로 웬만한 편집은 모두 가능한 캡컷(CapCut)
– 사용하기 쉬워서 아마추어부터 전문 편집자까지 모두 사랑하는 키네마스터(KineMaster)
– 강력한 편집 도구가 엄청나게 많은 iMovie
– 직관적이고 보이스오버가 가능한 원더쉐어 필모라(Filmora)
– 클라우드 저장 공간에 업로드가 가능한 위비디오(WeVideo)
– 타이틀, 오버레이, 글자꼴을 커스터마이징할 수 있는 퀵(Quik)
– 색상보정, 부분 자르기, 비디오 레이어 만들기가 가능한 인샷(Inshot)

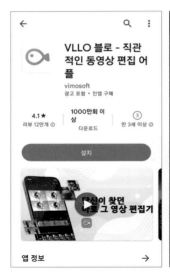

1 릴스 녹화하기

홈 화면에서 만들기 아이콘을 탭하면 나타나는 '새 게시물' 화면에서 '릴스'를 탭합니다. 릴스 화면에서
카메라 버튼을 탭하면 녹화가 시작됩니다. 버튼 옆으로 살짝 밀면 필터를 적용해 촬영할 수 있고, 다시
카메라 버튼을 탭하면 촬영이 끝납니다.

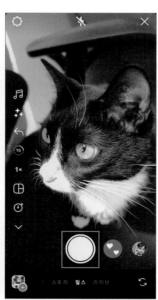

2 클립 관리하기

카메라 버튼에 촬영한 분량만큼 테두리선이 나타납니다.

– 마음에 안 들어서 바로 삭제하려면 뒤로 가기 버튼을 탭한 후 '처음부터 시작'을 탭합니다.

– 편집 화면으로 돌아가려면 '계속 수정'을 탭합니다.

– 뭔가 급한 일이 생겼을 때는 여기서 '임시 저장'을 탭하면 됩니다.

3 임시 저장 파일 불러오기

릴스 화면에서 첨부 아이콘을 탭합니다. '갤러리' 화면에서 '임시 저장 피드'를 탭하면 임시 저장된 파일들이 나타납니다. 작업할 파일을 탭하면 '새로운 릴스' 화면이 나타납니다. 여기서 '수정' 버튼을 탭해 작업을 이어가면 됩니다.

 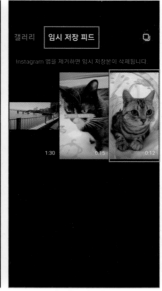 

클립을 수정하려면 '수정' 버튼을 눌러주세요. '다음' 버튼이 아니니까 주의!

릴스 동영상에 음악 넣기

1 음악 검색하기

촬영 후 바로 '다음' 버튼을 탭하면 촬영된 영상이 재생되면서 '오디오 둘러보기' 버튼이 나타납니다. 이 버튼을 탭하거나 위에 있는 음악 아이콘을 탭하면 음악 검색 화면이 나타납니다. 원하는 음악이 없으면 '음악 검색' 부분을 탭한 후 검색어를 입력해서 선택하세요.

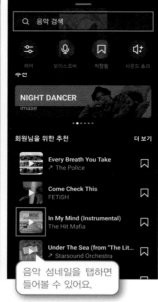

음악 섬네일을 탭하면 들어볼 수 있어요.

음악 이름을 탭하면 선택됩니다.

2 재생구간 선택하기

선택한 음악이 나타납니다. 화면 아래쪽에 재생구간이 나타나는데, 손으로 드래그해서 원하는 부분으로 옮길 수 있습니다. 기본 세팅은 인스타그램 유저들이 가장 많이 사용하는 부분으로 설정되어 있습니다. 다 되었으면 '완료'를 탭합니다.

릴스 동영상에 자막 넣기

촬영한 동영상에 다양한 효과를 추가할 수 있습니다. 인스타그램 릴스에는 주로 자막을 입력합니다. 인스타그램을 소리 없이 묵음으로 보는 경우도 많아서 콘텐츠 전달력을 높이려면 자막 처리가 필요하니까요. 자막 입력 방법은 스토리에서와 똑같으니 앞쪽을 참고하세요.

릴스 편집에서는 일반 계정과 프로페셔널 계정 기능 차이가 꽤 큽니다. 프로페셔널 계정 전환은 뒤에 자세히 설명되어 있습니다.

어, 왜 내 화면은 책과 다르지?

책에는 '클립 편집' 버튼이 있는데, 여러분의 인스타그램에는 '동영상 편집' 버튼이 나오나요? 인스타그램 일반 계정과 프로페셔널 계정 차이입니다. 세밀하게 조정하는 몇몇 기능이 막혀 있으니 마케팅이 목적이라면 프로페셔널 계정으로 바꾸길 권할게요. 광고 유도가 많아서 좀 귀찮긴 하지만 업그레이드 자체는 무료입니다.

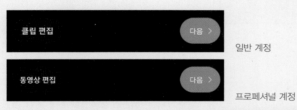

일반 계정

프로페셔널 계정

아이콘이 다르지만 기본 기능은 비슷합니다.

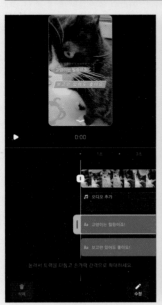 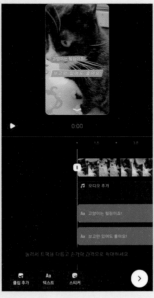

프로페셔널 버전에서는 클립 트랙, 오디오 트랙, 자막 트랙이 각각 나타나 좀 더 세밀하게 편집할 수 있습니다. 사용방법은 비슷합니다.

1 자막 입력 후 노출 시간 편집하기

자막을 입력하면 아래쪽에 자막과 클립이 나타납니다. 하나 더 입력해 보세요. 두 번째 입력한 자막 시작점을 밀어서 나타나게 하고 싶은 재생 위치로 이동합니다. 다 되었으면 확인 버튼을 탭합니다.

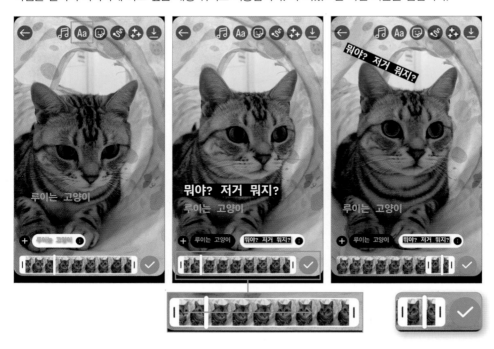

2 자막 수정하기/삭제하기

이제 자막이 하나만 보이죠? 자막을 탭해서 선택한 후 언제든 이런 식으로 타이밍을 다시 적용할 수 있습니다. 화면 글자를 아래쪽으로 살짝 밀면 나타나는 삭제 아이콘 위로 가져가거나, 아래쪽 자막을 탭한 후 '삭제'를 클릭하면 삭제할 수 있습니다.

3 클립 추가하기

'클립 편집' 버튼을 탭합니다. '클립 추가'를 탭하면 '릴스에 추가' 화면이 나타나 추가할 클립을 선택할 수 있습니다.

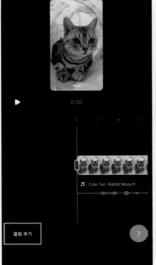

4 클립 길이 편집하기

자동으로 파일이 재생되면 확인한 후 '추가'를 탭합니다. 현재 영상 뒤로 영상이 추가됩니다. 영상을 탭하면 노란색으로 선택됩니다. 첫 번째 클립이 10초였는데, 두 번째 클립을 추가했더니 37초가 되었네요.

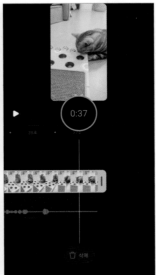

선택을 취소하려면 한 번 더 탭하거나 다른 부분을 탭하면 됩니다.

5 클립 시작점과 끝점을 손가락으로 밀어서 원하는 길이로 조정합니다. 손가락을 떼면 현재 전체 영상 길이가 표시됩니다. 오디오 트랙 역시 같은 방법으로 사용합니다.

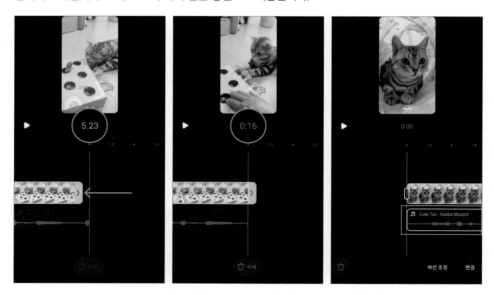

6 다 되었으면 다음 버튼을 탭합니다. '새로운 릴스' 화면이 나타나면 이대로 공유하거나 임시 저장할 수 있습니다. '임시 저장'을 탭해 저장한 후 '수정'을 탭해 작업을 계속해도 됩니다.

클립 편집하기 – 추가, 삭제, 영상 길이, 화면전환 효과, 화면 크기 조정

짧은 영상 하나를 '클립'이라고 부릅니다. 현재 촬영한 릴스 영상에 클립을 추가하거나 삭제할 수 있고, 간단하긴 하지만 다른 클립으로 바뀔 때 화면전환 효과를 넣을 수도 있습니다. 앞에서 간단히 해봤지만 조금 더 자세히 연습해 보겠습니다.

1 클립 추가하기

'클립 편집' 버튼을 탭한 후 '클립 추가'를 탭합니다. '릴스에 추가' 화면이 나타납니다. 새로 촬영하거나 갤러리에서 선택하면 되는데, 보통은 파일이 너무 많죠? '갤러리' 드롭다운 단추를 탭합니다. 현재 추가할 수 있는 다양한 파일 위치와 종류가 나타납니다. '동영상'을 탭하면 동영상만 따로 볼 수 있습니다. 추가할 영상을 탭하세요.

2 영상 일부만 선택하기

이렇게 추가할 때 영상 길이를 조절할 수도 있습니다. 선택한 영상이 재생되면 시작점과 끝점을 손가락으로 밀어서 가져올 부분만 선택해 보세요. '추가'를 탭하면 선택한 부분이 추가됩니다.

2/2는 두 번째 클립
이라는 뜻이에요.

3 화면전환 적용하기/삭제하기

두 클립 사이에 있는 연결 아이콘을 탭하면 '전환 선택' 화면이 나타납니다. 원하는 효과를 선택한 후 '완료'를 탭합니다. 아이콘이 전환 효과가 들어간 모양으로 바뀝니다.

– '확대/축소, 흐리게, 워프, 플레어, 스핀, 노이즈' 중 선택할 수 있습니다.

– 나중에 삭제하려면 다시 들어와 '전환 선택'을 선택하면 됩니다.

4 크기 조절해서 클립 추가하기

동영상이나 이미지 크기를 미리 조절해 추가할 수도 있습니다. 클립을 선택 후 나타나는 재생 화면에서 손가락 2개를 화면에 대고 벌리는 핀치 동작을 하면 확대됩니다. 반대로 하면 축소됩니다. 다 되었으면 '추가' 버튼을 탭합니다. 클립이 추가됩니다.

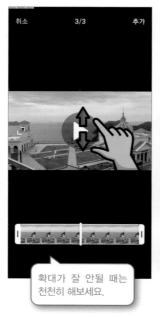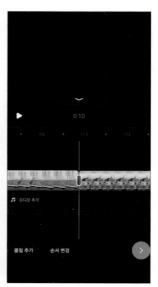

확대가 잘 안될 때는
천천히 해보세요.

5 클립 삭제하기

삭제할 클립을 탭하면 노란색으로 선택됩니다. 이때 '삭제' 버튼을 탭한 후 확인 화면에서 다시 '삭제'를 탭하면 됩니다. '계속 수정하기'를 탭하면 삭제가 취소되고 편집화면으로 돌아갑니다.

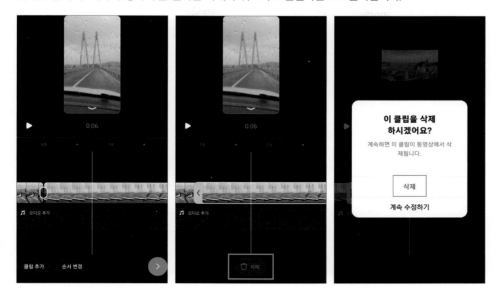

동영상 2개를 한 화면에서?

레이아웃, 소리 제어, 사운드 효과

레이아웃을 이용해 동영상 2개를 하나의 화면에서 재생하는 연습을 해보겠습니다. 기본 기능을 잘 다룰 수 있을 만큼 충분히 연습하는 게 더 도움이 됩니다. 다 써먹지도 못할 현란한 기능을 많이 아는 것보다 아이디어가 더 중요하다는 걸 기억하세요. 다른 사람이 만든 걸 자주 보고, 그중 내가 해볼 수 있는 것들을 시도해 보세요. 여기서는 화면을 반으로 나누어 각각 다른 영상을 불러온 후 소리를 편집해 보겠습니다.

1 화면 나누어 파일 불러오기

릴스 화면에서 반반 레이아웃을 선택합니다. 한쪽 화면을 탭한 후 첨부 아이콘을 탭하면 나타나는 갤러리에서 원하는 파일을 선택합니다. 나머지 반은 직접 촬영해도 되고, 같은 방법으로 파일을 하나 더 불러와도 됩니다. 다 되었으면 완료 버튼을 탭합니다.

바꾸려면 불러온 영상을 탭한 후 삭제 버튼을 탭합니다.

2 소리 제어하기

두 영상이 원래 가진 음악이나 소리가 있는데 하나로 재생하면 정신없겠죠?

– 파일이 저장된 후 릴스 화면이 나타나면 '다음' 버튼을 탭합니다.

– 저장된 파일이 나타나면 음악 아이콘을 탭한 후 '제어' 아이콘을 탭합니다.

– 소리 제어 화면이 나타납니다. 슬라이더를 드래그해 소리를 조정한 후 '완료'를 탭합니다. 이 상태에
  서 음악을 덧입히거나 보이스 오버 기능으로 내 목소리를 녹음하면 됩니다.

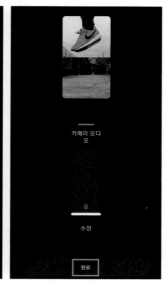

3 사운드 효과 넣기

음악 검색 화면에서 '사운드 효과' 아이콘을 탭하면 다양한 소리 효과를 넣을 수 있습니다.

– 영상을 재생해서 보면서 소리를 넣을 위치가 되면 정지 버튼을 탭합니다.

– 원하는 소리 효과를 탭하면 해당 위치에 소리가 삽입됩니다. 삭제하려면 되돌리기 아이콘을 누르세요.

동영상 게시물, 릴스 올리기
사람 태그하기, 주제 추가

편집이 다 끝났으니 이제 릴스를 인스타그램에 올려야죠? 파일을 올릴 때는 영상을 대표할 수 있는 커버 이미지가 중요하니 궁금증이나 호감을 줄 수 있는 커버 이미지를 선택하세요.

'사람 태그'는 원하는 사람을 호출하거나 공동 작업자를 지정할 때 사용합니다. 공동 작업자가 되면 양쪽에 같은 피드 게시물을 노출할 수 있습니다. '주제 태그'는 내 릴스의 주제를 선택해 유저에게 노출하고 싶은 카테고리를 지정하는 것입니다. 블로그 주제 분류와 비슷합니다.

사람을 태그하면 그 사람에게 내 게시물이 바로 보입니다. 태그하면서 공동 작업자로 초대하고 상대방이 게시물을 검토한 후 동의하면 양쪽 피드에 같은 게시물이 올라갑니다. 이때, 양쪽 작업자는 메시지 등으로 소통하면서 공동 작업물을 만들 수 있습니다. 결과적으론 리그램처럼 내 게시물을 다른 크리에이터 피드에 올리는 것이지만 다른 점도 있습니다. 리그램이 기업이 홍보를 목적으로 이벤트를 벌이는 것이라면, 공동작업은 말 그대로 크리에이터들이 작업물을 협업해서 만드는 데 의의가 있습니다.

인스타그램은 최근 여러 크리에이터가 모여 같이 작업하는 콜라보 게시물을 장려하고 있습니다. '사람 태그'는 그런 기능 중 하나죠.

1 커버 이미지 만들기

편집이 끝난 후 '다음' 버튼을 탭하면 '새로운 릴스' 화면이 나타납니다.

- '커버 수정'을 탭하면 화면 아래쪽에, 영상에서 자동으로 추출된 섬네일 이미지들이 나타납니다. 여기 서 원하는 이미지를 탭하면 됩니다.
- 만약 따로 작업한 파일이 있다면 '기기에서 추가'를 눌러 선택할 수 있습니다.

2 릴스를 올리는 방법은 피드를 올릴 때와 같습니다. 문구를 입력하고, #해시태그를 붙입니다. 해시태 그는 인스타그램 자동완성 중 선택하는 게 좋다고 말했었죠? 다 되었으면 이제 사람과 주제를 추가할 차례입니다.

3 사람 태그하기

'사람 태그하기'를 탭한 후 '태그 추가'를 탭합니다. 검색창에 원하는 키워드를 입력해 검색한 후 원하는 사람을 탭하세요. 다 되었으면 확인 버튼을 탭합니다.

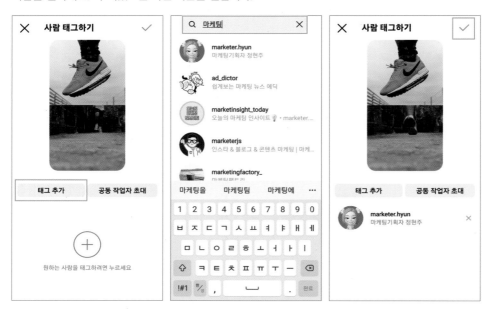

4 공동 작업자 초대하기

내가 공동 작업자로 태그되면 알림을 받습니다. 알림 메시지를 탭하면 '검토' 버튼이 나타납니다. '수락' 버튼을 탭하면 릴스에 내 이름이 추가되고, 내 팔로워에게도 이 릴스가 공유됩니다.

5 주제 추가하기, 임시 저장하기

'주제 추가'를 탭합니다. 나의 릴스 콘텐츠와 연관된 주제 3가지를 선택한 후 '완료'를 탭합니다. 나중에 올릴 예정이라면 '임시저장' 버튼을 탭하세요. 저장된 파일은 첨부 아이콘을 누르면 나타나는 갤러리 '임시 저장 피드'에 저장되고, 나중에 가져와 다시 작업할 수 있습니다.

6 공유하기

이제 다 끝났습니다. 위 화면에서 '다음' 버튼을 탭하면 간단한 릴스 정보가 안내됩니다. 여기서 '공유하기'를 탭하면 내 인스타그램 피드에 릴스가 등록되고 노출됩니다.

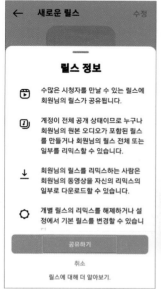

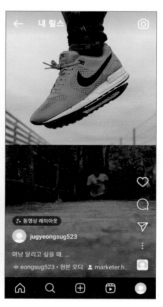

쉿, 지금은 방송 중
라이브 방송

라이브는 팔로워가 어느 정도 모였을 때 시도할 것!

인스타그램에서도 유튜브처럼 라이브 방송을 할 수 있습니다. 초반에 회원수가 적을 때는 라이브 방송보다는 잘 만든 릴스 동영상이나 사진을 꾸준히 올리는 것이 낫습니다. 하지만 회원수가 많아졌다면 라이브 방송이 좋은 이벤트가 될 수 있죠. 라이브와 동시에 팔로워들과 댓글로 수다를 떨거나 설문조사 등을 주고받으며 소통하는 재미가 있습니다. 팔로워를 친근하게 만드는 데 큰 도움이 됩니다. 지나치게 정적인 이미지를 깨고 싶거나 분위기를 전환하고 싶을 때, 또는 판매할 제품을 소개할 때 라이브를 이용해 보세요.

인스타그램 라이브 화면 살펴보기 – 방송 전, 방송 중

❶ **제목** 라이브 제목을 입력합니다.

❷ **공개 대상** 방송을 볼 사람을 선택합니다. 연습용으로 나만 볼 수도 있어요.

❸ **예약** 라이브를 언제 시작할지 예약합니다. 알림을 받은 사람들이 참여해서 같이 방송할 수 있습니다.

❹ **필터 효과** 라이브 화면에 필터를 적용합니다. 손가락으로 좌우로 밀면 됩니다.

❺ **카메라 버튼** 촬영을 시작하고 끝냅니다.

❻ **방송 중**에는 '라이브 방송'이라는 글자가 나타납니다.

1 라이브 선택하기

홈 화면에서 만들기 아이콘을 탭합니다. '새 게시물' 화면에서 '라이브'를 선택하면 라이브 화면 상태로
바뀝니다.

2 공개 대상 설정하기 – 연습용 설정 가능!

  '제목' 아이콘을 탭한 후 제목을 쓰고 '제목 추가'를 탭합니다. 다음엔 '공개 대상'을 탭
해 방송을 볼 사람들을 선택하세요. 기본값인 '공개'인데, '연습'을 선택하면 라이브가
공개되지 않고 연습용으로 쓸 수 있습니다. 다 되었으면 '공개 대상 설정'을 탭합니다.

3 영상필터 적용하기

촬영 버튼 옆에 필터 효과들이 있습니다. 손가락으로 좌우로 밀면 라이브 시작 전에 필터 효과를 선택해 적용할 수 있습니다. 방송 중에도 화면 오른쪽 '효과' 아이콘을 탭해 필터 효과를 적용하거나 바꿀 수 있습니다.

4 방송 시작하기

카메라 버튼을 탭하면 방송이 시작됩니다. 팔로워들에게 방송을 시작했다는 알림이 자동으로 발송되고, 상단에 '라이브 방송'이라는 표시가 나타납니다. 알림을 받은 팔로워는 '참여 요청' 버튼을 탭한 후 '요청 보내기'를 탭해 참여를 요청할 수 있습니다.

5 참여 요청 수락하기

참여 요청을 받으면 '보기' 버튼을 탭해 확인한 후 '수락' 버튼을 탭합니다. 다음 화면에서 초대 버튼을 탭하면 초대됩니다.

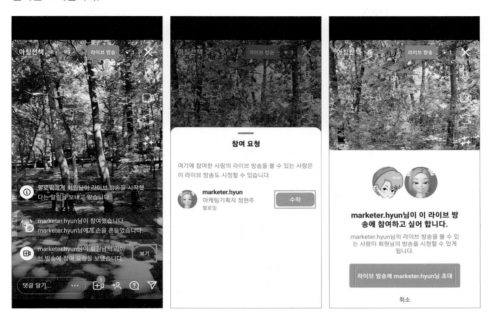

6 손 흔들기

팔로워가 참여했다는 안내와 함께 '손 흔들기' 버튼이 나타납니다. 탭해서 인사한 후 라이브를 진행합니다. '댓글 달기'에 메시지를 입력하면 화면에 나타나 라이브와 동시에 메시지를 주고받을 수 있습니다.

7 방송 종료하기

방송 종료 버튼을 탭한 후 종료 확인 화면이 나타나면 '방송 종료' 버튼을 탭합니다. '라이브 방송 종료' 화면에서 이번 녹화를 삭제하거나 게시물로 공유할 수 있습니다. '공유하기'를 탭합니다.

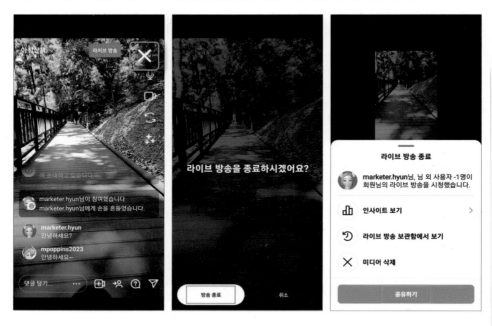

8 사람 태그하기

'새 게시물' 화면이 나타납니다. 다른 게시물을 올릴 때와 비슷합니다. '사람 태그하기'를 한 후 '공동 작업자 초대'를 탭합니다. 공동 작업자를 찾아 선택한 후 완료 버튼을 탭합니다.

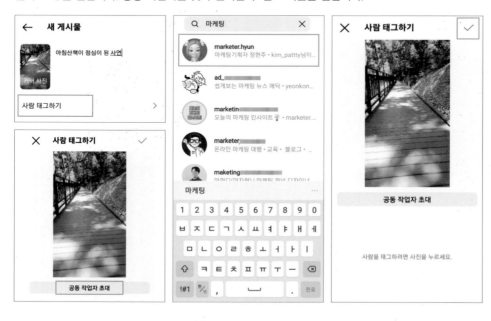

9 시리즈에 추가하기

해당 영상을 시리즈 중 하나로 올리고 싶으면 '시리즈에 추가'를 탭합니다. '동영상 시리즈' 화면이 나타나면 올릴 시리즈를 선택하거나 새 시리즈를 만들면 됩니다. 여기서는 '인스타그램 라이브'라는 새 시리즈를 만든 후 선택했습니다. 다 되었으면 '완료' 버튼을 탭하세요.

10 자, 이제 다 되었네요. '공유' 버튼을 탭합니다. 새 게시물로 올라가고 탭하면 '방송 종료된 동영상'이라는 안내와 함께 영상이 재생됩니다.

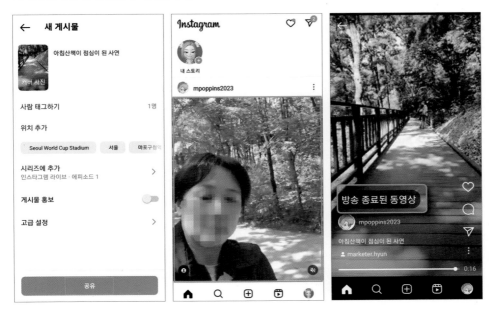

라이브 방송 예약하기

1 '예약' 버튼을 탭한 후 라이브 방송 제목을 입력합니다. '시작시간'을 탭해 원하는 예약시간을 정한 후 '완료' 버튼을 탭하세요. 다 되었으면 '라이브 방송 예약' 버튼을 탭합니다.

2 라이브 방송 예약 홍보하기 – 알림설정

라이브 방송이 예약되었다는 안내 화면이 나타납니다. '공유' 버튼을 탭한 후 '게시물로 공유, 스토리에 공유, 링크 공유' 중 예약 정보를 어디에 올릴지 선택합니다. 게시물이나 스토리로 올리면 자동으로 방송시작 15분 전에 알림을 받을 수 있는 '알림 설정' 스티커가 나타납니다.

3 라이브 방송 예약 취소하기

라이브 화면에서 '예약' 아이콘을 다시 탭합니다. '내 라이브 방송' 화면이 나타나면 취소할 방송의 더 보기 버튼을 탭합니다. 화면에 따라 '수정 – 라이브 방송 취소 – 완료 – 확인' 버튼을 탭하면 취소됩니다.

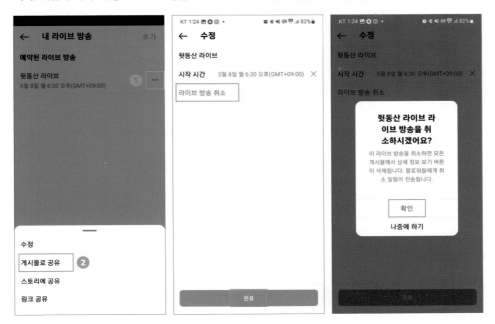

인스타그램 맞팔 마케팅 1
팔로워 업어오기

팔로잉, 선팔, 맞팔을 이해했다면 인스타그램 마케팅 방법을 알아볼 차례입니다. 바로 맞팔 마케팅입니다. 돈 안 들이고 할 수 있는 마케팅 방법이자 내 계정과 맞는 팔로우를 모으는 방법이기도 합니다.

맞팔 대상자를 찾는 방법 3가지
초보 채널들은 정확히 내 타깃층에 맞는 팔로우를 모으는 것이 더 중요합니다. 현재 내 채널 팔로우 특성을 토대로 비슷한 사람들에게 확산될 확률이 높으니까요. 그래서 초기엔 맞팔을 열심히 해야 합니다. 인스타그램 마케팅 기초이기도 하고, 초기부터 지금까지 여전히 효과적인 마케팅 방식이기도 하죠. 맞팔 대상자를 찾는 방법은 크게 3가지가 있습니다.

1. 팔로워 업어오기
2. 관심사 검색하기
3. 해시태그로 계정 물결 타기

팔로워 업어오기

반복하지만 내 채널 콘셉트와 유사하거나 내 타깃층에 정확하게 일치하는 채널을 찾아내야 합니다. 인스타그램 마케팅 기초로 시장조사를 할 때 상중하 채널 찾기, 기억나죠? 벤치마킹한 채널 팔로워들에게 맞팔 신청을 하는 방법이 첫 번째입니다. 업계에서는 이런 것을 '팔로워 업어오기'라고 부릅니다.

열심히 벤치마킹해서 모아놓은 모든 채널 팔로워 모두에게 맞팔을 신청할 필요는 없습니다. 이렇게 걸러보세요. 활동하고 있는 계정인지, 혹시 가짜 계정은 아닌지를 먼저 확인합니다. 괜찮다면 맞팔 대상자를 팔로우하고, 다이렉트 메시지로 맞팔을 신청합니다. 이때, 성공률을 높이려면 해당 계정 게시물 중 내 채널 콘셉트와 일치하는 피드 3개 이상을 보고 좋아요를 눌러주세요. 맞팔 신청할 때도 맞팔 대상 계정과 관계된 문구를 정성껏 쓴다면 확률은 매우 높아집니다.

1 맞팔 대상 찾기

벤치마킹한 계정의 아이디를 탭해 홈 화면으로 이동합니다. 회원의 팔로워를 탭한 후 목록에 있는 사람의 홈을 방문해 봅니다.

2 팔로잉하고 좋아요 누르기

왕성하게 활동하는지 팔로워 대상으로 괜찮은지 확인하세요. 판단이 서면 '팔로우' 버튼을 탭해 먼저 팔로잉합니다. 그러고 나서 바로 나오면 절대 안 됩니다. 내 계정 콘셉트와 유사한 피드 3개 이상을 찾아서 좋아요를 꼭 눌러주세요.

3 맞팔 신청하기 – 메시지 보내기

마지막으로 가장 중요한 맞팔 신청을 해야 합니다. 내가 맞팔 신청할 유저의 홈 화면에 있는 '메시지' 버튼을 탭합니다. 메시지 화면이 나타나면 정성껏 나를 소개하고, 맞팔을 요청하는 내용을 써서 보냅니다. 이제 맞팔 반응이 올 때까지 기다립니다. 중요한 것은 맞팔 행위 자체가 아니라 서로의 팔로우가 되어 관계를 구축하는 것입니다.

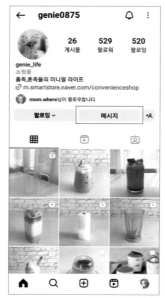

인스타그램 맞팔 마케팅 2
관심사 검색하기

인스타그램은 '관심사로 엮인 SNS'

인스타그램의 가장 큰 특징은 '관심사로 엮인 SNS'라는 점입니다. 인스타그램 태동 자체가 관심 있는 사진들을 서로 주고받으면서 만들어진 것이니까요. 내 채널 콘셉트라는 걸 곰곰이 생각해 보면 결국 내 채널이 추구하는 '관심사'이기 때문입니다. 그래서 관심사를 검색하면 내 타깃층에 맞는 계정을 만날 수 있습니다. 탐색 탭에 나타난 계정들을 찾아가 보는 것도 좋은 방법입니다.

내 관심사로 인기 계정 찾기

홈 화면에서 '탐색' 버튼을 탭하면 탐색 화면이 나타납니다. 아직 검색하지도 않았는데 탐색 화면에 보이는 게시물들은 내가 이전에 팔로우했거나, 좋아요를 눌렀거나, 들어갔던 계정들의 신규 게시물입니다. 인기 계정일 확률이 높습니다.

이 중 내 채널 콘셉트와 비슷하거나 좋아 보이는 게시물이 있으면 계정에 들어가 확인하고 맞팔 신청을 해보세요. 팔로워수가 너무 많은 인기계정은 일일이 맞팔 신청을 받아줄 수 없으니, 맞팔 마케팅 1번 방법인 '해당 계정의 팔로워 업어오기'를 하는 게 낫습니다.

관심사 검색으로 인기 계정 찾기

탐색 화면에서 검색어를 입력하면 관련된 인기 계정들이 나타납니다. '인기' 탭과 '계정' 탭을 둘러보면서 맞팔 신청합니다. 이때 너무 많은 팔로워를 가진 계정들은 맞팔을 안 해줄 확률이 높으니 적당한 대상자를 찾는 것이 요령입니다.

인스타그램 맞팔 마케팅 3

#해시태그로 계정 물결 타기

'#해시태그'로 검색한 후 관련 게시물을 올린 계정을 찾아 맞팔을 신청하는 방법입니다. #해시태그마다 게시물의 숫자가 나타나는데, 게시물이 많다는 것은 그만큼 인기 있는 해시태그라는 뜻입니다.

상대적으로 게시물 숫자가 적은 해시태그를 공략하는 것이 요령입니다. 나와 맞팔해 줄 계정일 가능성이 높으니까요. 우리가 화력을 집중할 곳은 최근 인기 게시물을 올린 계정 중 내 콘셉트와 유사하고 내 팔로우가 될 만한 특성을 가진 계정입니다.

인기 계정은 대부분 맞팔을 허락하지 않습니다. 일일이 맞팔해 주기에는 너무 많아서 그렇습니다. 만약 인기 계정 중 내 롤모델이 있다면 맞팔 마케팅 1번 방법을 사용하세요.

1 #해시태그로 검색하기

탐색 아이콘을 탭합니다. '#'을 입력한 후 빈칸 없이 바로 이어서 해시태그를 입력하면 해시태그와 게시물 개수가 나타납니다. 게시물이 적은 해시태그를 클릭합니다. 게시물 화면이 나타나면 '필터'를 탭한 후 '최근 인기 게시물'을 선택합니다. 아무래도 최근에 활동하는 유저가 맞팔에 응할 가능성이 높기 때문입니다.

2 게시물을 확인한 후 계정을 방문합니다. 맞팔 신청과 맞팔 요청 메시지를 보냅니다. 마케팅 타깃이 한국 사람이라면 가능한 한 맞팔도 한국 사람으로 신청하는 것이 좋습니다.

진성 팔로워를 늘리는 방법 1

해시태그 마케팅

인스타그램을 하면서 팔로워가 수가 많은 것이 좋을까요? 팔로워가 많으면 군중심리로 구독하는 사람들도 있으니 어느 정도의 팔로워는 있는 게 낫습니다. 많은 팔로워수 자체가 콘텐츠에 대한 신뢰를 보여주는 지표이기도 하니까요. 하지만 이건 초반에만 해당하는 전략입니다.

진짜 영향력을 갖기 위해서는 내 콘텐츠를 진짜로 좋아하고 지지하는 진정한 팔로워들을 확보해야 합니다. 팔로워 개개인과 댓글을 주고받으며 소통할 수 있는 게 인스타그램의 큰 장점입니다. 팔로워와 소통해야 하는데 허수 팔로워들만 많다면 어떻게 될까요? 허수 팔로워의 유혹에서 벗어나 내 진짜 팔로워를 늘리기 위해 어떻게 하면 되는지 알아보겠습니다.

해시태그는 검색과 노출을 위해 사용하지만 기업은 홍보용으로 더 활용합니다. 브랜드의 경우 브랜드 메시지(슬로건)를 아예 해시태그로 만들어 직접 홍보하죠. 예를 들어, 나이키의 #JustDoIt은 광고와 해시태그 마케팅을 함께 진행해서 큰 호응을 얻었습니다.

해시태그 마케팅을 기획할 때 고민해야 할 부분은 '유저가 자발적으로 참여해서 활동하게 만드는 방법이 무엇일까'입니다. 그저 내 해시태그를 복사해서 붙이면 상품을 주는 방식이 아니라 브랜드 메시지를 어필하면서도 유저가 자발적으로 참여할 수 있도록 해야 확산됩니다. 한두 달에 끝내는 것이 아니라 최소 6개월 이상 꾸준히 진행해야 마케팅 효과를 볼 수 있습니다.

방법 1. 관계를 만드는 해시태그

해시태그란 특정 핵심어 앞에 '#'을 붙여 검색대상이 되도록 만드는 것을 말합니다. 내가 올린 해시태그와 유저들이 검색한 단어가 같을 때 검색결과로 나타나는 식으로 검색과 노출을 위해 사용하지요. 쉽게 인스타그램 검색어라고 생각해도 됩니다. 해시태그를 제일 먼저 유행시킨 것이 인스타그램이고, 간단한 검색방식 덕에 현재는 SNS에서 공통으로 사용되고 있습니다. 네이버 블로그도 '#'을 붙이면 태그가 자동으로 인식됩니다. 이 해시태그를 이용하는 방법이 따로 있습니다.

타깃 정하고 서핑하기   일단 나의 상품, 서비스, 브랜드를 선호할 만한 고객군을 정합니다. 예를 들어 나의 타깃은 '강아지를 키우고 있는 강아지 견주'라고 정하는 거죠. 그다음엔 타깃층인 강아지 견주들이 좋아할 만한 해시태그를 찾아 인스타그램을 서핑합니다. 이렇게 찾은 해시태그는 메모장에 따로 적어둡니다. 예를 들면 '#강아지, #강아지그램, #강아지옷, #강아지산책' 등이 될 것입니다. 피드나 댓글에 반복적으로 보이는 해시태그 역시 챙겨둬야 합니다.

이렇게 내 관심 카테고리에 해당하는 해시태그를 검색하고, 인기 게시물과 최신 게시물을 살펴봅니다. 인기 게시물 중 내 타깃과 유사한 계정이 있거나 최신 게시물에 자주 올라오는 회원 역시 챙겨둡니다. 맞팔 신청을 해야 하니까요.

팔로워 신청하기   해시태그 서핑으로 찾은 괜찮은 계정들은 먼저 팔로잉하고 '좋아요'를 눌러주세요. 괜찮은 계정이란 팔로워가 많진 않더라도 좋은 콘텐츠를 꾸준히 올리는 계정을 말합니다. 즉 열심히 활동하는 타깃층을 찾아 관계를 맺어두는 거죠. 열심히 활동하는 계정이어야 내 계정을 팔로우도 해주고, 좋아요도 눌러줄 테니까요. 선팔을 신청할 때는 게시물을 꼼꼼히 보며 좋아요도 누르고 진심이 담긴 댓글을 남겨주세요. 온라인 마케팅은 품앗이가 기본입니다. 선팔하면 예의상으로라도 나를 팔로잉해 주는 사람이 많습니다. 물론 모두가 나를 팔로잉 해주진 않으니, 이런 계정은 나중에 따로 모아 언팔(팔로우 취소)하면 됩니다.

게시물 하나에 해시태그 5개 이상 10개 이하   최대 30개까지 해시태그를 올릴 수 있지만, 최소한 5개 이상 10개 이하 정도만 권합니다. 인스타그램에서 해시태그를 직접 입력하는 것이 인스타그램 알고리즘 노출에 유리하기 때문에 너무 많은 해시태그를 일일이 입력하기 힘듭니다. 해시태그는 각 게시물의 성격에 맞는 것을 선택하는 게 가장 좋습니다. 내가 올린 모든 해시태그에 내 콘텐츠가 다 노출되는 게 아니라 계정마다 노출되는 개수가 다르니 해시태그 선정에 주의해야 합니다. 기본 태그와 내 타깃에 해당하는 세분화된 태그를 적절하게 섞어서 사용하는 게 요령입니다.

우리의 목표는 내가 쓴 해시태그로 인기 게시물에 나타나는 것입니다. 지금 나의 레벨에 적당한 해시태그를 골라 인기 게시물에 나오는 것을 목표로 하세요. 게시물 입력 후 12시간 후에 원하는 해시태그에 노출된다면, 그 해시태그는 최적화되었다고 생각하고, 나보다 더 높은 인스타그램 레벨이 어떤 해시태그를 사용하고 노출되는지를 파악해 보세요.

[해시태그 선택 예]
강아지에 관심이 많고 '제니'라는 이름으로 강아지 수제사료를 만들어 팔고 싶다면, 인기 게시물에 노출될 수 있는 세부적이고 직접적인 해시태그를, 좀 더 보편적인 해시태그를 섞어서 붙여보세요. 내가 올린 게시물만 검색해서 보고 싶다면 나만 알 수 있는 해시태그를 붙이는 방법도 좋습니다.

#강아지그램, #강아지간식, #강아지사료, #강아지수제사료, #강아지케이크, #강아지수제간식, #강아지수제사료제니

인기 해시태그가 뭔지 어떻게 알지?
요즘 유행하는 인기 해시태그는 어떻게 알 수 있을까요? 요즘 국내에서 해시태그를 참고할 수 있는 사이트는 미디언스랩, 글로빙스(http://www.grobing.co.kr/hash.html) 등이 있습니다. 미디언스랩은 해시태그를 입력하면 관련된 해시태그를 무료로 알려줍니다. 관련 업종별로 검색해서 대표적으로 많이 노출되는 해시태그를 따로 적어두고 적절하게 이용하세요.

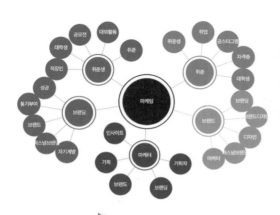

'마케팅'으로 검색했을 때 나타나는 관련 해시태그들을 해시태그 트리로 알려줍니다.

미디언스랩(https://labs.mediance.co.kr/hashtag/main)

진성 팔로워를 늘리는 방법 2
리그램 마케팅

개인이든 기업이든 마케팅에선 내 브랜드에 대한 홍보와 그 이야기를 전파한 사람들과 대화하며 충성고객으로 만드는 활동이 중요하겠죠? 이때 활용되는 것이 '리그램'입니다.

리그램?

리그램이란 타인의 게시물을 내 계정으로 복사해서 가져오는 것을 말합니다. 신기하게도 확산이 생명인 SNS 매체인 인스타그램에는 콘텐츠를 복사해서 내 것으로 가져오는 복사 메뉴가 없습니다. 그래서 다른 앱을 사용해서 다른 사람의 게시물을 내 피드로 복사해야 합니다. 내가 올린 게시물을 메시지로 보내 팔로워에게 전달할 수는 있지만, 팔로워 피드에서 내 콘텐츠를 볼 수 있는 것은 아닙니다.

이 맹점 때문에 인스타그램에서 밀고 있는 것이 사람 태그하기의 공동 작업자 초대 기능과 릴스 직접 추가 콜라보 기능입니다. 또, 내가 운영하는 모든 계정에 똑같은 게시물을 올릴 수 있게 하는 기능이 있습니다. 하지만 아직 리그램을 대치할 정도는 아닙니다. 마케팅하는 입장에선 한 번에 많은 사람에게 같은 내용을 보내고 싶은데, 인스타그램 콜라보 기능은 제한적인 콘텐츠 복사이기 때문입니다.

리그램의 장점과 활용법

리그램의 장점 중 하나는 이미 만들어진 타인의 게시물을 내 게시물로 가져와 관련 게시물을 지속적으로 만들 수 있다는 점입니다. 기업이나 브랜드라면 기업 이야기를 계속 퍼서 날라줄 누군가가 필요하고, 개인은 다른 계정에 올린 게시물을 내 게시물로 가져올 수 있으니 새 게시물을 만드는 부담이 적지요. 또 좋아요를 누르고 댓글을 남기고 팔로잉하는 과정에서 타 계정과의 관계를 만들 수도 있습니다. 그래서 기업에선 일부러 리그램 마케팅과 해시태그 마케팅을 섞어서 유저가 참여할 수 있는 이벤트를 기획하기도 합니다.

예를 들어, 강아지 수제사료를 제작하는 온라인, 오프라인 가게를 운영하고 있다면 후기 인스타그램 포스팅을 요청하는 홍보 문구를 붙입니다. 작은 사은품을 주는 등 서비스를 제공하고, 해시태그까지 예시로 정해주면 더 쉽게 게시물을 올릴 수 있을 겁니다. 그다음엔 그 손님이 올린 후기 포스팅을 내 계정으로 가져오는 리그램을 합니다.

물론 그 손님 계정에 들어가서 좋아요를 누르고, 우리 가게에서 구입한 사료를 강아지가 잘 먹었는지 댓글을 남기고 팔로잉도 할 것입니다. 나는 가게와 관련된 콘텐츠를 확보할 수 있어서 좋고, 손님은 가게 주인의 따뜻한 관심에 기분이 좋아질 것입니다. 이렇게 인스타그램과 리그램을 활용하면 고객과 좀 더 친밀한 관계를 형성할 수 있습니다.

1 리그램 앱 내려받기

Play 스토어나 애플 스토어에서 '리포스트' 또는 'instagram repost'로 검색하면 많은 앱이 나타납니다. 여기서는 그중 'Instagram 비디오 다운로더'를 사용해 보겠습니다. 이 앱은 워터마크가 없는 대신 광고를 봐줘야 하고, 그림이나 영상을 가져와 저장할 수 있지만 원래 주인장이 올린 글은 따로 복사해서 붙여야 합니다. 귀찮지만 다른 앱들도 비슷합니다. 리포스트 앱을 설치한 후 실행한 상태에서 인스타그램 앱을 엽니다.

2 게시물 복사한 후 내려받기

인스타그램에서 공유할 피드를 선택한 후 공유 아이콘을 탭합니다. '링크'를 탭하면 현재 피드의 링크가 복사됩니다. 다시 'Instagram 비디오 다운로더' 앱으로 돌아오면 다운로드 창이 나타납니다. '다운로드' 버튼을 탭하면 복사한 이미지들이 내 갤러리로 내려받기 됩니다.

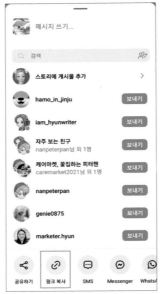

3 게시물 내 피드에 올리기

'최근 다운로드'를 탭하면 '다운로드 상세' 화면이 나타납니다. 상단의 '다시 게시' 아이콘을 탭한 후 게시할 앱을 선택합니다.

4 게시할 앱을 선택한 후 게시물 종류를 선택
합니다. 인스타그램 앱이 실행되면서 인스타그
램 피드 게시물 등록과정이 똑같이 진행됩니다.

Direct 친구에게 메시지로 알리기
Feed 내 피드 게시물로 올리기
Reels 내 릴스에 올리기
Stories 내 스토리에 올리기

개성 있는 인스타그램,
그거 어떻게 하는 건데?

앞으로 어떤 소재로 인스타그램을 꾸밀지도 결정되었고, 인스타그램을 어떻게 사용하는지도 알았다면 이젠 어떤 방식으로 나만의 개성이 가득 들어간 콘텐츠들을 작성할 것인지에 대해 알아야 합니다. 좀 과하게 말하면 인스타그램에선 보이는 것이 전부라고 할 수도 있습니다. 첫 이미지가 강력할수록 구독할 확률도 높고, 사람들을 불러 모을 수 있는 확률도 높아집니다. 인스타그램 자체가 사진을 기본으로 한 비주얼 기반의 플랫폼이다 보니 이미지에 신경 써야 하는 것은 당연하지요.

사용할 소재가 패션 쪽이라면 더욱 감각적인 스타일로 꾸며야 성공할 가능성이 커집니다. 라이프스타일이 주제라면 모던하면서 고급스럽게 표현해야 합니다. 외식을 주제로 한다면 음식은 어떻게 찍어야 맛깔나게 보이는지를 다양하게 연구하면서 찍어보세요. 모든 분야가 마찬가지입니다. 인스타그램은 '다른 사람의 시선을 잡을 수 있는 비주얼'이 중요하니, 이 비주얼을 만드는 데 도움이 될 방법들을 소개하겠습니다.

내 콘텐츠가 일관성 있는 느낌을 줘야 해요

성공한 인스타그램을 살펴보면 일관된 느낌이 있습니다. 사진을 보정할 때 필터를 한두 개로 제한해 적용하면 사진 전체에 일관성을 만들 수 있습니다. 나만의 개성적인 사진을 만들되 추구하고 싶은 이미지를 결정한 후엔 한동안 쭉 그런 이미지를 느낄 수 있도록 하는 게 좋습니다.

무조건 사진이나 동영상을 많이 올리는 게 중요하지 않습니다. 자주 올리는 것만큼이나 어떤 콘텐츠로 올리는가도 중요합니다. 아무거나 올리지 말고 자신이 추구하는 콘셉트에 맞는 이미지를 까다롭게 선택하세요. 정기적으로 눈에 띄는 사진과 영상들을 업로드하면서 각 게시물 사이에 유대감이 있어 보이도록 조정하는 것이 필요합니다. 스타일, 색감, 필터의 사용을 일관되게 만들어 전체 인스타그램 계정 이미지가 하나의 느낌으로 전달되도록 구성합니다.

이것저것 시험해 보고 마음에 드는 필터를 적용해서 내 개성과 감성을 표현하는 방법을 찾아가세요. 막막할 때는 맘에 드는 인플루언서 사진을 그대로 따라해 보는 것도 실력을 쌓기에 좋은 방법입니다. 이것저것 따라하다 보면 유저 반응이 좋은 이미지나 내 감성에 맞는 스타일을 찾을 수 있습니다.

만화 속 인물을 코스튬으로 표현하기

오토바이를 주제로 다양한 오토바이 보여주기

다이아몬드를 주제로 다양한 디자인 보여주기

릴스, 스토리, 라이브 등 다양한 방법을 시도하세요

사진만으로는 지루하게 보일 수 있습니다. 같은 분위기를 추구하되 콘텐츠 종류를 다양하게 해보세요. 영상을 추가하면 주목도가 높아지니 짧지만 임팩트 있는 릴스 콘텐츠를 만들어 보세요. 요즘 릴스에 좋아요로 반응하는 유저수가 폭발적으로 늘고 있습니다. 긴 글과 긴 영상을 견디지 못하는 바쁜 현대인들의 삶이 반영된 결과일 것입니다. 특히 릴스 같은 숏폼 동영상은 한 번 만든 후 다양한 플랫폼에 공유할 수 있습니다.

팔로워들과 실시간으로 소통하는 생생한 콘텐츠를 제공하고 싶다면 라이브 방송도 좋습니다. 다만 무조건 시작하지 말고 어느 정도 구독자가 생기고, 하고 싶은 얘기가 많다고 느껴졌을 때 시도하세요. 자연스럽게 내 일상을 보여주겠다는 취지도 좋지만 앞서 말한 대로 일관성 있는 느낌을 줄 수 있을 때, 내 콘텐츠만의 스타일을 느끼게 할 수 있을 때 도전하세요.

다양한 콘텐츠의 장점은 유저들의 시선을 끌 수 있다는 것과 볼거리를 지속적으로 제공할 수 있다는 것입니다. 인스타그램에서는 동영상 콘텐츠가 돋보이도록 UI를 개편하는 등 동영상 콘텐츠 선호 분위기에 따라가기 위해 노력하고 있습니다.

사진보정 앱으로 비주얼에 신경쓰세요

필터와 프레임이 풍부해 인생사진을 찍을 수 있는 포토디렉터(Photo director), 인물사진을 찍을 때 좋은 Ulike, 음식을 맛있게 찍을 수 있는 푸디(Foodie), 부드럽고 밝은 필터가 많아 뽀샤시한 사진을 원할 땐 소다(Soda), 셀카에 특화된 필터가 많은 스노우(Snow), 콜라주를 만들어 주는 포토 에디터&콜라주 메이커(Photo Editor & Collage Maker), AI 초상화 및 사진 보정이 잘 되는 포토에디터 프로(Photo Editor Pro) 등의 앱이 있습니다.

무료 사진편집 앱, 포토에디터 프로

설치는 무료지만 필터 중 일부는 유료이거나 무료 체험기간이 끝나면 자동결제되기도 하니 주의하세요. 앱마다 UI는 모두 다르지만 기능은 거의 비슷합니다. 포토에디터 프로는 편집부터 보정, 필터까지 사진 보정에 필요한 다양한 기능이 있어 유용합니다. 콜라주 기능이나 뷰티 효과, 배경 지우기, 몸매나 피부 보정 등 재밌는 기능이 많습니다.

앱스토어에서 앱을 내려받은 후 설치합니다. 앱을 실행한 후 '사진' 버튼을 탭하면 내 갤러리가 나타납니다. 원하는 사진을 선택한 후 편집하면 됩니다.

최종 목표가 비즈니스라면 전환하기
프로페셔널 계정

프로페셔널 계정이란?

인스타그램에서 비즈니스를 시작하고 싶은데 어떻게 해야 할지 모르겠다면 프로페셔널 계정 전환을 고려해 보세요. 내 채널 상태를 전문적으로 파악할 수 있는 실시간 '인사이트'와 '대시보드'가 제공되고, 인스타그램 내에서 직접 판매할 수 있는 Shop을 이용할 수 있습니다. 동영상, 자막 등 일반 계정보다 더 세부적인 편집 기능도 제공됩니다. 다시 일반 계정으로 돌릴 수도 있으니 시도해 보세요. 프로페셔널 계정 전환 비용은 무료입니다.

단, 일반 계정으로 되돌리면 그동안 모은 인사이트 정보는 사라집니다. 또 프로페셔널 계정에서 게시물을 올릴 때 나타나는 '홍보하기' 버튼 등 여기저기 보이는 인스타그램 광고 유도가 좀 귀찮을 수 있습니다.

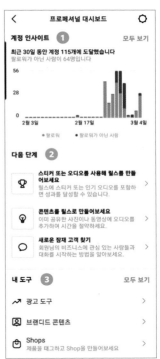

❶ 계정 인사이트 내 계정이 도달한 계정, 참여한 계정, 총 팔로워 등에 대한 정보가 나타납니다.

❷ 다음 단계 현재 상태에서 내 인스타그램을 키우기 위해 할 일이 무엇인지를 알려줍니다.

❸ 내 도구 광고 도구, 브랜디드 콘텐츠, Shops 등 홍보와 인스타그램 쇼핑몰을 만들 수 있는 도구들이 모여 있습니다.

1 프로페셔널 계정으로 전환하기

내 프로필 화면에서 '더보기' 아이콘을 탭한 후 '설정'을 탭합니다. '설정' 화면에서 '프로페셔널 계정으로 전환'을 탭합니다.

2 프로페셔널 계정 안내가 순차적으로 나타납니다. 훑어보면서 '계속' 버튼을 탭해 쭉 넘어갑니다. 계정 전환 후 하나씩 해야 합니다.

3 내 카테고리 선택하기

내 카테고리를 결정하는 화면이 나타납니다. 언제든 수정할 수 있지만 채널 운영 목표를 한 번 더 생각하면서 선택해 보세요. 예를 들어 서양란의 아름다운 모습을 노출하고 싶다면 '디지털 크리에이터'가 적합하겠죠? 하지만 서양란을 키우면서 건강 정보까지 제공한다면 '건강/뷰티'가 더 적합할 수도 있습니다. 콘텐츠 방향에 따라 카테고리를 정하고, 단순히 크리에이터인지, 판매 목적의 비즈니스인지에 따라 달리 선택하면 됩니다. 다 되었으면 '다음' 버튼을 탭합니다.

4 연락처 정보를 선택하고, Facebook 연결 여부를 결정합니다. 'Facebook에 로그인' 버튼을 탭해서 연결해도 되고, 여기서는 그냥 '건너뛰기'로 넘어가도 됩니다. 자, 일단 전환은 했습니다. 하지만 안내 화면에 나왔던 일들을 마무리해야 합니다.

5 계정 전환 후 내 프로필 화면에 들어가 보면 2가지 없던 것이 보입니다. 프로페셔널 대시보드와 '1/5단계 완료'라는 표시가 있는데, 탭하면 아직 마치지 못한 설정 안내가 나타납니다. 친구를 초대해 팬을 늘리고, 릴스를 만드는 등 안내에 따라 설정을 마치면 이 표시는 사라지고, 프로페셔널 기능을 제대로 쓸 수 있게 됩니다.

인스타그램 포스팅 예약하기

메타 비즈니스 슈트

SNS 마케팅에 예약 기능이 꼭 필요할까?

답은 '필요할 수도, 아닐 수도 있다'입니다. 인스타그램을 제대로 키워서 인플루언서가 되겠다거나 전문 SNS 마케터, 브랜드 관리자라면 사용해야 합니다. 하지만 일상적인 취미나 재미를 위한 것이라면 굳이 필요 없겠죠? 목적에 맞게 선택하세요.

콘텐츠를 기획할 때부터 어떤 콘텐츠를, 어떤 순서로, 언제 올릴 것인지를 정해야 합니다. 그러려면 내 콘텐츠를 좋아할 유저들이 즐겨볼 만한 시간을 미리 조사하고, 그에 맞는 시간에 업로드해야 하죠. SNS를 주로 이용하는 시간은 6시 이후 저녁 시간입니다. 이때가 가장 사람이 많고, 새벽까지도 꽤 됩니다. 많은 유저가 사용하는 시간대에 포스팅하는 게 절대적으로 유리하지만, 매일 혹은 매번 딱 그 시간에 맞춰 빠짐없이 포스팅하기란 거의 불가능합니다.

메타 비즈니스 슈트(Meta Business Suite)란?

아쉽게도 인스타그램에는 포스팅 예약 기능이 없습니다. 그러나 인스타그램 모회사인 메타(Meta)에서 제공하는 '메타 비즈니스 슈트' 사이트를 사용하면 가능합니다. 얼마 전 까진 '크리에이터 스튜디오'라고 불렀는데 이름이 바뀌었습니다.

이곳에서 페이스북과 인스타그램에서 하는 모든 마케팅 및 광고 활동을 관리합니다. PC든 모바일이든 쉽게 알림을 볼 수 있으니 빨리 응답할 수 있고, 게시물이나 스토리, 광고 등을 만들어 바로 올릴 수도 있습니다. 마케팅 활동에 도움이 되는 인사이트도 제공하니 처음엔 어려워 보일 수 있지만 분명히 도움이 되니 사용해 보세요. 단, 일반 계정이 아니라 프로페셔널 계정이어야 합니다. 프로페셔널 계정이라면 별도 비용은 없습니다. 계정 전환 방법은 바로 앞에서 설명했으니 참고하세요.

1 메타 비즈니스 슈트 홈페이지에 들어갑니다. 페이스북이나 인스타그램 아이디로 로그인합니다.

메타 비즈니스 슈트(Meta Business Suite)

2 홈 화면에서 'Facebook 페이지 관리'나 'Instagram으로 이동'을 클릭합니다. 내 인스타그램 계정 정보가 나타납니다. 화면 왼쪽에 주요 기능이 모아져 있습니다.

❶ 알림 나한테 온 알림을 볼 수 있습니다.
❷ 플래너 게시물, 스토리, 광고 일정을 확인합니다.
❸ 콘텐츠 게시물/스토리를 만들고, 예약하거나 관리합니다.
❹ 인사이트 현재 내 계정에 대한 분석자료와 앞으로 갈 목표를 알려줍니다.
❺ 받은 메시지함 받은 메시지를 한 번에 확인하고, 더 빨리 응답할 수 있습니다.
❻ 잠재고객 광고로 확보한 잠재 고객이 자동으로 표시됩니다. 또는 수동으로 잠재 고객 리스트를 업로드할 수 있습니다.
❼ 수익화 팬 구독 콘텐츠 판매, Shop 열기처럼 채널 안에서 수익을 올릴 수 있는 기능 및 교육 정보를 제공합니다.
❽ 광고 페이스북과 인스타그램 광고를 만들어 관리하고, 광고효과를 분석합니다.
❾ 모든 도구 메타 비즈니스 슈트에서 제공하는 모든 메뉴를 볼 수 있습니다.

3 인스타그램 게시물 만들기

'콘텐츠' 아이콘을 클릭한 후 '만들기 – 게시물 만들기'를 클릭합니다.

4 게시할 앱 선택하기

'게시물 만들기' 화면이 나타납니다. 먼저 '게시할 위치'를 선택합니다. 기본은 페이스북으로 설정되어 있는데, 인스타그램까지 둘 다 예약하고 싶다면 두 곳 모두 선택해도 됩니다.

5 사진이나 동영상 가져오기

사진을 가져오려면 '미디어'의 '사진 추가' 버튼을 클릭한 후 '데스크톱에서 업로드'를 클릭합니다. '동영상 추가' 버튼을 클릭하면 동영상을 가져올 수 있습니다.

6 '미디어 추가' 화면이 나타나면 사진이나 동영상 파일을 가져온 후 '추가'를 클릭합니다.

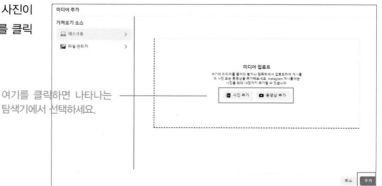

여기를 클릭하면 나타나는
탐색기에서 선택하세요.

7 사진이 나타납니다. 앞에서 게시물을 페이스북과 인스타그램 양쪽에 등록한다고 선택했기 때문에, 양 앱의 게시물을 모두 미리 볼 수 있습니다. 결과물을 확인하며 작업하세요.

8 내용 입력하고, 예약옵션 설정하기

먼저 '텍스트'에 게시물에 올릴 내용을 입력합니다. 그다음 '예약 옵션'에서 '예약'을 클릭합니다. 20분 후부터 75일까지 정할 수 있으니 예약 날짜와 시간을 지정합니다. '개인정보 설정'에서 '전체 공개'를 선택합니다. 다 되었으면 '예약' 버튼을 클릭합니다.

9 '플래너' 아이콘을 클릭하면 예약한 콘텐츠를 날짜별로 확인할 수 있습니다.

PART 4

유튜브
마케팅

유튜버가 되겠다며 대기업을 때려치운다는 그 유튜브,
정말 그렇게 수익이 좋을까요?
유튜브 마케팅의 허와 실, 그리고 평범한 우리가 유튜브 마케팅에
성공할 수 있는 가장 안정적이고 확실한 방법을 안내합니다.

어떻게 유튜브로 돈을 버는 거지?

레벨별 수익구조

요즘 SNS 마케팅은 유튜브를 빼고 얘기할 수 없을 정도입니다. 동영상이 대세라 그렇습니다. 대기업 다니다 때려치우고 유튜브가 본업이 되었다는 사람, 고등학교도 끝마치지 못했지만 유튜브로 인생 역전에 성공했다는 사람, 전업주부였다가 유튜버가 되어 화려하게 경력단절을 극복했다는 사람 등 책이나 언론, 방송에서 이런 얘기들을 한두 번 듣다가 보면 그저 성실하기만 한 내 일상이 보잘것없게 느껴집니다. 정말 그럴까요? 유튜브를 시작하는 사람들이 가장 많이 질문하는 것 위주로 가감 없이 솔직하게 전해보겠습니다.

Q. 유튜브로 몇억씩 번다는데 사실인가요?

결론부터 말하면 실제로 한 달에 1억 이상 버는 사람도 있긴 합니다. SNS 랭킹 사이트인 녹스인플루언서를 보면 가수, 방송사, 제작사를 제외한 대한민국 상위권 채널 중 'Hongyu ASMR 홍유'는 2023년 3월 기준 구독자 1,470만 명, 평균 조회수 474.3K, 월 예상 수익 178,619,950원이었습니다. 대강 계산해도 월수입이 1억을 넘는다는 거지요. 심지어 기업 PPL이나 광고수익, 슈퍼챗 수익은 제외한 금액입니다.

녹스인플루언서(https://kr.noxinfluencer.com)

유튜브를 시작한 모든 사람이 이렇게 잘 벌 수 있다면 얼마나 좋을까요? 국세청에서 2022년에 공개한 자료를 보면 현실이 제대로 보입니다. 유튜버 상위 10%가 유튜버 전체 수입 중 68.4%를 벌어들이는데, 특히 상위 1% 연간 수입은 1인당 평균 6억 7,000만 원에 달했습니다. 반면 하위 50%가 거둬들인 연간 수입은 1인당 평균 108만 원입니다. 유튜브 채널을 전문적으로 운영하고 있지만 아예 수익이 없는 경우도 20%나 되죠. 유튜브 채널 운영으로 돈을 벌려면 상당한 각오가 필요하다는 걸 알 수 있습니다.

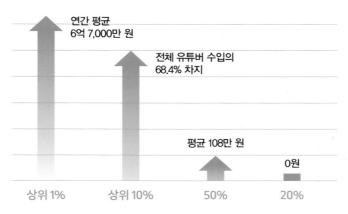

2022년 유튜버 1인당 연간 수입(출처: 국세청)

Q. 그럼, 유튜브 구독자수가 얼마나 되어야 돈을 벌 수 있나요?

초기 수익은 대부분 광고에서 나오는데, 채널을 개설했다고 처음부터 광고가 붙지는 않습니다. 유튜브도 가장 중요한 수익원인 광고주 광고를 아무 채널에나 붙일 순 없는 노릇이니까요. 광고를 붙일 만한지 평가하는 기준은 지난 12개월간 공개 동영상 유효 시청 시간이 4,000시간 이상이고 구독자가 1,000명 이상인 경우, 또는 지난 90일간 공개 Shorts 동영상 유효 조회수가 1,000만 회 이상이고 구독자가 1,000명 이상인 경우입니다. 이 기준을 충족하면 유튜브 파트너 프로그램인 YPP에 신청할 수 있습니다. 신청 이후 1달 정도 채널을 검토한 후 조건에 맞으면 자격요건을 충족했다는 이메일을 받을 수 있습니다.

광고금액 산출기준도 궁금하죠? 유튜브가 공개하지 않아 정답은 없지만 우리나라의 경우 조회수 1,000회당 3~6원으로 알려져 있습니다. 나라마다 또 채널마다 광고료가 다른데, 우리나라는 세계 6위 안에 드는 금액이라고 하네요.

Q. 어떤 방식으로 유튜브에서 돈을 벌 수 있는 건가요?

유튜브에서 돈을 버는 방식이 광고만 있는 것은 아닙니다. 크게 8가지 정도의 수익 모델이 있습니다. 하나씩 알아보겠습니다.

1. 유튜브 광고
2. 채널 멤버십
3. 상품 판매(Shopping)
4. 슈퍼챗(Super Chat), 슈퍼스티커 (Super Sticker), 슈퍼땡스(Super Thanks)
5. 유튜브 프리미엄(YouTube Premium)
6. 기업 광고 - 유료 PPL, 기획 광고
7. Shots 광고수익
8. Creator Music

유튜브 광고　광고수익은 내 채널에 직접적인 광고가 붙었을 때 얻을 수 있습니다. 앞에서 말한 조건을 충족해야 하며, 채널 주인이 만 18세 이상이거나 구글 애드센스를 통해 지급액을 처리할 수 있는 만 18세 이상의 법적 보호자가 있어야 합니다. 또 광고주 친화적인 콘텐츠 지침을 준수하는 콘텐츠를 제작해야 한다는 조건이 있습니다. 가장 현실적인 수익모델입니다.

채널 멤버십　내 채널 회원이 크리에이터가 제공하는 특별한 콘텐츠를 이용하는 대가로 매월 이용료를 내는 방식입니다. 채널 멤버십 기능을 이용하면 시청자는 월별 결제를 통해 내 채널에 가입하여 배지, 그림 이모티콘 등의 회원 전용 혜택을 누릴 수 있습니다.

자격 조건은 만 18세 이상, 채널 구독자수 1,000명 초과, 유튜브 파트너 프로그램에 가입된 채널이어야 하며, 아동용 채널이 아니어야 합니다. 또 채널에 부적격한 동영상이 많지 않아야 합니다. 음악 소유권 주장이 제기된 동영상도 부적격으로 간주하니 주의하세요. 채널 멤버십은 채널 주인이 별도로 가격을 책정해 회원에게 돈을 받는 것이고, 유튜브 프리미엄은 유튜브 프리미엄 구독자가 내 콘텐츠를 시청하면 구독료 일부를 받는 것으로 약간 다릅니다.

상품 판매(Shopping)　내 채널 팬들이 자체 상표 제품을 둘러보고 살 수 있습니다. 유튜브 정책상 앞으로는 가장 중요한 수익 창출 방법이 될 것 같습니다. 채널 스토어를 설정한 후 쇼핑 플랫폼을 유튜브와 연결하거나 제휴 쇼핑몰과 연결할 수 있습니다. 카페24 같은 쇼핑 플랫폼을 연결하면 다양한 상품을 판매할 수 있죠.

Shopping 기능을 이용하면 동영상과 실시간 소통으로 상품을 추천할 수 있고, 동영상, Shorts 동영상에서 제품을 태그할 수도 있습니다.

Shopping 설정 조건은 채널 구독자가 1,000명 이상이거나 공식 아티스트 채널이어야 합니다. 아동용 채널이 아니어야 하며, 커뮤니티 가이드 위반 경고를 받지 않았어야 합니다.

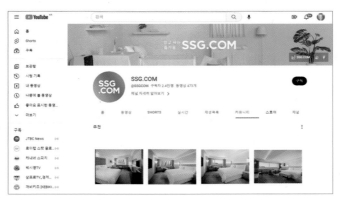

유튜브 계정 SSG.COM

슈퍼챗(Super Chat), 슈퍼스티커(Super Sticker), 슈퍼땡스(Super Thanks)   팬들의 후원으로 돈을 버는 방법입니다. 팬들이 Super Chat, Super Sticker를 구매해 채팅 스트림에서 자신의 메시지 또는 애니메이션 이미지를 눈에 띄게 만들 수 있습니다. 라이브 방송 중 팬들이 별풍선과 비슷한 후원금을 채팅창을 통해 크리에이터에게 줄 수도 있죠. 팬들은 자기 메시지를 강조하기 위해 돈을 지불하고, 그 수익금을 유튜브랑 나누는 방식입니다. 조건은 채널이 수익창출 중이어야 하고, 만 18세 이상이며, 실시간 채팅 사용이 설정되어 있어야 합니다. 특이하게도 기능이 제공되는 국가나 지역에 거주해야 한다는 조건이 있습니다.

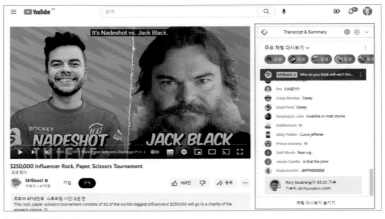

유튜브 계정 MrBeast

유튜브 프리미엄(YouTube Premium) 월정액 구독료를 내면 동영상 중간에 나오는 광고를 보지 않을 수 있는 서비스가 '유튜브 프리미엄'입니다. 유튜브 프리미엄 구독자가 내 콘텐츠를 시청하면 구독료 일부가 나에게 지급됩니다. 유튜브 프리미엄 구독자용 콘텐츠를 제작해야 한다는 조건이 있습니다. 구독자는 약간의 돈으로 광고 없이 편안하게 좋은 콘텐츠를 볼 수 있다는 장점이 있습니다.

유료 PPL, 기업/기획 광고 채널주가 PPL 광고나 기획성 광고 콘텐츠를 의뢰받아 제작하는 방법입니다. 채널마다 가격이 천차만별이지만, 대체로 조회수와 구독자수를 기준으로 가격을 결정합니다. 유명한 채널을 가진 사람이 더 높은 광고료를 받는 거지요. 유료 PPL이란 돈을 받고 제작된 콘텐츠를 말합니다. 특정 브랜드, 메시지 또는 제품이 콘텐츠에 직접 포함된 경우입니다. 보증광고는 광고주 또는 마케팅 담당자를 위해 제작한 콘텐츠로, 그들의 의견, 신념, 경험을 반영하는 메시지를 담습니다. 어떤 경우든 반드시 광고라는 걸 공지해야 하며, 채널 고급 설정에서 '동영상에 유료 광고 포함'을 선택해 유튜브에 해당 사실을 알려야 합니다.

Shorts 광고수익 2023년 2월 1일부터 모든 YPP 크리에이터는 Shorts 동영상 사이에 들어간 광고수익을 받을 수 있게 되었습니다. 또 Shorts에도 슈퍼팬스 등 팬 후원 기능이 적용되었습니다. 지난 90일간 공개 Shorts 동영상 유효 조회수가 1,000만 회 이상이고, 구독자가 1,000명 이상이면 YPP 프로그램에 신청할 수 있습니다.

지금까지 돈과 관련 없던 Shots가 당당히 수익모델 아이템으로 등극한 것이죠. 게다가 쇼츠에 음악을 제공하는 아티스트에게도 유튜브가 광고수익을 분배합니다. 동영상 크리에이터는 전체 광고비 중 나의 Shorts 채널이 이바지한 수익의 45%를 받게 됩니다. 현재까지는 그렇지만 정책은 바뀌기 마련이라 필요할 때 알아보는 게 가장 정확합니다. 지금은 동영상을 만들 때 별도 비용 없이 원하는 음악을 선택해서 쓸 수 있다는 것만 기억하세요.

Creator Music 음원을 사용한 콘텐츠로 수익을 창출하는 방법입니다. 음원 아티스트 저작권이 강화되고, 수익창출 기회가 되니 아티스트라면 좋은 기회죠? 아티스트는 음원을 제공하고, 유튜브 크리에이터는 마음에 드는 음원 라이선스를 선지급 혹은 동영상 수익 공유를 대가로 사용할 수 있습니다. 무단으로 사용하면 해당 동영상에 Content ID 소유권 주장이나 저작권 게시 중단이 제기되어 노출이 차단되고, 광고수익도 금지될 수 있으니 주의하세요. 현재는 미국에서만 시범 서비스 중인데, 점차 지역을 넓혀나갈 예정이라고 합니다.

Q. 결국 구독자수가 많아야 하는데 어떻게 해야 하나요?

가장 중요한 건 실제 콘텐츠를 소비하는 시청자입니다. 시청자 관심이 어떻게 움직일 것인가에 따라 채널이 클 수도, 그저 그런 채널이 될 수도 있습니다. '먹방'과 '여행'이 대세라고 아무나 다 성공하진 않습니다. 대세를 타는 건 중요하지만 나만의 콘텐츠를 고민하는 게 낫죠.

콘텐츠를 고민할 때는 내 분야에서 잘하는 채널로 구독자 1만 명 이상 고급 1개, 구독자 1천 명 이상 중간급 1개, 나보다 약간 앞서 있는 채널로 구독자 300~500명 이상 초급 1개를 선정하고 세부적인 기획을 하는 게 좋습니다. 가는 길을 먼저 보여주는 채널들이 있으면 내가 갈 길이 좀 더 분명해지니까요. 그다음엔 6개월 이상 버티는 겁니다. 시간도 많이 들고 열심히 했는데 기대한 만큼 성과가 안 보이니 그 안에 중단하는 사람이 태반입니다. 지금은 유명해진 채널도 처음엔 구독자 0명에서 시작했다는 걸 잊지 마세요.

Q. 자주 가는 채널에서 레벨이 올랐다고 하던데 그게 뭐예요?

유튜브는 유튜버 레벨을 정해 관리합니다. 유튜브는 자기 매체로 시청자들을 끌어오는 유튜버들을 조직적으로 관리하고 더 열심히 활동하도록 유도할 필요가 있으니까요. YouTube 크리에이터 어워즈 기준은 구독자수입니다.

구독자수가 기준에 맞는다고 무조건 선정되는 건 아닙니다. 지난 6개월 동안 업로드한 활동이 있어야 하고, 지난 365일 동안 커뮤니티 가이드를 위반한 적이 없어야 합니다. 유튜브 서비스 약관을 준수해야 하고, YouTube 파트너 프로그램 참여가 정지된 이력이 없어야 합니다.

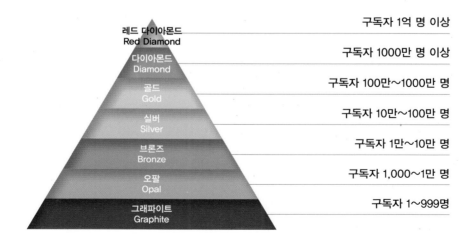

레벨이 오르면 뭐가 좋을까요? 수익과 별개로 유튜브에서 주는 특혜가 있습니다.

오팔 FanFest 크리에이터 캠프에 참가할 수 있습니다. 캠프에선 채널 성장 전략을 배우고, 동료 크리에이터와 어울리며 성공 비결을 직접 들을 수 있습니다.

브론즈 프리미엄 녹음실 이용권, 자체 이벤트 주최 등 유튜브의 새로운 제작 리소스 혜택을 누릴 수 있고, 일정 자격을 갖춘 크리에이터는 YouTube NextUp 콘테스트에 참가할 수 있습니다. 우승자에게는 새로운 장비가 지원되며, 가장 가까운 유튜브 스페이스에서 1주일간 진행되는 크리에이터 캠프 초대권을 받습니다.

실버 이상 레벨별로 크리에이터 어워즈를 받습니다. 채널 전담 파트너 관리자를 배정받아 운영 전략과 비즈니스 문제를 상담할 수 있고, YouTube FanFest 등 초대권이 있어야 들어갈 수 있는 특별행사에 일 년 내내 참석할 수 있습니다. 최고의 제작 리소스를 이용할 수 있고, 무대나 특별 제작 프로그램, 열성 팬을 위한 이벤트 주최 등 유튜브 스페이스에서 제공하는 다양한 혜택을 받을 수 있다고 합니다.

Q. 유튜브 크리에이터 어워즈란 게 뭐예요?
'어워즈'는 상패를 의미합니다. 실버부터 받는데, 유튜브에서 그간 노력한 유튜버를 응원하고 성과를 칭찬하기 위해 제공합니다. 실버보다 골드가 더 크죠? 상패 크기에서도 구독자수 차이가 느껴지네요. 내 채널이 자격요건을 충족하면 어워즈 신청 안내가 옵니다. 'YouTube Creators – 혜택 및 어워즈' 메뉴에 가서 '어워즈 받기' 버튼을 클릭하고 내 정보를 입력하면 신청이 완료됩니다. 신청 후 약 2~3주 안에 받을 수 있습니다.

유튜브 실버, 골드, 다이아몬드 상패(출처: 유튜브 크리에이터)

지금 유튜브여야만 하는 이유
동영상부터 검색, 쇼핑까지!

이 책을 집어 든 사람 중 유튜브를 모르는 사람이 있나요? 세계적인 동영상 포털, 바로 그 유튜브입니다. 이제 유튜브는 네이버 검색까지 넘보는 검색포털 수준입니다. 필요한 정보가 있을 때 유튜브부터 검색하는 사람도 많아진 거죠.

이제 사람들은 텍스트나 이미지만으로 만족하지 않습니다. 동영상 콘텐츠에 많은 시간을 소비하죠. 콘텐츠의 질 또한 달라졌습니다. 단순한 오락성 콘텐츠가 아니라 아이들 영어 교육부터 수영, 자전거 같은 취미생활, 촬영기술 같은 전문 내용까지 모두 배울 수 있습니다. 4차 혁명을 '스스로 배우는 시대'라고 정의한다면 유튜브가 그 목적을 실행하는 데 가장 적합한 채널일 겁니다.

시간, 노력, 돈 등 한정된 자원으로 온라인 마케팅에서 뭔가를 해보고 싶다면, 그림, 요리, 운동, 쇼핑, 음악, 주식, 책, 영화, 제품 설명 등 남에게 전달할 수 있는 뭔가가 있다면 두말할 것 없이 유튜브에 도전하라고 권할 수 있습니다. 필리핀 관광가이드가 코로나 때문에 방문객이 없어지자 그냥 아름다운 해변을 찍어서 유튜브에 올렸는데, 그것이 인기를 끌게 된 일도 있습니다. 가이드 대신 유튜버라는 새 직업을 얻은 것이죠. 내가 올린 걸 누가 보겠나 싶어도 세상에는 많은 사람이 있습니다. 거창한 주제가 아니라도 상관없습니다. 정보와 공감, 혹은 힐링을 얻을 수 있다면 여러분의 채널을 찾는 사람도 많을 겁니다.

유튜브에서 유명한 사람들을 '유튜브 크리에이터'라고 부릅니다. 처음엔 가볍게 접근하고, 꾸준히 노력해 내 분야를 구축해 보세요. 단골유저만 꾸준히 확보해도 수익을 낼 수 있습니다. 시작은 빠를수록 좋습니다. 콘텐츠를 만드는 것도 고객을 모으는 것도 시간이 필요하기 때문입니다. 그래서 지금 바로 시작하는 것이 유리합니다.

벤치마킹 1단계
전문 정보로 인기 채널 분석하기(녹스인플루언서)

SNS 랭킹 사이트는 SNS 인기만큼이나 많은데, 처음 시작할 때는 한국어로 설명된 곳이 좋으니 녹스인플루언서를 소개합니다. 유튜브부터 인스타그램이나 틱톡, 트위치 시장을 벤치마킹할 때 유용합니다. 팔로워수 같은 기초 정보부터 콘텐츠별 클릭수, 구독 취소수, 동영상 품질과 예상수익, 성장 추이까지 생각보다 많은 정보를 제공합니다. 사용법은 간단하지만, 유료 회원으로 로그인해야 상세한 모든 정보를 볼 수 있으니 참고하세요. 단순한 랭킹과 기본정보는 무료로 볼 수 있습니다.

다른 채널을 분석할 때뿐만 아니라 내 채널을 운영할 때도 이런 분석은 필요합니다. 팔로워들이 내 콘텐츠 중 뭘 보는지, 얼마나 보는지, 어떤 걸 올렸을 때 좋은 반응이 나왔는지 등을 파악해 적용해야 하니까요. '무조건 열심히'가 아니라 '시장이 원하는 방향으로 열심히'가 기본입니다. 분석 결과를 어떻게 활용할 것인지를 고민하며 정보를 확인합니다.

뭘 봐야 할까? 채널 분석 결과 보는 방법
채널 정보가 나타나면 유튜버 데이터 비교 리포트를 통해 채널 성장 추이, 소셜 네트워크 종류의 다양성, 구독자 참여도 분석, 동영상 품질 분석, 동영상 업로드 빈도를 파악할 수 있습니다. 유튜브 세계 순위나 구독 & 채널 성장 추이도 알 수 있죠. 이 중 눈여겨봐야 할 정보를 안내하겠습니다.

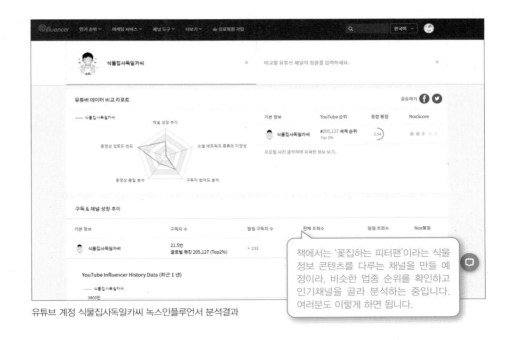

책에서는 '꽃집하는 피터팬'이라는 식물 정보 콘텐츠를 다루는 채널을 만들 예정이라, 비슷한 업종 순위를 확인하고 인기채널을 골라 분석하는 중입니다. 여러분도 이렇게 하면 됩니다.

유튜브 계정 식물집사독일카씨 녹스인플루언서 분석결과

1년간의 조회수, 구독자 추이 그래프 이 그래프를 보면 채널 성장세를 파악할 수 있습니다. 채널이 꾸준히 활동하고 발전하고 있다면 다음 그래프처럼 우상향을 그릴 겁니다.

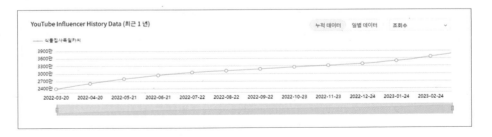

동영상 업로드 주기 경쟁 채널을 분석할 때 실제로 가장 도움이 되는 정보입니다. 최근 30개를 분석해서 평균적인 업로드 요일을 알려주는데, 경쟁자와의 싸움을 피하려면 다른 요일에 내 동영상을 올리는 것이 낫겠지요.

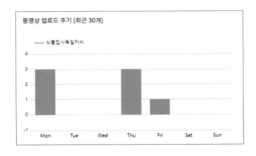

데이터 탭, 인게이지먼트 비율이란?   다음은 우리나라 1등 유튜버인 블랙핑크 채널 정보입니다. 기본적으로 팔로워수, 평균 조회수, NoxScore, 예상 광고단가, 인게이지먼트 비율이 나타납니다. 각 SNS 아이콘을 클릭하면 매체별로 분석 정보를 따로 알 수 있습니다.

여기서 주시해야 할 것은 '인게이지먼트 비율'입니다. 이것은 팔로워들의 채널 참여율, 즉 '충성도'를 말합니다. 유사 채널 평균 참여율이 3.44~7.72%인데 비해 이 채널은 무려 15.54%입니다. 매우 높죠? 이 비율이 높을수록 광고 효과가 좋아서 광고주들이 눈여겨봅니다. 이 외에도 채널 품질, 채널 랭킹, 광고단가 및 CPM 가격, 광고수익, 데이터 통계 등 다양한 정보가 제공됩니다.

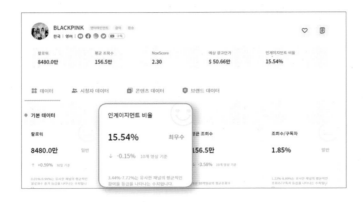

콘텐츠 탭, 영상과 쇼츠 중 반응이 좋은 것은?   인게이지먼트 비율, 구독자 대비 조회수 비율, 조회수 대비 좋아요 비율, 조회수 대비 댓글 비율 등이 나타납니다. 여기서도 주목해서 봐야 할 것은 인게이지먼트입니다. 영상과 쇼츠 등록과 인게이지먼트 비율을 그래프로 제공하는데, 이 그래프를 분석해 보면 일반 영상보다는 쇼츠를 올렸을 때 인게이지먼트 비율이 상승하는 것을 알 수 있습니다. 즉, 팔로워들이 쇼츠 영상에 더 적극적으로 반응한다는 것이죠. 이런 상황이라면 쇼츠 제작에 더 공을 들이는 게 좋을 겁니다.

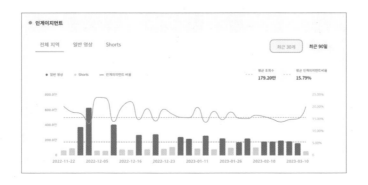

1 유튜버 순위 알아보기

녹스인플루언서 사이트(https://kr.noxinfluencer. com)에 들어갑니다. 가장 궁금한 '인기 유튜버 순위'를 클릭합니다.

2 지역과 분야 선택하기

현재 세계 유튜버 순위가 나타납니다. 여기서 지역과 분야를 선택합니다. 만약 강아지 관련 유튜브를 하고 싶다면 지역은 '한국'으로, 카테고리는 '라이프스타일 – 애완동물'로 선택합니다. 'Youtube카테고리'에서 선택해도 됩니다.

3

선택한 지역과 카테고리 랭킹이 나타납니다. 처음에는 유튜브 구독자 순위지만, 그 외에도 평균 조회수, 구독자 급상승 순위, 구독자 취소 순위 등도 쉽게 알 수 있습니다.

4 검색어로 찾기

인기 없는 분야는 랭킹이 나타나지 않을 수도 있습니다. 그럴 땐 홈 화면에서 검색하면 됩니다. 검색창에 '꽃'을 입력하고 Enter 를 누르면 꽃과 관련된 유튜브 채널들이 나타납니다. 이 중 내 카테고리에 해당하는 채널을 찾아서 둘러보면 됩니다.

5 벤치마킹 채널 비교하기

주시하고 있던 유튜브 채널이 있다면 '유튜버 비교하기' 메뉴에서 자세한 정보를 확인할 수 있습니다. 홈 화면에서 '유튜버 비교하기'를 클릭합니다. 검색란에 알아보고 싶은 채널 URL을 입력한 후 Enter 를 누르면 채널 정보가 나타납니다. 채널 정보 보는 법은 앞에서 설명했으니 참고하세요.

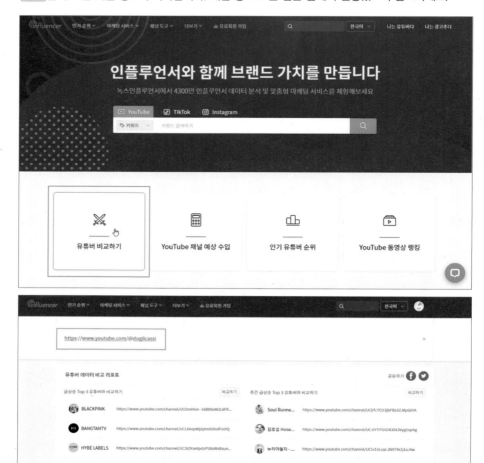

벤치마킹 2단계

키워드 검색으로 인기 채널 분석하기

유튜브 순위를 기준으로 사람들이 좋아하는 채널들도 살펴봤고, 어느 정도 내가 만들고 싶은 관심 분야도 정해졌다면 이젠 구체적인 조사를 할 차례입니다. 내 관심 분야의 유튜브 채널이 무엇인지 키워드 검색으로 알아보겠습니다. 이때 연관 검색어가 나오는데 잘 정리해 두세요. 유튜브는 블로그와 달리 글로 설명하는 매체는 아니지만 태그를 넣을 때 사용하면 내 채널이 검색되도록 하는 데 유용합니다. 검색어나 태그에 대해서는 '메타데이터' 부분에서 자세히 다룹니다.

1 유튜브에 내 관심분야 키워드를 입력합니다. 여기서는 '서양란'이라고 입력하겠습니다. 아래쪽에 서양란과 관련된 연관 검색어가 나타나는데, 따로 메모장에 적어두세요.

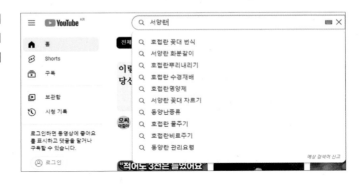

2 다양한 검색결과가 나타납니다. 이 중 눈에 띄는 콘텐츠가 있는지 살펴보세요. 어떤 콘텐츠가 내 눈에 좋아 보이는지를 분석하는 게 중요합니다. 내 눈에 좋은 건 다른 사람 눈에도 좋은 경우가 많으니까요. 지금 우리는 인기 콘텐츠가 왜 인기 있는지를 분석하는 중입니다.

3 키워드로 검색되는 콘텐츠들은 조회수, 유저 반응도, 최신순, 관심도 등을 기준으로 나타납니다. 유튜브에서 자동으로 나에게 적합한 검색결과를 보여주는 거죠. 위쪽에 나타날수록 현재 인기 있는 콘텐츠라고 할 수 있습니다. 살펴보면서 인기요인을 생각해 보세요.

생각에서 그치지 말고 따로 적어둡니다. 메모장, 워드, 아래아한글 등 어디든 상관없지만 링크, 콘텐츠 제목, 내용과 장점, 아쉬운 점, 참고할 점 등을 자세하게 적습니다. 화면을 보면서 바로바로 느낀 점을 적으면 살아 있는 자료를 만들 수 있습니다.

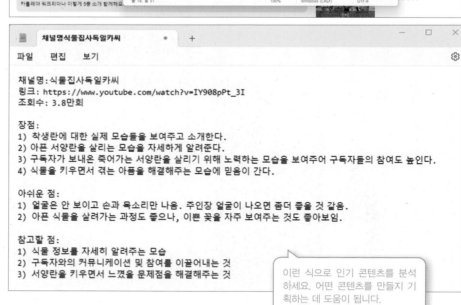

이런 식으로 인기 콘텐츠를 분석하세요. 어떤 콘텐츠를 만들지 기획하는 데 도움이 됩니다.

벤치마킹 3단계
나한테 꼭 맞는 유튜브 콘텐츠 기획하기

여러분은 유튜브에서 어떤 콘텐츠를 보나요? 저는 강아지, 고양이 일상을 찍은 동영상과 실시간 뉴스를 주로 봅니다. '바쁘다 바빠 현대사회'라서 시간 맞춰 TV 앞에 앉아 차분히 뉴스를 보기란 쉽지 않죠. 집안일을 하면서 스마트폰으로 잠깐씩 켜놓는 정도입니다. 고등학생인 딸은 드라마 요약을 보거나 노래를 듣고, 재미있는 쇼츠를 보더군요. 다양한 주제를 계속 채널을 바꿔가며 봅니다. 초등학교에 다니는 아들은 주로 게임 영상을 봅니다.

이렇게 나이나 관심사에 따라 다양한 콘텐츠를 소비합니다. 지금까지는 소비자였는데, 이제 생산자 입장이 되었네요. 어떤 콘텐츠를 만들어야 사람들에게 어필할 수 있을까요? 어떤 콘텐츠가 나와 맞을까요? 그걸 찾기 위해 몇 가지 질문에 답해보세요.

첫 번째, 내가 계속할 수 있을까?

신규 채널이 유저에게 노출되는 유일한 곳이 '유튜브 추천 동영상'입니다. 유튜브에선 자체 알고리즘을 통해 유저에게 가장 적합한 동영상을 추천합니다. 이 추천 동영상 대상이 되는 기준은 무엇일까요? 해당 영상이 '유저의 관심을 끌고 얼마나 오래 머무는지'가 첫 번째 판단 기준입니다. 들어왔다가 바로 나가버리면 유튜브 AI는 '이 영상은 이 유저가 재미없어하는 영상이구나! 다음엔 보여주지 말아야지' 이렇게 판단하겠죠.

유튜브는 영상의 지속 시청시간 외에도 '시청자 관심 영상 카테고리, 시청자 반응, 시청 횟수, 공유 횟수, 키워드, 타이틀' 등을 판단해 좋아할 만한 영상을 추천합니다. 또 내 채널에 동영상이 최소 100개 이상은 올라가 있어야 유튜브 추천 동영상이 될 확률이 높다고 업계에 알려져 있습니다.

그래서 내가 이 콘텐츠로 동영상을 100개 이상 만들 수 있을지를 판단해야 합니다. 시작은 했는데 소재가 금방 고갈되거나, 몇 번 하고 더 이상 유지할 수 없는 콘텐츠라면 매번 주제를 바꿔야겠죠? 이런 식으로 운영하면 사람들은 이 채널이 뭘 하는 곳인지 혼란스러워지고, 구독자를 모으기도 쉽지 않습니다. 당연히 유튜브 추천 동영상이 되기도 어렵습니다. 개별 콘텐츠 제목과 소재는 계속 바뀌지만, 그 안에 담는 주제는 하나여야 유리하다는 걸 기억하세요.

두 번째, 내가 잘하나? 좋아하나?

좋아하거나 잘하는 분야여야 콘텐츠를 오래오래 만들 수 있습니다. 어떤 유튜버는 컴퓨터 수리를 업으로 하는데, 그 과정을 유튜브에 담백하게 담아 인기를 끌고 있습니다. 자신이 가장 잘하는 분야, 가장 많은 시간을 들이는 분야를 유튜브 콘텐츠로 이용한 것이죠. 유튜브가 인기를 끌면서 해외에서까지 컴퓨터 수리를 맡기고 있다고 합니다.

좋아하는 분야를 선택하는 것도 좋습니다. 유튜브 세상에선 나와 비슷한 취향의 사람을 얼마나 모아서 구독자로 만드는가가 성공의 열쇠입니다. 내가 좋아하는 취미와 내 취향을 잘 파악해 보세요. 고양이나 강아지를 좋아한다면 동물이 주인공이 되는 콘텐츠를, 만들기를 좋아한다면 공예 콘텐츠를, 옷에 관심이 많다면 옷 쇼핑, 옷 만들기, 옷 입는 방법 등을 알려주는 콘텐츠를 만들 수 있을 겁니다. 노래나 연주를 잘한다면 커버송을 부르거나 뽕짝 콘셉트 연주를 보여주는 등 색다른 콘텐츠를 제작할 수도 있습니다.

보통은 내가 뭘 잘하는지, 좋아하는지를 모르는 사람이 더 많습니다. 그럴 땐 1부에서 설명한 마인드맵으로 브레인스토밍을 해보세요. 자신을 제대로 들여다보지 않은 채 이런저런 현실에 쫓겨 살고 있지만, 의외의 재능이나 취향을 발견할 수 있을지도 모릅니다.

만약 잘하는 것과 좋아하는 것 중에서 선택해야 한다면? '잘하는' 걸 선택하세요. 좋아하는 것을 선택했다면 꾸준히 공부해서 잘하는 것으로 만들어야 합니다. 유튜브는 나보다 잘하고 매력적인 사람들이 넘치는 곳입니다. 경쟁에서 살아남으려면 남들보다 앞서나가는 부분이 있어야 하니까요. 구독자에게 내 콘텐츠를 볼 이유를 계속 주기 위해서라도 남보다 잘하는 분야를 파고드는 편이 유리합니다.

세 번째, 내가 기획할 수 있을까?

콘텐츠는 기획이 반입니다. 사람들이 좋아할 만한 주제를 어떻게 기획해서 연출하는가가 인기 콘텐츠 여부를 판가름합니다. 콘텐츠 기획력이란 조사를 바탕으로 아이디어를 접목한 주제를 잡아내는 능력입니다.

'나도 강아지를 키우고 있으니 유튜브나 하나 해볼까?' 하고 막연하게 접근하면 필패입니다. 다른 유명 유튜버들의 콘텐츠를 감상한 후 뭐가 좋고 어떤 점이 부족한지를 생각해 보세요. 생각한 부분은 당연히 따로 메모합니다. 생각은 금방 달아나거든요. 이 과정이 흔히 말하는 '벤치마킹'입니다. 콘텐츠 기획에 있어 벤치마킹은 매우 중요합니다. 다양한 조사를 통해 내가 가야 할 방향을 좀 더 구체적으로 정리할 수 있기 때문입니다.

조사과정이 끝났다면 이제 냉정하게 나를 평가할 차례입니다. 이때 못하는 것보다는 잘하는 것에 주목하세요. 장점을 어떻게 부각할 것인가를 고민하세요. 자신의 장점을 살리는 것이 핵심전략이 될 수 있습니다. 만약 나만의 특별한 재주가 있다면 그것이 돋보일 수 있는 콘텐츠를 정합니다. 편집을 잘한다면 편집의 묘를 살릴 수 있는 콘텐츠를 기획하고, 시나리오를 잘 쓴다면 재미있는 시나리오를 토대로 연출해 보세요. 또는 남들에게 편안함을 줄 수 있는 능력이 있다면 그 능력을 어떻게 콘텐츠에 담을지를 찾는 겁니다.

유튜브는 동영상이기 때문에 현란한 편집능력은 매우 큰 무기가 될 수 있습니다. 하지만 그보다 더 중요한 것이 내용입니다. 편집 기술이야 시간을 충분히 들이면 배울 수 있지만, 콘텐츠 제작자가 가진 인성과 태도, 타고난 능력은 배우거나 바꿀 수 없는 부분이기 때문입니다.

유튜브는 뭘 기준으로 영상을 추천할까?

키워드 수집과 유튜브 알고리즘

유저가 가장 많은 시간을 보내는 SNS 채널도 유튜브고, 그만큼 유튜브에 뛰어든 크리에이터 숫자도 셀 수 없을 정도입니다. 유튜브가 이 어마어마한 정보 속에서 나에게 맞는 정보를 어떻게 찾아 영상을 추천하는지 궁금하지 않나요? 유튜브 '메타데이터'란 동영상을 올리면서 함께 입력하는 동영상 제목, 내용, 태그 등의 기본정보를 의미합니다. 이걸 대충 입력하면 안 되는 이유는, 내가 입력한 메타데이터가 유튜브에서 추천 동영상을 고를 때 참고하는 1차 정보이기 때문입니다.

그러면 어떤 식으로 입력해야 할까요? 사실 유튜브가 공식적으로 공개하진 않아서 정확한 검색 알고리즘 기준을 알긴 힘듭니다. 다만, 마케팅 경험상 동영상 제목과 내용, 태그가 같은 카테고리로 인식되어야 한다는 점만은 분명합니다. 예를 들어 고양이와 관련된 동영상을 올리면서 부동산 관련 제목이나 태그를 넣는다면 어느 쪽 콘텐츠인지 헷갈리겠죠? 내가 원하는 대상층에 노출되지 않을 확률 역시 확 올라갑니다. 따라서 메타데이터 정보를 입력할 때는 내 콘텐츠를 보길 원하는 대상층이 검색할 만한 키워드를 찾아 쓰는 것이 중요합니다.

방법 1. 내 동영상에 딱 맞는 연관 키워드 찾기

제일 먼저 할 일은 내 동영상이 검색결과로 나타나게 할 인기 키워드를 조사하는 것입니다. 어디서 알 수 있을까요? 유튜브에서 많이 검색되고 있는 키워드는 유튜브 검색을 통해서 미리 파악할 수 있습니다. 유튜브 홈에서 특정 검색어로 검색하면 아래쪽에 자동 완성으로 검색기록들이 나타납니다. 이를 통해 자주 검색되는 연관 키워드를 파악할 수 있습니다.

방법 2. 구글 트렌드에서 키워드 비교하기

연관 키워드를 많이 찾아두긴 했는데, 그 중 뭘 사용해야 할까요? 유저가 조금이라도 많은 관심을 보이는 키워드가 좋겠죠? 이럴 때 전 세계 사람들의 검색어와 관심도 동향을 한눈에 알아볼 수 있는 구글 트렌드를 이용하면 좋습니다. 한 번에 키워드 5개까지 비교 분석할 수 있습니다. 유튜브 태그는 15개까지 사용할 수 있지만, 많다고 무조건 좋은 건 아니니 적합한 키워드로 10개 이내로 등록하세요.

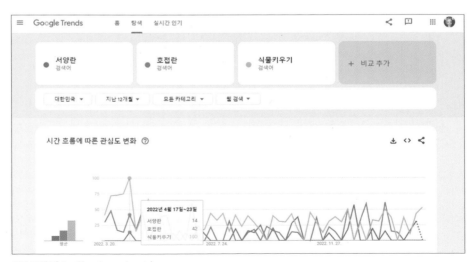

구글 트렌드(https://trends.google.co.kr)

방법 3. 다른 사람 태그 확인하기 - Keywords Everywhere

키워드 에브리웨어는 유튜버들이 어떤 태그를 사용했는지를 확인할 수 있는 도구입니다. 다른 사람이 사용한 태그를 보고 참조할 만한 좋은 단어를 확인할 수도 있습니다. 키워드 에브리웨어는 구글 확장서비스라 따로 추가해야 합니다.

1 구글 크롬 웹 스토어에서 검색한 후 'Chrome에 추가' 버튼을 클릭합니다.

2 툴을 추가하겠냐고 묻는 대화상자가 나타나면 '확장 프로그램에 추가'를 클릭합니다.

3 유튜브에 로그인한 후 영상을 클릭하면 오른쪽에 키워드 에브리웨어 창이 나타나 태그를 확인할 수 있습니다.

Keywords Everywhere(keywordseverywhere.com)

방법 4. 키워드 툴 사이트에서 한 번에 몽땅 찾기

또 다른 방법은 연관 키워드를 찾아서 한 번에 입력하는 것입니다. 이 방법은 내 콘텐츠에 필요한 키워드를 찾거나 새로운 기획 아이디어를 모을 때도 편리합니다.

1　키워드 툴 사이트에 들어갑니다. '유튜브' 탭 검색창에 키워드를 입력하면, 아래에 연관 키워드가 주욱 나타납니다. 각 키워드의 상세 정보는 유료입니다. 하지만 우리 목적은 연관 키워드니까 무료로 여기까지만 봐도 충분합니다.

키워드 툴 사이트(https://keywordtool.io/youtube)

2　키워드를 선택한 후 '다운로드' 아이콘을 클릭하면 내려받을 수 있습니다. 여기서는 'Excel로 내보내기'를 선택했습니다. 텍스트로 복사해 메모장에 옮긴 후 정리해 두세요. 나중에 동영상을 등록할 때 메모장에 정리해 놓은 키워드를 찾아 쓰면 훨씬 쉽습니다.

시작하려면 비싼 카메라가 필요하겠지?

동영상 촬영 장비와 프로그램

촬영 장비

스마트폰, 카메라 동영상을 촬영하려면 촬영 장비가 필요합니다. 그러나 처음부터 장비 구매에 돈을 쓰지는 마세요. 일단 가진 것으로 시작하고, 아무것도 없어서 새로 구매해야 한다면 동영상 촬영이 가능한 미러리스 카메라를 추천합니다. 요즘은 대부분 스마트폰을 많이 사용합니다. 최근 5년 안에 구매한 스마트폰이라면 동영상 품질이 좋으니 따로 구매할 필요는 없습니다.

#01
미러리스 카메라

동영상 촬영이 가능하고 가볍기 때문에 휴대가 편합니다. 유튜브 초보자에게 적합합니다.

캐논 EOS M50

#02
DSLR 카메라

입문용 DSLR로 고품질 사진과 동영상을 촬영하는 데 필요한 모든 기능을 제공합니다.

캐논 EOS 200D

#03
액션캠

자전거를 타고 찍거나 수중에서 찍기 좋은 액션캠코더입니다.

고프로 히어로11

#04
웹캠

먹방이나 게임 콘텐츠 촬영에 유용합니다.

로지텍코리아
C922 PRO STREAM

마이크 ★★★ 이것만은 구매 추천!   몇 가지 앱을 활용하면 스마트폰으로도 좋은 영상을 얻을 수 있습니다. 딱 하나 아쉬운 게 있다면 바로 음향입니다. 소리가 깨끗하게 제대로 들리지 않으면 보는 사람이 답답하고 거슬려서 오래 보기 힘드니까요. 그래서 마이크만은 꼭 구매하길 권합니다. 처음엔 저렴한 거라도 괜찮으니 사용해 보세요.

방송 특성에 맞춰 꼭 필요한 것으로 하나만 구매하면 되는데, 콘텐츠에 따라 필요한 마이크가 다릅니다. 예를 들어 게임이라면 헤드폰과 일체화되어 있는 마이크가 낫고, 혼자 찍는 셀카 방송이라면 핀마이크가 낫습니다. ASMR(autonomous sensory meridian response: 뇌를 자극하는 심리안정 영상)처럼 고기능 음향이 필요한 콘텐츠도 있을 텐데요. 그럴 때는 외부잡음까지 잡는 고급 사양의 마이크를 사야 합니다. 노래 콘텐츠라면 흔히 봐왔던 마이크 모양의 보컬마이크가 좋습니다.

#01
핀마이크

옷깃에 다는 핀마이크입니다. 셀카 형태로 방송할 때 유용합니다.

BOYA BY-M1

#02
마이크로폰

바람 소리를 막아주는 털이 붙은 1인 방송용 마이크입니다. 인터뷰에도 사용할 수 있습니다.

BOYA BY-MM1

#03
헤드셋형 마이크

게임방송을 할 때 직접 게임하면서 소리를 넣을 때 활용하면 좋습니다.

엑토 BKS-34

#04
보컬용 마이크

커버송 등 노래 부르기가 콘텐츠일 때 적당합니다.

브리츠(Britz) BZ-X1
스마트폰 보컬 트레이너 마이크

조명 조명은 영상 품질을 좌우합니다. 자연광을 사용하면 좋은데, 날씨에 따라 매번 달라지는 게 문제입니다. 안정적인 화면이 고민이라면 조명기기를 구매하는 편이 좋습니다. 만약 움직이는 동물을 촬영한다면 자연광이 있는 낮 시간대에 촬영하고, 꼭 밤에 촬영해야 한다면 간접조명을 많이 설치하세요. 뷰티 크리에이터처럼 셀카 형태로 촬영한다면 셀카조명을 적극 활용하고, 좌우에 하나씩 클립형 조명을 붙이면 좋습니다. 조명은 많을수록 좋지만, 기본적으로 피사체를 중심으로 앞과 좌우 3곳 정도 비추면 밝은 화면을 얻을 수 있습니다.

스마트폰용으로 나왔는데 렌즈 교환과 조명이 되는 제품도 있고, 저렴하고 간단한 셀카조명도 있습니다. 여기 소개한 제품들은 '최소 비용' 기준이며, 조명 종류와 가격이 천차만별이니 더 공부해서 꼭 필요한 제품으로 선택하세요.

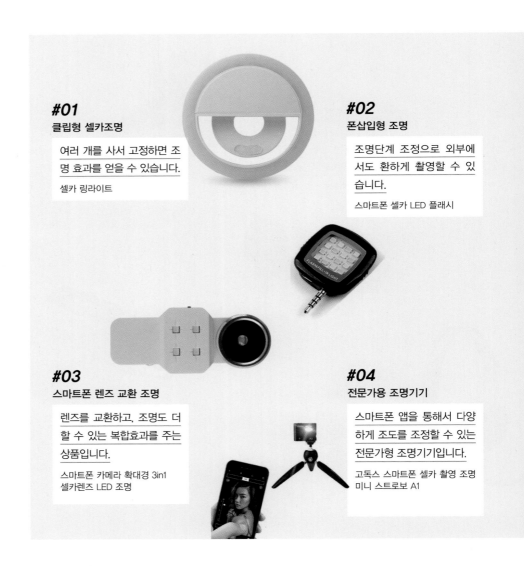

#01
클립형 셀카조명

여러 개를 사서 고정하면 조명 효과를 얻을 수 있습니다.

셀카 링라이트

#02
폰삽입형 조명

조명단계 조정으로 외부에서도 환하게 촬영할 수 있습니다.

스마트폰 셀카 LED 플래시

#03
스마트폰 렌즈 교환 조명

렌즈를 교환하고, 조명도 더할 수 있는 복합효과를 주는 상품입니다.

스마트폰 카메라 확대경 3in1 셀카렌즈 LED 조명

#04
전문가용 조명기기

스마트폰 앱을 통해서 다양하게 조도를 조정할 수 있는 전문가형 조명기기입니다.

고독스 스마트폰 셀카 촬영 조명 미니 스트로보 A1

삼각대 또는 셀카봉 스마트폰을 들고 찍으면 아무래도 영상에 흔들림이 생겨 보는 사람이 불안합니다. 삼각대나 셀카봉 등을 활용하세요. 스마트폰 속에 시소가 있다고 생각하고 시소의 균형이 맞도록 촬영하면 좋습니다. 피사체가 한쪽으로 쏠리지 않도록 해야 하고, 화면이 흔들리지 않게 해 안정감을 주세요. 요즘엔 셀카봉도 되고 미니 삼각대도 되는 상품이 많습니다. 가장 안정적인 화면을 얻는 것은 짐벌이지만 가격대가 높죠. 초보일 때는 삼각대가 되는 셀카봉으로 시작해도 됩니다.

드론 캠핑이나 여행 유튜버들이 새로운 시각 장면을 얻기 위해 드론 촬영을 많이 시도합니다. 채널을 운영하다가 정말 뭔가 새로운 시각의 영상물이 필요한 시점에 구매를 고려하세요.

#01
삼각대

스마트폰이나 DSLR 등의 촬영기기를 고정해서 사용할 수 있어 안정적인 영상을 얻을 수 있습니다.

하이엔드 삼각대
– DSLR 핸드폰 거치대

#02
셀카봉

다양한 각도로 셀카를 찍을 수 있는 기기입니다. 요즘엔 간단한 삼각대 기능까지 같이 되는 제품이 많습니다.

무선 셀카봉 삼각대 욜로 WT300

#03
짐벌

수평이나 중력 방향을 유지합니다. 깨끗하고 안정감 있는 영상을 만듭니다.

DJI 오즈모 모바일2 짐벌

#04
마이크 스탠드

좌식형이나 스탠드형 등 다양한 종류가 있고 스마트폰과 마이크를 동시에 거치할 수 있는 제품도 있습니다.

마이크 스탠드
1인방송 스탠드형, 탁상용

동영상 편집 프로그램

촬영한 동영상을 유튜브에 올리기 전에 편집과정이 필요합니다. 언뜻 생각해도 필요 없는 부분을 잘라내고, 음악과 자막을 넣고, 화면이 바뀔 때 보기 좋은 화면전환 효과도 넣는 등 다양한 작업이 떠오르죠? 가장 많이 사용하는 동영상 편집 프로그램에는 어도비의 프리미어 프로, 애프터이펙트, 파이널컷, 모션 그래픽, 베가스 등이 있습니다. 좋지만 사용법을 제대로 배우는 데 시간이 많이 필요하죠. 그래서 이 책의 5부에서는 배워서 바로 사용할 수 있는 간단한 편집 프로그램을 소개합니다. 쉽게 시작해 한동안 운영하다 보면 뭐가 더 필요한지 알게 되니 그때 전문 프로그램에 도전하세요. 어려운 만큼 다양하고 화려한 기능이 많습니다.

어도비 프리미어 프로　포토샵, 일러스트 등의 그래픽 프로그램으로 유명한 어도비 사에서 만든 동영상 전문 편집툴입니다. 영상 편집툴로는 베가스와 프리미어가 쌍벽을 이루는데, 포토샵을 다루는 사람들이 늘면서 요즘은 프리미어를 많이 사용하는 편입니다.

가장 큰 장점은 다양하고 세밀한 편집기능입니다. 영상과 음향을 세밀하게 다루고, 장면 전환에도 탁월하죠. 포토샵에서 자막을 만들어 프리미어에 바로 붙일 수도 있는 등 표현 폭이 넓습니다. 예전엔 엄청 비쌌지만, 요즘은 월별로 일정 금액을 내고 이용할 수 있습니다. 어차피 배울 거 전문 편집 프로그램으로 제대로 시작하고 싶다면 추천합니다. 한국 어도비 사이트(https://www.adobe.com/kr/)에서 내려받은 후 7일 동안 무료로 사용해 볼 수 있습니다.

프리미어 프로 편집 화면

> 조금 어려워도 전문 프로그램으로 시작하고 싶다면 추천!

모바일용 편집 앱　간단한 동영상 편집 프로그램은 모바일 앱과 PC 버전으로 나눌 수 있습니다. 모바일 앱에선 키네마스터(KineMaster), 블로(VLLO), 캡컷(CapCut)이 편합니다. 스마트폰으로 찍은 영상을 빠르게 편집한 후 유튜브나 인스타그램에 올릴 때 효과적입니다.

키네마스터는 다양한 영상처리가 가능하지만, 유료로 결제해야 모든 기능을 사용할 수 있습니다. 블로는 무료로 간단한 편집이 가능하지만, 유료인 프리미엄 기능을 이용해야 더 다양한 효과를 낼 수 있습니다. 캡컷은 무료이면서 다양한 효과들이 많고, 워터마크도 찍히지 않습니다. 무료로 다양한 효과를 내고 싶을 때 추천합니다.

키네마스터(KineMaster)	블로(VLLO)	캡컷(CapCut)
멀티레이어, 혼합 모드, 보이스 오버, 크로마키, 속도 조정, 장면 전환 효과, 자막 입력, 특수효과 등의 다양한 기능들을 쉽게 이용할 수 있습니다.	무료입니다. 동영상 촬영, 스티커 셀카, 동영상 편집, 사진 슬라이드 쇼 기능을 제공합니다.	영상 병합, 편집, 음악편집, 속도조정, 동영상 필터, 영상압축, Instagram 맞춤 영상작업, 텍스트와 표정부호 추가, 1080p 동영상 편집 기능을 제공합니다.
유료 결제 필요	무료 이용 시 워터마크 찍힘	광고 후 폰트, 필터 다운로드 가능

PC용 편집 프로그램　PC용으로는 곰믹스, 파워디렉터 365, 모바비, 필모라, 무비메이커 등 꽤 많은 프로그램이 있습니다. 모든 프로그램을 다 배우기보다는 하나를 잘 사용하는 게 나은데, 인터페이스가 직관적이라 빨리 배울 수 있는 곰믹스를 추천합니다. 모든 기능을 완벽하게 사용하는 건 유료지만, 무료 버전에서도 꼭 필요한 기능은 사용할 수 있습니다.

　파워디렉터 365　

곰믹스	파워디렉터 365	모바비
영상편집, 자막, 필터, 영상전환, 음악 편집 등 꼭 필요한 기능만 담아 실속 있습니다. UI가 쉬워서 초보자도 쉽게 다룰 수 있습니다.	다양한 영상소스, 템플릿, 영상효과, 스티커 등이 제공되고, 초급부터 전문가까지 쓸만한 기능 대부분이 제공됩니다.	동영상 자르기 & 합치기, 타이틀 추가, 크로마키, 트랜지션, 애니메이션, AI 배경 제거, AI 노이즈 제거, TikTok에 직접 업로드가 가능합니다.
무료 이용 가능, 5분까지 워터마크 없이 이용 가능	무료 체험판 제공, 이용 제한기간 없음. 부분 유료	7일 무료 이용 후 유료화

개성과 구독을 부르는 디자인의 힘

유튜브 채널 디자인

내가 올린 어떤 동영상에 관심을 가진 유저가 내 채널을 방문합니다. 그렇게 우연히 들른 채널에 머물고 싶은 기분이 들게 하려면, 혹은 호감이 생겨서 다른 동영상까지 보게 하려면 어떻게 해야 할까요? 가장 중요한 것은 콘텐츠겠지만 이왕이면 보기 좋은 게 좋습니다. 내 채널을 시청자에게 각인시키기 위해 어떤 요소에 힘줘야 할지 알아봅시다.

내 채널만의 개성과 구독 유도를 위해 힘줄 수 있는 요소들

디자인적으로 통일된 콘셉트를 제공하고 싶다면 채널아트 이미지, 프로필 이미지, 미리보기 이미지, 워터마크, 동영상 콘텐츠의 색감이나 분위기를 통일시켜 보세요. 방문자 머릿속에 분명한 이미지를 심을 수 있습니다.

채널아트　내 채널을 대표하는 가장 큰 이미지입니다. 간판이라고 생각하세요.

프로필 이미지　내 아이디를 이미지로 보여줍니다.

유튜브 계정 Like Nastya

유튜브 계정 Movieclips

동영상 미리보기 이미지(유튜브 섬네일) 　동영상을 불러오면 자동으로 추출되는데, 따로 만들어 불러와도 됩니다. 내 유튜브 영상을 알리는 데 매우 중요한 역할을 하니, 내 채널 콘셉트가 녹아 있는 디자인으로 따로 만드는 걸 권합니다.

섹션과 재생목록 　재생목록이란 '폴더' 같은 겁니다. 관련된 동영상 여러 개를 하나로 묶거나 가장 인기 있는 영상만 모아 따로 정리할 때 사용합니다. 이유는? 우연히 동영상 하나를 보려고 들어온 시청자가 다른 동영상까지 보도록 유도하기 위해서! 동영상 사이에 줄을 그어 보기 좋게 구분한 것이 '섹션'입니다.

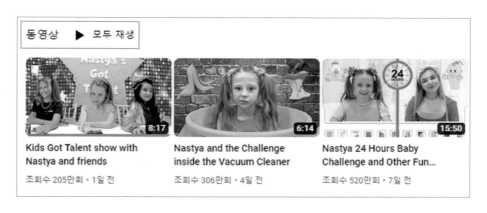

동영상 워터마크 이미지(구독 버튼) 　동영상에 표시해 내 채널을 계속 봐달라고 구독을 요청할 때 필요합니다. 이 부분도 전체적인 나만의 콘셉트를 적용해 만들어야 합니다.

채널아트

'채널아트'란 내 채널을 방문한 유저가 가장 먼저 보게 되는 대문 이미지를 말합니다. 간판처럼 채널 맨 위에 있는 커다란 그림입니다. 다음 채널을 보세요. 슬쩍 봐도 영화와 관련되었다는 걸 알겠죠? 채널의 느낌을 직관적으로 전달합니다. 채널아트의 목적은 유저가 내 채널이 뭐 하는 곳인지 직관적으로 기억하게 만들고, 동영상을 보고 싶게 만드는 것입니다.

❶ 채널아트   전체 채널 이미지를 결정하는 배너
❷ 프로필 이미지   채널 주인의 프로필 이미지. 채널 이름과 구독자수가 나타납니다.
❸ 메뉴   이 채널의 메뉴
❹ 예고편 영상   클릭하면 바로 감상할 수 있습니다.
❺ 콘텐츠 목록   내가 올린 콘텐츠가 모두 나타납니다. 주제별로 모아 폴더로 구분할 수도 있습니다.

1단계: 구글 계정 만들기

유튜브의 모 회사는 구글이라 구글 아이디가 있어야 유튜브 채널을 만들 수 있습니다. 이미 있다면 바로 로그인하면 되니 2단계로 넘어가세요. 구글은 한 사람이 여러 계정을 만들 수 있으니 개인용과 SNS 마케팅용 계정을 따로 만드는 게 좋습니다. 여기서는 '꽃집하는 피터팬'이라는 식물 관리 유튜브 채널을 만들어 보겠습니다.

1 구글 웹 사이트에 접속해서 검색창에 '구글 계정 만들기'를 검색합니다. 'Google 계정 만들기 – Gmail 계정 고객센터'를 클릭하세요.

2 'Google 계정 만들기' 화면이 나타납니다. '본인 계정' 버튼을 클릭합니다.

3 화면 안내에 따라 쭉 진행합니다. 먼저 성과 이름을 한글로 입력합니다. 마케팅용이니 내가 만들 채널명으로 입력하는 게 좋겠죠? 여기서는 '성'에 '피터', 이름에 '팬'으로 입력했습니다. 성과 이름은 빈칸 없이 나타나니 사이에 빈칸이 필요하면 '_' 같은 기호를 입력하세요. 구글 계정으로 사용할 ID와 비밀번호를 입력한 후 '다음'을 클릭합니다.

4 전화번호, 복구 시 사용할 이메일 주소, 생일정보와 성별을 입력한 후 '다음'을 클릭합니다.

5 전화번호 인증 화면이 나타납니다. 전화번호를 입력한 후 '보내기' 버튼을 클릭하면 인증코드가 내 핸드폰으로 전송됩니다. 인증코드 입력란에 입력하고 '확인'을 클릭합니다.

6 전화번호를 활용한 서비스와 개인정보 동의 화면이 순서대로 나타납니다. 내용을 읽어본 후 '동의'를 클릭합니다. 동의하지 않으면 뒤로 넘어가지 않으니 '동의'를 선택하세요.

7 계정 이름 수정하기

축하합니다. 구글 계정이 만들어졌네요. 계정을 만든 지 2주 이내라면 계정 이름을 수정할 수 있습니다. 2주 후부터는 90일에 최대 3번까지만 변경할 수 있으니 참고하세요.

8 구글에 로그인합니다. 왼쪽 메뉴 중 '개인정보'를 클릭하면 다음과 같은 화면이 나타납니다. 수정하고 싶은 정보의 화살표를 클릭합니다.

9 '이름' 화면이 나타나면 연필 아이콘을 클릭합니다.

10 바꿀 이름을 수정한 후 '저장' 버튼을 클릭하면 됩니다.

2단계: 유튜브 채널 개설하기

구글 계정을 만들었으니 이제 내 유튜브 채널을 만들 차례입니다. 유튜브에 내 방을 만드는 거죠. 방을 만든 다음에는 채널아트부터 프로필 이미지, 구독버튼 이미지 등 보기 좋게 꾸밀 예정입니다. 일단 방부터 만듭시다.

1 유튜브에 들어갑니다. '로그인'을 클릭한 후 아이디와 비밀번호를 입력하고 '다음'을 클릭합니다. 계정이 여러 개라면 선택해서 로그인할 수 있습니다.

2 프로필 아이콘을 클릭하면 메뉴가 나타납니다. '채널 만들기'를 클릭합니다.

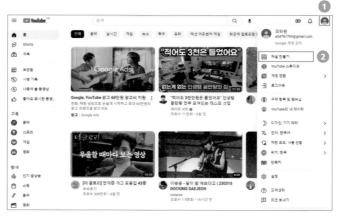

3 '내 프로필' 화면이 나타나면 '채널 만들기' 버튼을 클릭합니다.

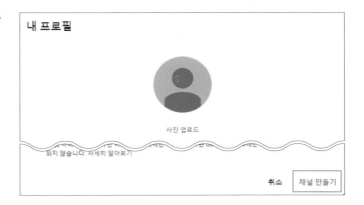

4 아무것도 없는 내 유튜브 채널 화면이 나타납니다. 아직 너무 휑하죠?

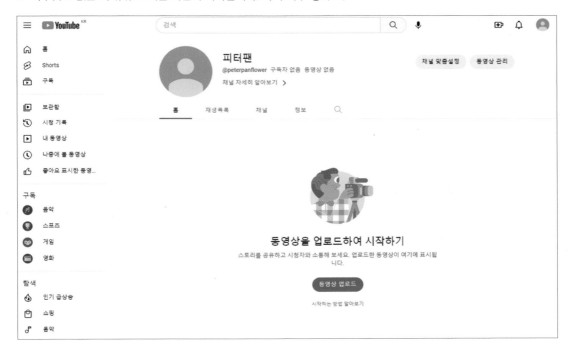

3단계: 채널아트 이미지 넣기

채널아트는 내 유튜브 채널에 들어왔을 때 가장 먼저 보이는 이미지입니다. 따라서 내 채널명과 콘텐츠 특성이 잘 나타나게 만들어야 합니다. 나만의 로고나 그림 없이 텍스트만으로 디자인할 수도 있습니다. 보통은 포토샵, 픽슬러, 포토스케이프 등 외부 그래픽 프로그램에서 만들어 가져오는데, 아직 어렵다면 내 채널 특색을 잘 전달할 수 있는 사진을 넣어보세요. 중요한 것은 내 채널 콘셉트에 맞는 이미지여야 한다는 것입니다.

채널아트 이미지 크기는 기기마다 다양하지만 TV용인 2560×1440픽셀에 맞추면 됩니다. TV용이 가장 커서 다른 기기에서도 깨짐 없이 잘 보이기 때문입니다. TV용 크기로 만들었을 때 데스크톱(2560×423픽셀), 태블릿(1855×423픽셀), 모바일(1546×423픽셀) 등에서는 상하좌우 바깥쪽이 잘릴 수 있으니 중요한 내용이 가운데 오도록 맞추세요.

채널아트 이미지를 만들 때 신경 써야 할 것들

- 추천하는 채널아트 이미지 크기: 2560×1440픽셀, 최대 파일 크기 6MB 이하
- 기기에 따라 잘리지 않도록 사방에 여백을 두고 중요한 그림은 가운데로 맞추기

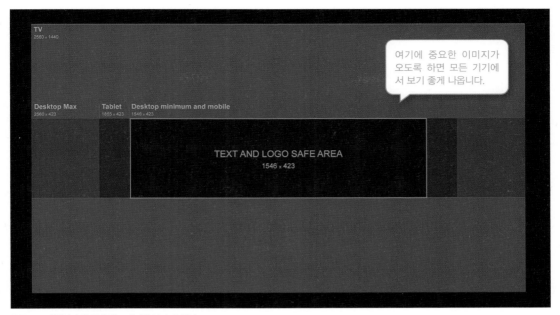

여기에 중요한 이미지가 오도록 하면 모든 기기에서 보기 좋게 나옵니다.

유튜브 고객센터에서 안내하는 기기별 이미지 사이즈

1 이미지 불러오기

유튜브에 로그인한 후 '채널 맞춤설정' 버튼을 클릭합니다. '채널 맞춤설정' 화면이 나타나면 '브랜딩 탭 – 배너 이미지'
에 있는 '업로드'를 클릭합니다.

2 탐색기가 나타나면 파일을 선택한 후 '업로드' 버튼을 클릭합니다. '배너 아트 맞춤설정' 대화상자에 이미지가 나타납니다. 안내선을 드래그해서 각 기기에 맞게 크기를 조정하세요. 원하는 대로 표현되었다면 '완료' 버튼을 클릭합니다.

원본 이미지를 다시 수정하고 싶다면 '취소' 버튼을 클릭한 후 작업하고 다시 불러오면 됩니다.

3 배너 이미지가 적용되어 미리보기로 나타납니다. '게시' 버튼을 클릭해야 최종적으로 반영됩니다. 잘 적용되었는지 확인해야 하니 '채널 보기' 버튼을 클릭하세요.

여기서 '변경' 버튼을 클릭하면 이미지를 다시 등록할 수 있습니다.

4 배너 이미지가 적용된 내 채널이 나타납니다.

4단계: 프로필 이미지 넣기

프로필 이미지란 채널 이름 왼쪽에 있는 동그란 아이콘을 말합니다. 채널 제작자인 나를 대변하기 때문에 '프로필 이미지'라고 부릅니다. 채널 아이콘으로도 사용되고, 댓글을 쓸 때도, 실시간 채팅에도 보이기 때문에 유저와 대화할 때 주인장 느낌을 전할 수 있습니다.

프로필 이미지는 온라인 퍼스널 브랜딩의 기초가 되는 중요한 이미지입니다. 마케팅을 위해서라면 유튜브뿐만 아니라 운영하는 다른 SNS 매체에도 같은 이미지를 사용하는 게 좋습니다. 유저들이 쉽게 알아볼 수 있으니까요. 스마트폰 앱스토어에서 zepeto나 아바타 메이커 등을 활용해 자신만의 아바타를 만들거나 사진을 그림처럼 만드는 스케치 카메라, 포트라, 프리즈마 같은 앱 등을 이용해 개성 있는 프로필을 제작할 수 있습니다.

프로필 이미지 넣기 전/후

프로필 이미지는 유튜브 곳곳에 나타나므로 깔끔하고 단순하게 만드세요. 채널 프로필 이미지의 이상적인 크기는 800×800픽셀(1:1 종횡비)입니다. 이렇게 만들어서 유튜브에 올리면 자동으로 98×98픽셀로 크기가 조절됩니다. 유튜브 채널에서는 사진이 동그란 모양으로 나타나니 테두리가 원 모양으로 잘려도 이상하지 않도록 작업해야 합니다.

프로필 이미지를 만들 때 신경 써야 할 것들

- 유튜브 자동 이미지 사이즈 조정: 98×98픽셀, 4MB 이하 권장
- 추천하는 프로필 이미지 크기: 800×800픽셀, 원 모양으로 나타날 것 생각하고 만들기
- 파일 형식은 JPG, GIF, BMP, PNG

1 채널아트 이미지를 등록할 때와 같습니다. '채널 맞춤설정 – 브랜딩 탭'에 들어간 후 이번에는 '사진'에서 '업로드'를 클릭합니다.

2 탐색기가 나타나면 파일을 선택한 후 '업로드' 버튼을 클릭합니다. '사진 맞춤설정' 대화상자에 이미지가 나타납니다. 안내선을 드래그해서 크기를 조정하세요. 원하는 대로 표현되었다면 '완료' 버튼을 클릭합니다.

3 채널아트 등록 때와 마찬가지로 '게시' 버튼을 클릭해야 최종적으로 반영됩니다. 잘 적용되었는지 확인해야 하니 '채널 보기' 버튼을 클릭해 보세요.

4 프로필 이미지까지 반영된 내 채널이 나타납니다. 채널아트와 프로필 이미지만 넣었는데도 훨씬 낫죠?

5단계: 동영상 워터마크 이미지 넣기
구독 버튼

배너와 프로필 이미지를 등록하면 기본적으로 내 채널에 필요한 이미지 작업은 끝입니다. 추가로 '구독 버튼'이라고 부르는 워터마크 이미지 등록 방법을 알아보겠습니다. 보통 '워터마크 이미지'란 저작권을 표시하기 위한 이미지를 말하는데, 유튜브에서는 구독유도 버튼으로 사용됩니다. 유튜브 영상을 보면 '구독'이라고 표시되는 버튼 있죠? 그 버튼이 워터마크입니다.

워터마크를 다는 것만으로도 구독을 유도할 수 있습니다. 굳이 채널 홈에 들어가지 않아도 동영상을 보다가 바로 구독 버튼을 클릭하면 되니까요. 따라서 전체 디자인 작업을 할 때 구독 버튼의 모양이나 위치를 고정해서 사용하는 것이 좋습니다. 유명한 채널들을 보면 프로필 이미지로 사용하는 로고와 워터마크 이미지를 하나로 사용하는 경향이 있고, 동영상 처음부터 끝까지 노출해 구독을 유도합니다.

세계적으로 유명한 5-Minute Crafts 채널도 그렇습니다. 프로필 이미지 로고를 워터마크로 활용하죠. 워터마크 위로 마우스 포인터를 가져가면 빨간 '구독' 버튼이 자동으로 뜨고, 클릭하면 '구독중'으로 바뀝니다. 다시 클릭하면 구독이 취소되는 식입니다.

구독유도 버튼 이미지

프로필 이미지

유튜브 계정 5-Minute Crafts

워터마크를 적용해도 바로 실행되는 게 아니라 유튜브에서 적용해 줄 때까지 기다려야 하고, 채널마다 적용되는 시점도 다르니 참고하세요. 구글 크롬이 없는 맞춤 YouTube Chromeless 플레이어나 Adobe Flash에서는 채널 워터마크가 표시되지 않습니다. 채널 워터마크는 현재 컴퓨터 및 휴대기기의 가로 모드 보기에서만 제공됩니다.

워터마크 이미지는 1:1 비율의 정사각형 모양으로 150×150픽셀 이상이어야 하며, 파일 크기는 1MB 미만이어야 합니다. 동영상 위에 나타나는 것이기 때문에 배경은 투명하게 처리합니다. 색상은 단순하게 하는 게 작은 화면에서도 이미지가 산만하지 않아 좋습니다.

워터마크 이미지 만들기 요령 – 구독유도 버튼

- 유튜브 워터마크는 구독유도 버튼!
- 추천하는 워터마크 이미지 크기 150×150픽셀 이상, 1:1 비율 정사각형 모양, 파일 크기 1MB 미만
- 투명한 배경, 단순한 색상 추천

1 유튜브 스튜디오 들어가기

유튜브에 로그인합니다. 프로필 이미지를 클릭한 후 'YouTube 스튜디오'를 클릭합니다.

2 유튜브 스튜디오 화면이 나타납니다. 왼쪽 메뉴에서 '맞춤 설정'을 클릭합니다.

3 워터마크 이미지 등록하기

'채널 맞춤설정' 화면이 나타납니다. '브랜딩' 탭의 '동영상 워터마크' 영역에서 '업로드'를 클릭합니다. 탐색기가 나타나면 파일을 선택한 후 '업로드' 버튼을 클릭합니다.

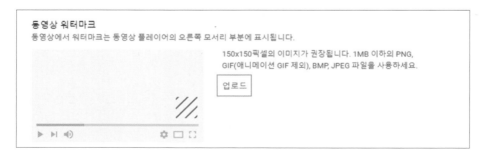

4 '동영상 워터마크 맞춤설정' 대화상자에 이미지가 나타납니다. 안내선을 드래그해서 크기를 조정하세요. 원하는 대로 표현되었다면 '완료' 버튼을 클릭합니다.

5 **동영상에 나타날 시간 선택하기**

워터마크가 나타납니다. 위치는 항상 동영상 플레이어 오른쪽 아래입니다. 이미지를 등록한 후엔 표시 시간을 정해야 하는데, 대부분은 가장 오래 구독을 유도할 수 있어서 '전체 동영상'을 선택합니다. 다 했으면 '게시' 버튼을 클릭해 적용합니다.

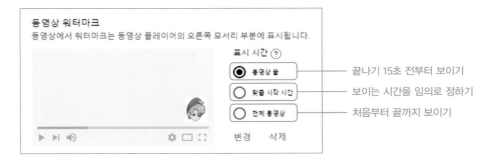

끝나기 15초 전부터 보이기

보이는 시간을 임의로 정하기

처음부터 끝까지 보이기

두근두근 첫 동영상 올리기
유튜브 스튜디오, 예약, 프리미어스 서비스

YouTube 스튜디오가 뭐지?

YouTube 스튜디오는 유튜브에서 제공하는 동영상 관리 기능입니다. '관리'만입니다. 동영상을 찍은 후 편집하는 것은 프리미어 프로나 곰믹스 등 외부 프로그램을 이용해야 하니 헷갈리지 마세요. 내 채널에 동영상을 올리는 것부터 시작해 여러 동영상을 폴더별로 구분해 유저에게 노출하거나 동영상 중간에 광고를 넣고, 내 채널을 분석하는 등 내 채널에 들어온 유저를 유혹하는 데 필요한 다양한 기능을 제공합니다.

가급적 구글 크롬 환경에서 작업하는 게 좋습니다. 유튜브가 구글에서 운영하는 것이라 모든 환경이 구글 크롬에 최적화되어 있습니다. YouTube 스튜디오에 들어오면 왼쪽 메뉴를 주목해주세요. 앞으로 여러분이 자주 사용할 메뉴들입니다.

① 대시보드 새 동영상 올리기, 올린 동영상 설정 수정하기(재생목록, 예약 수정)
② 콘텐츠 동영상 기본정보 수정하기(제목, 설명, 태그 수정)
③ 맞춤설정 채널 첫 페이지 레이아웃, 사진, 배너 이미지, 동영상 워터마크를 입력하는 브랜딩, 채널 기본정보 수정하기

새로 추가된 기능 – 악성댓글 대처법 '보류'

동영상을 올릴 때 여러 기능을 설정할 수 있는데, '댓글 및 평가' 부분에 보류 기능이 추가되었습니다.

유튜버들에게 악성댓글은 큰 문제입니다. 댓글 보류를 설정하면 스팸, 자기 홍보, 의미 없는 말, 기타 부적절할 수 있는 댓글은 YouTube 스튜디오가 자동으로 보류하며, 내가 승인한 후에만 게시됩니다. 채널 보호 수준을 높이고 싶어서 검토 기준을 상향으로 조정하면 보류되는 댓글 수가 너무 늘어나니 신중하게 고려하세요.

동영상 게시 예약과 프리미어스 서비스

유튜브 영상을 올릴 때 게시 날짜와 시간을 예약할 수 있습니다. 이때 'Premieres 동영상'으로 설정할 수 있는데, 프리미어스는 영화나 TV 프로그램 시사회처럼 시청자가 함께 새 동영상을 시청하거나 경험할 수 있는 기능입니다. 척 봐도 이용자들과 소통하려는 기능이죠? 따라서 이 기능은 채널이 활성화되어 기다려 줄 구독자가 어느 정도 모아졌을 때, 티저 영상 홍보나 이벤트용으로 사용하는 게 좋습니다.

동영상 업로드 일정을 세운 후 공유 URL을 받아 팬들에게 미리 알릴 수 있습니다. 프리미어스 시작 2분 전부터 카운트다운이 표시되고, 카운트다운이 끝나면 시청자와 실시간으로 동영상을 함께 시청합니다. 최초 공개 전이나 도중이라도 댓글, Super Cat 실시간 채팅 등을 통해 시청자와 소통할 수 있죠. 동시에 보고 있는 시청자수가 표시됩니다.

1 유튜브 스튜디오 들어가기

유튜브에 로그인합니다. 프로필 이미지를 클릭한 후 'YouTube 스튜디오'를 클릭합니다.

2 유튜브 스튜디오 화면이 나타납니다. 지금은 올린 동영상이 없으니 텅 비어 있죠? 왼쪽 메뉴에서 '대시보드'를 클릭한 후 '동영상 업로드' 버튼을 클릭합니다.

3 '동영상 업로드' 대화상자가 나타나면 '파일 선택' 버튼을 클릭합니다. 탐색기에서 원하는 파일을 선택합니다. 또는 그냥 탐색기에서 이 화면으로 파일을 드래그해도 됩니다.

4 동영상 미리보기 이미지 선택하기

업로드가 완료되면 동영상에서 자동 추출
된 이미지들이 나타납니다. 그중 하나를 클
릭하면 미리보기 이미지로 등록됩니다. 따
로 작업해둔 이미지가 있다면 '미리보기 이
미지 업로드'를 클릭해 가져올 수 있습니다.

화면 아래쪽에 업로드 상황이 나타납니다.

5 동영상 기본정보 입력하기
– 메타데이터

이제 '제목'과 '설명'에 동영상 설명 내용을
입력하세요. 이왕이면 메타데이터를 고려
해서 매력적인 카피를 넣으면 더 좋습니다.
메타데이터는 뒤에서 자세히 설명합니다.

6 재생목록 만들기

재생목록은 이 파일이 들어갈 폴더를 말합
니다. '재생목록'의 '선택'을 클릭한 후 '재생
목록 만들기 버튼 – 새 재생목록'을 클릭합
니다.

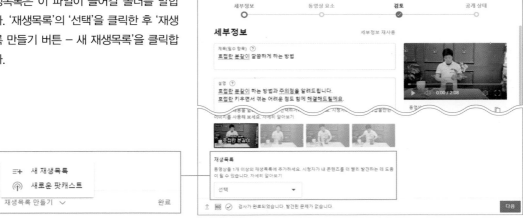

7 '새 재생목록 만들기' 대화상자가 나타납니다. 제목과 설명을 입력하고 '만들기' 버튼을 클릭하면 재생목록이 만들어
집니다.

8 **시청자층 설정하기 – 아동용 여부**

시청자층은 아동용과 아동용이 아닌 동영상으로 나뉘는데, 내 콘텐츠 종류에 따라 선택하면 됩니다. 아동용은 아동용에 맞는 제약이 있습니다. 예제인 '꽃집하는 피터팬'은 아동용 콘텐츠가 아니므로 '아니요, 아동용이 아닙니다.'를 선택하세요.

9 **유료 프로모션 설정**

나중에 '광고, 스폰서십, 보증광고' 같은 유료 광고 콘텐츠를 제작해서 올릴 때는 꼭 여기를 클릭해야 합니다. 지키지 않으면 내 동영상이 노출되지 않을 수도 있습니다.

유료 프로모션

제3자로부터 어떤 형태로든 동영상을 만드는 대가를 받았다면 YouTube에 알려야 합니다.
YouTube는 시청자에게 동영상에 유료 프로모션이 포함되어 있음을 알리는 메시지를 표시합니다.

☐ 동영상에 간접 광고, 스폰서십, 보증광고와 같은 유료 프로모션이 포함되어 있음

이 체크박스를 선택하면 유료 프로모션이 YouTube 광고 정책 및 관련 법규와 규정을 준수한다고 확인하는 것입니다. 자세히 알아보기

10 **태그 입력하기**

그 외 나머지 설정은 그대로 '허용'으로 두고, 태그를 입력합니다.

태그

태그는 동영상의 콘텐츠에 일반적으로 맞춤법이 틀리는 단어가 있을 경우 유용합니다. 그 외에 시청자가 동영상을 찾는 데 있어 태그가 하는 역할은 제한적입니다. 자세히 알아보기

각 태그의 뒤에 쉼표를 입력하세요.   21/500

11 자막 언어 선택하기

자막을 입력하려면 사용 언어를 선택해야 합니다. 동영상 언어는 '한국어'를 선택합니다. 물론 다른 언어로 설명한다면 그 언어를 선택하면 됩니다.

12 녹화 날짜와 위치 추가

시청자들이 위치별로 동영상을 검색할 수 있으니 성실히 입력합니다. 언제 어디서 검색될지 모르니까요.

13 카테고리와 댓글 설정하기 – 악성댓글 보류

'카테고리'를 선택하세요. '댓글 및 평가'에서 '보류'를 선택할 수 있습니다. 내 채널에 맞게 적절히 선택하면 됩니다. 나머지는 다 기본값 그대로 두고 세부정보 화면 아래에 있는 '다음' 버튼을 클릭합니다.

카테고리 선택

댓글 및 평가 선택 – 보류 선택 가능

2단계: 동영상 요소 선택하기

1 '동영상 요소' 화면이 나타납니다. 여기선
자막이나 최종 화면, 카드 기능을 설정할 수
있습니다. 나중에 수정해도 되니 지금은 그
대로 두고 '다음' 버튼을 클릭합니다. 뒤에서
관련 내용을 자세히 설명합니다.

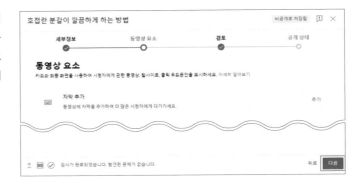

3단계: 저작권 검토하기

1 '검토' 화면이 나타납니다. 저작권에 발
견된 문제가 없다면 그대로 '다음' 버튼을
클릭합니다.

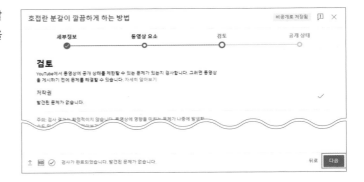

4단계: 공개 여부, 예약 설정하기

1 '공개 상태' 화면이 나타납니다. '비공개,
일부 공개, 공개' 중 선택할 수 있습니다.

2 동영상 게시 예약하기, 프리미어스 설정
'예약'을 클릭하면 예약 날짜와 시간을 지
정할 수 있습니다. 동영상을 게시할 날짜
와 시간을 선택합니다. 여기서 홍보용인
'Premieres 동영상으로 설정'을 선택할 수
도 있습니다.

3 세팅이 끝난 후 '저장'이나 '예약' 버튼을
클릭하면 동영상이 등록됩니다. 게시된 동
영상 링크가 제공되면서 링크 공유 대화상
자가 나타납니다. 이 링크를 복사한 후 위
에 있는 다른 SNS 매체를 클릭해 홍보할
수 있습니다.

4 YouTube 스튜디오 대시보드에 방금 등록한 최신 동영상 정보가 나타납니다.

동영상 미리보기에 맞춤옷 입히기
동영상 섬네일 이미지

미리보기 이미지는 동영상을 올리는 과정 중 자동으로 나타나 선택하기만 하면 됩니다. 그런데 요즘은 따로 제작해서 넣는 일이 많죠. '맞춤 동영상 섬네일 이미지'란 특정 콘셉트를 가지고 제작자가 미리 디자인 작업을 해놓은 이미지를 말합니다.

이런 작업이 필요한 이유는 당연히 구독자를 더 많이 모으기 위해서입니다. 만약 노란색이라는 색감을 기준으로 내 채널 디자인을 통일시켰다면, 내 채널에 익숙해진 유저는 다른 곳에서 노란색 이미지를 만났을 때 내 채널을 떠올리겠죠? 이런 식으로 유저가 내 채널을 기억하게 만드는 효과가 있습니다. 디자인적인 완성도가 높아야 하는 게 아니라 글꼴, 글자 크기, 글자와 그림의 배치, 색감 등을 통일해 내 채널만의 특별한 분위기를 만드는 게 중요합니다.

유튜브에서 시청실적이 우수한 동영상 중 90%는 맞춤 섬네일 이미지를 제공한다고 합니다. 처음부터 미리보기 이미지를 어떻게 만들 것인지 구상한 후 동영상을 촬영하는 게 좋은데, 최대한 고해상도로 만들되 2MB를 넘지 않게 하세요. 크기는 1280×720픽셀로 16:9 비율의 JPG, GIF, BMP 또는 PNG 파일이면 됩니다. 확대하거나 축소해도 크기와 관계없이 보기 좋게 나타나는지, 다른 채널의 미리보기 이미지 속에서 눈에 띄는지, 핵심 정보를 잘 전달하고 있는지 등을 확인하세요. 맞춤 미리보기 이미지를 추가하려면 반드시 계정 인증을 받아야 하며, 계정 상태에 문제가 없어야 하니 참고합니다.

맞춤 동영상 섬네일 이미지를 만들 때 신경 써야 할 것들

- 추천하는 맞춤 미리보기 이미지 크기: 1280×720픽셀, 파일 크기 2MB 미만
- 16:9 비율의 JPG, GIF, BMP, PNG 파일
- 내 채널 콘셉트가 잘 드러나게 할 것

HD 로고, 위치, 크기를 고정해 채널명을 기억하도록 유도하고 있습니다.

유튜브 계정 HD Film Tributes의 미리보기 이미지

1단계: 계정 인증받기

1 원스톱 동영상 올리기 1단계에서 동영상을 올릴 때 미리보기 이미지를 선택하는 과정이 있었죠? 이제 해봅시다. '미리보기 이미지'의 '미리보기 이미지 업로드'를 클릭합니다.

미리보기 이미지

동영상의 내용을 알려주는 사진을 선택하거나 업로드하세요. 시청자의 시선을 사로잡을만한 이미지를 사용해 보세요. 자세히 알아보기

2 '이 기능을 사용할 액세스 권한 받기' 대화상자가 나타납니다. '인증'을 클릭한 후 전화 인증을 진행합니다.

이 기능을 사용할 액세스 권한 받기

맞춤 미리보기 이미지를 추가하려면 우선 전화번호를 확인하세요.

닫기 인증

3 전화 인증 과정은 총 2단계입니다. '문자 메시지로 받기, 자동 음성 메시지로 전화받기' 중 편리한 것을 선택합니다. 보통 '문자 메시지로 받기'를 선택하니 본인 핸드폰 번호를 입력한 후 '코드 받기'를 클릭합니다.

▶ YouTube

전화 인증(1/2단계)
전화번호를 인증하면 YouTube에서 추가 기능을 이용할 수 있으며, 로봇이 아닌 실제 YouTube 크리에이터임을 확인하는 데도 도움이 됩니다. 자세히 알아보기

인증 코드를 어떻게 받으시겠습니까?
◉ 문자 메시지로 받기
○ 자동 음성 메시지로 전화받기

국가 선택
대한민국

전화번호를 입력하세요.
(201) 555-5555

중요: 전화번호당 1년에 2개까지만 채널을 인증할 수 있습니다.

코드 받기

4 핸드폰으로 온 6자리 인증 코드를 입력한 후 '제출'을 클릭합니다.

5 인증 코드가 맞으면 전화번호가 확인되었다는 화면이 나타납니다. 이제 다시 동영상 등록화면으로 이동해 '미리보기 이미지 업로드'를 클릭하세요.

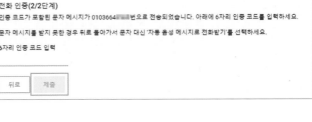

2단계: 맞춤 섬네일 이미지 등록하기

1 이제 등록할 수 있습니다. 유튜브에 로그인한 후 프로필 아이콘을 클릭하고 'YouTube 스튜디오'를 클릭합니다. '대시보드' 탭의 '동영상 업로드' 버튼을 클릭하세요. 또는 프로필 옆에 있는 '동영상 만들기' 버튼을 클릭한 후 '동영상 업로드'를 클릭해도 됩니다.

2 동영상 업로드 과정은 앞에서 설명한 것과 같습니다. 동영상 업로드 세부정보 화면에서 '미리보기 이미지 업로드' 버튼을 클릭합니다.

미리보기 이미지

동영상의 내용을 알려주는 사진을 선택하거나 업로드하세요. 시청자의 시선을 사로잡을만한 이미지를 사용해 보세요. 자세히 알아보기

3 계정 인증을 받았기 때문에 바로 탐색기
가 나타납니다. 파일을 선택한 후 '열기' 버
튼을 클릭합니다.

4 이미지가 나타납니다. 불러온 섬네일 이
미지를 수정하려면 클릭한 후 '변경'을 클릭
하세요. 오프라인으로 저장할 수도 있습니다.

동영상 기본정보 수정하기
제목, 설명, 태그는 메타데이터

기본 메타데이터는 동영상을 유튜브에 올리는 과정 중에 입력하게 됩니다. 앞에서 대충 건너뛰었으니 여기서 자세히 알아보겠습니다. 제목과 설명의 첫 두 줄은 유튜브에 노출되기 때문에 핵심 키워드, 연관 키워드, 유사 키워드를 사용하여 문장을 만드는 것이 좋습니다. 주의할 것은 해당 동영상을 잘 설명할 수 있도록 노력해야 한다는 점입니다. 즉, 말이 되게 쓰는 것이 중요합니다. 연관 없는 태그는 배제하고, 순수하게 동영상을 잘 설명하겠다는 생각으로 쓰세요.

이때, 태그는 구글 트렌드나 구글 애드센스의 키워드 플래너를 통해 선택하면 더 효과적입니다. 해시태그는 15개까지 넣을 수 있는데, 그 이상이면 유튜브 검색에 아예 노출되지 않으니 10개 이내로 사용하세요.

내용 작성 시엔 단순히 키워드를 늘어놓을 게 아니라 자연스러운 문장으로 동영상 내용을 간략하게 설명합니다. 가장 중요한 키워드를 설명 앞쪽에 넣는 것이 좋습니다. 동영상 내용을 나타내는 주요 단어 1~2개를 파악해 설명과 제목을 작성할 때 그 단어를 눈에 띄는 곳에 배치합니다. 설명을 작성할 때 내용과 관련이 없는 단어 사용은 피해야 합니다. 시청 경험의 질이 떨어질 수 있고, 유튜브 정책을 위반해 벌점을 받을 수도 있습니다.

메타데이터 입력 요령

- 구글 트렌드나 구글 애드센스 키워드 플래너를 통해 핵심 키워드와 연관 검색어 찾기
- 제목: 핵심 키워드 넣기
- 설명: 2줄, 핵심 키워드 한 번 더 반복, 연관 검색어 사용하되 자연스럽게!
- 태그: 10개 이내

1 동영상 기본정보 수정하기 – '콘텐츠' 메뉴

유튜브 스튜디오에 들어간 후 '콘텐츠' 메뉴를 클릭합니다. 현재 업로드되어 있거나 임시저장 중인 전체 동영상 리스트가 나타납니다. 수정하고 싶은 동영상의 제목 부분을 클릭합니다.

2 동영상 제목과 설명 입력하기

동영상 세부정보 화면이 나타나면 수정한 후 '다음' 버튼을 클릭하면 됩니다. '제목'에는 검색되고 싶은 핵심 키워드가 들어가야 합니다. 설명에는 제목에 썼던 핵심 키워드를 한 번 더 넣는 게 좋습니다. 영상의 '더보기' 아이콘을 클릭하기 전에는 처음 두 줄만 노출되니 핵심적인 내용을 두 줄 이내에 담습니다.

3 태그 입력하기

태그는 직접적인 검색 키워드입니다. 어떤 단어로 검색할 때 내 동영상이 나타나게 하고 싶은지를 정해 10개 이내로 입력합니다.

채널 홍보부터 설문조사, 링크까지
알수록 유능하잖아

카드

카드 서비스가 왜 필요하지?

동영상 재생 도중 오른쪽 위에 몇 초간 문구나 아이콘이 나타나고, 그걸 클릭했을 때 다른 영상이 재생되는 걸 본 적이 있을 겁니다. 이런 것이 카드 서비스 기능입니다.

유저가 아이콘이나 티저 텍스트를 클릭하면 오른쪽 그림처럼 영상 위로 배너가 펼쳐 집니다. 정해진 시간에 자동으로 카드가 나타나도록 설정할 수도 있는데, 결국 유저 가 카드를 클릭해야 연결된 영상이나 광고가 뜹니다. 그래서 티저 텍스트 내용이 중 요하죠. 관심 있을 만한 내용을 잘 담아서 궁금증이 생기도록 유도하세요.

카드 서비스 아이콘을 클릭했을 때

카드 서비스의 장점은 최종 화면 서비스와 마찬가지로 크리에이터가 원하는 다른 동 영상을 추천하고, 이를 통해 동영상 시청시간과 횟수를 늘릴 수 있다는 점입니다. 예를 들어, 패션 유튜버가 현재 보여주고 있는 옷과 관련된 동영상을 카드로 안내하 면, 유저가 카드를 클릭해 쇼핑몰이나 브랜드와 관련된 동영상을 시청할 확률이 올 라가는 식입니다. 내 채널에 들어온 유저가 연속적으로 내 채널의 다른 동영상을 보 도록 유도할 수도 있고, 강의 영상이라면 관련 영상을 홍보할 수도 있는 등 활용에 따라 채널 운영에 큰 도움이 됩니다.

카드 서비스 종류

카드는 동영상, 재생목록, 채널, 링크 4가지 타입이 있습니다.

1. 가장 많이 사용하는 동영상 카드는 내 채널에 올린 다른 동영상으로 연결합니다.
2. 재생목록은 카드에 있는 재생목록 중 하나를 선택하면 해당 동영상으로 연결합니다.
3. 채널 카드는 다른 채널 동영상으로 연결합니다. 새로 키우는 채널이 있을 때 사용합니다.
4. 링크 카드는 연결 사이트, 상품 사이트, 크라우드 펀딩 사이트 등 승인된 링크로 연결합니다. 아무 사이트나 다 연결할 수 있는 것은 아니고, 유튜브 파트너 프로그램에 가입되어 있어야 사용할 수 있습니다.

유튜브 계정 애니멀봐의 동영상 카드

카드 추가 – 동영상 요소 화면

카드는 새 동영상을 등록하는 과정 중 나타나는 '동영상 요소' 화면에서 추가할 수도 있고, 그냥 올렸다가 나중에 추가할 수도 있습니다.

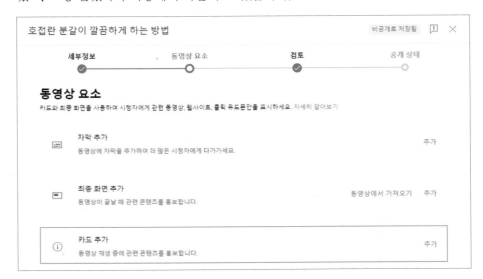

1 카드 넣기 – 콘텐츠 메뉴

유튜브 스튜디오에 들어간 후 '콘텐츠' 메뉴를 클릭합니다. 현재 업로드한 전체 동영상 목록이 나타납니다. 카드를 넣을 동영상 제목 부분을 클릭합니다.

2 동영상 세부정보 화면

동영상 세부정보 화면이 나타납니다. 오른쪽 아래에서 '카드'를 클릭합니다.

3 카드 종류 선택하기

카드 선택 대화상자가 나타나면 카드 종류를 선택합니다.

4 '특정 동영상 선택' 대화상자가 나타나면 연결하고 싶은 동영상을 선택합니다.

5 티저 텍스트 입력하기

선택한 동영상 정보가 나타나면 카드에 나타날 내용을 입력합니다. '맞춤 메시지'는 유저에게 직접 말하듯 동영상을 설명하는 내용으로 쓰면 됩니다. '티저 텍스트'는 카드 아이콘 위로 마우스 포인터를 가져갔을 때 자동으로 나타나는 한 줄 카피입니다. 궁금증을 일으킬 만한 내용으로 써보세요.

6 카드 노출 시각 정하기

이제 카드가 자동으로 나타날 시각을 정한 후 '저장' 버튼을 클릭합니다. 아래쪽 타임라인에서 가장 효과적인 곳을 찾아 파란 포인터를 드래그하면 됩니다.

파란 포인터가 있는 곳에서 티저 텍스트가 자동으로 나타납니다. 여기서는 영상 재생 후 '30초'가 지난 시점에 나타나게 설정한 상태입니다.

7 유저가 동영상을 보기 시작한 지 30초가 되면 티저 텍스트가 나타나고, 클릭하면 연결된 동영상이 재생됩니다.

내 동영상 정리하기
재생목록

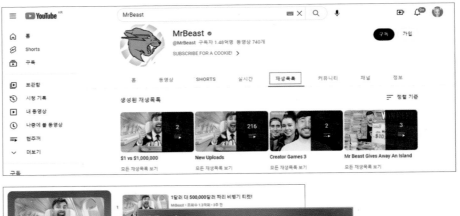

'재생목록'은 동영상을 종류별로 모아 폴더를 만든다고 생각하면 됩니다. 예를 들어 반려동물 콘텐츠를 다룬다면 '강아지', '고양이' 식으로 재생목록을 만들어 관련 동영상을 모아 놓는 거죠. 내가 올린 강아지 영상을 보러 왔던 시청자는 동영상 하나를 보러 들어왔다가 그 재생목록 안의 다른 영상들까지 계속 보게 되겠죠? 이것이 재생목록을 만드는 이유입니다.

재생목록은 새 동영상을 등록할 때 만들 수도 있고, 나중에 따로 여러 동영상을 모아 하나의 재생목록으로 만들 수도 있습니다. 재생목록을 잘 지정해 놓으면 섹션에서 효과적으로 사용할 수 있습니다.

> 재생목록 안에 들어 있는 216개의 동영상이 들어 있고, '모두 재생'할 수 있습니다.
>
> 동영상 하나 보러 들어왔다가 다른 동영상도 더 보도록 유도할 수 있는 장치 중 하나입니다.

방법 1. 먼저 재생목록을 만들고, 동영상 추가하기 – 콘텐츠 메뉴

1 유튜브 스튜디오에 들어간 후 '콘텐츠' 메뉴의 '재생목록' 탭을 클릭합니다.

2 처음에는 '재생목록이 없습니다.'라는 문구가 나타납니다. 위쪽의 '만들기' 버튼을 클릭한 후 '새 재생목록'을 클릭합니다.

3 공개/비공개 설정하기
'새 재생목록 만들기' 대화상자가 나타납니다. 재생목록 이름과 설명을 입력합니다. 여기서 재생목록 공개 여부를 선택할 수 있습니다. '공개'를 클릭한 후 '만들기' 버튼을 클릭합니다.

4 동영상 추가하기

재생목록을 공개로 설정했어도 적용된 동영상이 없으면 비공개로 나타납니다. 당황하지 말고 원하는 동영상을 추가하면 됩니다. 재생목록 섬네일 이미지를 클릭합니다.

5 재생목록 상세화면이 나타나면 더 보기 아이콘을 클릭한 후 '+동영상 추가'를 클릭하세요.

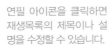 연필 아이콘을 클릭하면 재생목록의 제목이나 설명을 수정할 수 있습니다.

6 '재생목록에 동영상 추가' 대화상자가 나타납니다. 이 재생목록에 넣고 싶은 동영상을 선택한 후 '동영상 추가' 버튼을 클릭합니다.

7 오른쪽에 선택한 동영상들이 나타납니다. 동영상을 등록할 때 재생목록을 선택해서 등록해도 됩니다.

8 재생목록 수정하기

수정하고 싶은 재생목록 위로 마우스 포인
터를 가져가면 수정, 재생, 더 보기 아이콘
이 나타납니다. 연필 모양의 수정 아이콘을
클릭한 후 수정하면 됩니다.

9 재생목록 삭제하기

수정하고 싶은 재생목록 위로 마우스 포인
터를 가져간 후 더보기 아이콘을 클릭합니
다. 단축메뉴가 나타나면 '재생목록 삭제'를
클릭합니다. 확인 대화상자에서 다시 '삭제'
버튼을 클릭하면 삭제됩니다.

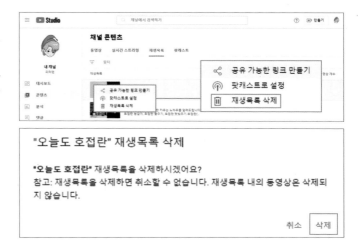

방법 2. 동영상 처음 등록할 때 재생목록 추가하기

동영상을 처음 업로드하면 '세부정보' 화면이 나타나는데, 여기서 '재생목록'의 '선택' 부분을 클릭합
니다. '재생목록 만들기' 버튼을 클릭, '새 재생목록'을 클릭하면 됩니다. 이후 과정은 똑같습니다.

내 동영상 정리하기
섹션

'섹션'이란 내 채널 홈 화면을 구획 지어 깔끔하게 정리하는 것을 말합니다. 섹션을 잘 정리해 놓으면 내 채널을 방문한 유저에게 정리된 콘텐츠 목록을 보여줄 수 있고, 유저는 원하는 콘텐츠를 쉽게 찾을 수 있습니다. 그냥 놔두면 이런저런 동영상이 마구 섞여 있어 뭐부터 봐야 할지 모르게 될 테니까요.

섹션 메뉴는 크게 동영상, 재생목록, 채널 3개로 구분되어 있고, 이 중 내가 보여주고 싶은 것만 선택하면 됩니다. 유튜브가 UI를 변경하는 방향은 '편리함'입니다. 그래서 그런지 여러 항목을 선택해도 별다른 설정 없이 선택한 순서 그대로 자동으로 구성됩니다. 순서를 바꿀 수도 있으니 편하게 선택하세요. 적용하면 각 섹션 사이에 구분선이 나타납니다.

동영상 섹션: 내가 올린 모든 동영상이 나타납니다.

인기 동영상 섹션: 전체 동영상 중 조회수가 높은 순으로 나타납니다.

1 레이아웃 화면에 들어가기 - 맞춤설정 메뉴

유튜브 스튜디오에 들어갑니다. '맞춤설정' 메뉴를 클릭한 후 '레이아웃' 탭을 클릭합니다. '추천 섹션' 오른쪽의 '+ 섹션 추가'를 클릭합니다.

2 다양한 섹션 메뉴가 나타납니다. 올린 동영상이 아무것도 없을 때는 섹션을 나눌 게 없어서 책과 똑같은 화면이 나타나지 않을 수 있으니 참고하세요.

3 순서 바꾸기

동영상, 재생목록, 채널 중 보여주고 싶은 형식을 선택하면 그대로 구성되어 화면에 나타납니다. 여러 항목을 선택해도 별다른 설정 없이 차례대로 고정된 틀로 자동으로 구성됩니다. 섹션 옆의 = 표시를 클릭한 후 드래그하면 위아래 순서를 바꿀 수 있습니다.

4 섹션 삭제하기

삭제할 섹션 오른쪽 부분으로 마우스 포인
터를 가져가면 '옵션' 버튼이 자동으로 나타
납니다. 클릭한 후 '섹션 삭제'을 클릭합니
다. 섹션만 삭제될 뿐 실제 동영상은 지워
지지 않습니다.

5 다 되었으면 '게시' 버튼을 클릭합니다.
'게시' 버튼을 클릭하지 않으면 적용되지 않
으니 주의하세요.

6 내 채널 홈 화면에 섹션이 적용됩니다.
관련 동영상이 없는 섹션은 나타나지 않습
니다.

유튜브 공짜 동영상 편집기

동영상 트랙

동영상 일부 자르기, 초상권 보호를 위한 블러 효과 넣기, 무료 음악 추가, 최종 화면과 카드 삽입 등 외부 프로그램 없이도 유튜브 안에서 간단한 편집이 가능합니다. 전보다 기능이 많아졌고, UI도 편해졌죠. 메뉴 구성이 직관적이라 특별한 설명 없이도 쉽게 사용할 수 있습니다. 화면 왼쪽 메뉴를 선택한 후 미리보기 화면을 확인하면서 아래쪽 트랙에서 작업하면 됩니다. 트랙은 선택한 메뉴에 따라 바뀌어 나타납니다.

① 미리보기 영역
② 작업할 메뉴 선택
③ 카드 트랙 카드가 나타날 시각을 설정하고 수정합니다.
④ 오디오 트랙 오디오를 삽입하거나 교체합니다.
⑤ 동영상 트랙 동영상이 나타납니다. 미리보기 영상을 확인하며 자르기 작업을 할 수 있습니다.

1 동영상 편집기 실행하기

유튜브 스튜디오에 들어간 후 '콘텐츠' 메뉴를 클릭합니다. 현재 업로드된 전체 동영상이 나타납니다. 편집할 동영상 제목을 클릭합니다.

2 '동영상 세부정보' 화면이 나타나면 '편집기' 메뉴를 클릭합니다.

3 '동영상 편집기'가 나타나면 '자르기 및 Cut'의 '+' 부분을 클릭합니다.

4 '자르기 및 Cut' 화면이 나타납니다. 아래쪽에 동영상 트랙에 전체 구간을 표시하는 파란 영역이 나타납니다. '+ 새로운 구간 잘라내기'를 클릭합니다.

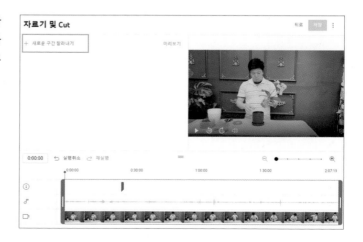

5 잘라낼 구간을 표시하는 빨간 영역이 나
타납니다. 미리보기 화면을 보면서 이 부분
을 드래그해 삭제할 부분을 설정한 후 확인
버튼을 클릭합니다. 취소하려면 취소 버튼
을 클릭하세요.

6 '잘라낼 구간 1'로 표시됩니다. 오른쪽에
있는 삭제 버튼을 클릭하면 구간을 삭제할지
를 확인하는 대화상자가 나타납니다. '구간
삭제' 버튼을 클릭하면 완전히 삭제됩니다.

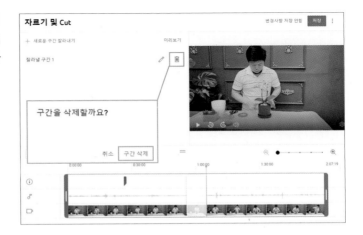

7 삭제 후 '저장' 버튼을 클릭해야 최종적으
로 적용됩니다. '변경사항 저장 안함'을 클릭
하면 취소됩니다.

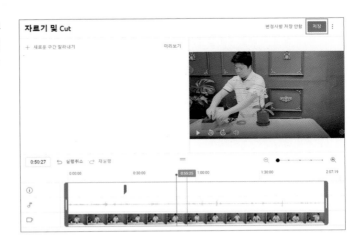

유튜브 공짜 동영상 편집기
블러 트랙

유튜브 동영상 편집기 블러는 2가지 기능이 있습니다. '얼굴 흐리게 처리'는 편집기가 자동으로 영상 속 얼굴을 찾아 흐리게 처리합니다. '맞춤 흐리게 처리'는 원하는 곳만 흐리게 처리할 수 있습니다.

특히 '맞춤 흐리게 처리'는 직사각형이나 타원 모양으로 흐리게 처리할 모양을 선택할 수 있고, 영상에서 흐리게 할 곳을 찾을 때도 개체 추적이나 위치 고정 중 선택할 수 있습니다. 예를 들어 다른 방송 화면을 갖다 쓰는데 노출되면 안 되는 고정 로고가 있다면 고정 위치에 모양으로 적용하는 게 좋겠죠. 여기저기 위치가 바뀌는 자동차 번호판이라면 특정 개체를 따라다니면서 흐리게 처리할 수 있을 겁니다.

1 얼굴 흐리게 처리

'동영상 편집기' 화면에 들어가 '블러'의 '+'
를 클릭한 후 '얼굴 흐리게 처리'를 클릭합
니다.

2 '얼굴 선택' 대화상자가 나타납니다. 자
동으로 영상에 있는 사람 얼굴을 모두 찾아
보여줍니다. 이 중 흐리게 처리할 인물을
선택한 후 '적용' 버튼을 클릭합니다.

3 블러 트랙이 추가되고, 편집기는 영상
전체에서 선택한 얼굴을 찾기 시작합니다.

4 선택한 얼굴에 블러가 적용됩니다.

5 블러 시간 조정하기

블러 시작과 끝 시간을 조정할 수도 있습니다. 시각 부분을 직접 클릭한 후 0분에서 시작되던 것을 1분으로 수정하면, 1분 후부터 블러가 적용됩니다. 또는 트랙에서 드래그해서 시간을 조정할 수도 있습니다. '저장' 버튼을 클릭해 작업을 적용합니다.

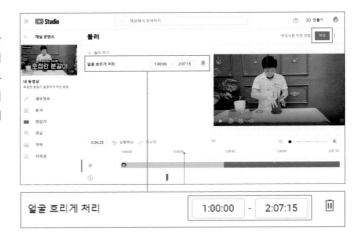

6 맞춤 흐리게 처리

흐리게 처리할 모양을 선택하고, 개체를 따라다니며 흐리게 처리할지, 고정 위치를 흐리게 처리할지를 선택하면 됩니다. 다른 것은 다 똑같습니다.

유튜브 공짜 동영상 편집기

오디오 트랙

오디오 보관함에 있는 음악들은 유튜브가 영상 제작을 돕기 위해 무료로 제공하는 것들입니다. 단, 유튜브에 올리는 영상에만 사용할 수 있으니 주의하세요. 다른 곳에 사용하면 저작권 문제에 휘말리고, 유튜브 계정에도 문제가 생깁니다. 음악을 만드는 아티스트라면 공식 아티스트 채널을 개설하고, YouTube 서비스 디렉터리에 명시된 음악 파트너를 통해 내 음악을 배포할 수 있습니다. 이후 유튜브나 유튜버가 음악을 사용하면 일정 비율의 수익을 분배받는 구조입니다.

유튜브 스튜디오 대시보드에서 '오디오 보관함'을 클릭하면 바로 나타납니다. 오디오 보관함과 동영상 재생기가 호환되어 편하게 사용할 수 있고, 각 음악을 MP3 파일로 내려받아 외부 편집 프로그램에서 사용할 수도 있습니다.

플레이 버튼 ▶을 클릭해 음악을 들어보세요. 마음에 들면 ☆를 클릭해 '별표표시' 탭에 모아둘 수 있습니다. '추가된 날짜' 위로 마우스 포인터를 가져가면 '오프라인 저장'으로 바뀝니다. 클릭하면 내려받을 수 있습니다.

1 '동영상 편집기' 화면에 들어가 '오디오'
의 '+' 부분을 클릭합니다.

2 '오디오' 화면의 '음악' 탭이 나타납니다.
다양한 음악이 있고, 플레이 버튼 ▶을 클
릭해 미리 들어보고 선택할 수 있습니다.

3 오디오 추가/삭제하기

원하는 음악 위로 마우스 포인터를 가져가
면 '추가' 버튼이 나타납니다. '추가'를 클릭
하면 오디오 트랙이 추가됩니다. 추가된 후
엔 '삭제' 버튼으로 바뀝니다.

4 음악 재생 구간 조정하기

선택한 음악을 영상 전체에서 재생할지, 일부 구간에만 재생할지 설정해 보세요. 오디오 트랙에서 음악을 적용할 부분을 마우스 드래그하면 조정할 수 있습니다.

이 파란 막대의 왼쪽과 오른쪽을 드래그해서 조정하면 됩니다.

5 믹스 수준 조정하기

믹스 수준이란 소리 크기를 말합니다. 추가한 오디오 트랙 왼쪽에 있는 '믹스 수준 조정' 아이콘을 클릭합니다. 슬라이더가 나타나면 드래그해 소리 높낮이를 조정하면 됩니다. 오디오 작업을 다 한 후에는 반드시 '저장' 버튼을 클릭해 적용합니다.

소리를 최고로 하면 본 영상 소리는 거의 들리지 않으니 주의하세요. 본 영상 소리가 들리게 하려면 최소로 설정하는 게 좋습니다. 정밀한 조정은 외부 동영상 편집 프로그램을 사용하는 것이 좋고, 이 기능은 본 영상 소리를 아예 없애고 싶거나, 오디오가 너무 비어서 잔잔한 음악이라도 깔아줘야 할 때 사용하세요.

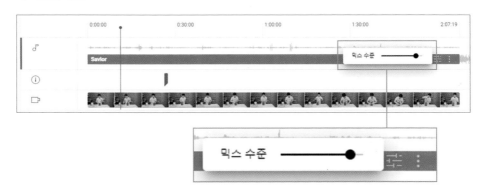

'음악' 탭에 원하는 음악이 없을 때 – 오디오 보관함 이용하기

1 검색 조건 설정하기

'보관함 검색 또는 필터링' 글자를 클릭한 후 무엇을 기준으로 검색할지 선택합니다. 상세 검색 항목이 나타나면 원하는 것을 선택한 후 '적용'을 클릭합니다.

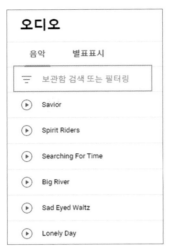  

2 검색 조건에 맞는 음악들이 나타납니다.

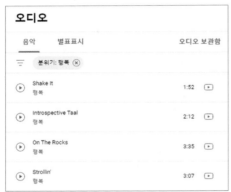 

3 '오디오 보관함'에서 마음에 든 음악의 ☆를 클릭해 두었다면 '별표표시' 탭에 나타나 바로 사용할 수 있습니다. '오디오 보관함' 탭을 클릭하면 '오디오 보관함'으로 이동합니다.

유튜브 공짜 동영상 편집기

최종 화면 트랙

최종 화면은 동영상 마지막 화면을 말합니다. 이 화면에서 구독을 요청하거나 내 채널의 다른 동영상을 안내해 계속 머물며 영상을 보도록 유도할 수 있습니다. 유튜버들이 최종 화면을 공들여서 제작하는 건 한 명이라도 더 구독시키거나 추가 영상을 보도록 하려는 것입니다.

구체적으로 말하면 '최종 화면 추가'란 동영상 끝부분 5~20초 구간에 구독 버튼과 추천 동영상 카드를 넣는 기능입니다. 시청자에게 추천하고 싶은 동영상이나 구독 버튼 등 4가지 요소를 넣을 수 있는데, 끝까지 만족스럽게 시청한 시청자에게 자연스럽게 다른 콘텐츠 시청을 유도해 조회수와 시청시간을 늘리는 방법이죠.

내 채널 이미지를 유저에게 각인시키고 싶다면, 마지막으로 보일 최종 화면 이미지도 신경 써서 만들어야 합니다. 따로 이미지나 배경을 만든 후 매번 동영상 끝부분에 붙이고 동영상, 재생목록, 구독, 채널, 링크 등의 홍보 요소가 잘 보이도록 설정하는 게 좋습니다.

1 동영상 편집기 화면에 들어가 '최종 화면'의 '+'를 클릭하면 단축메뉴가 나타납니다. 여기에서 최종 화면에 넣을 것을 선택할 수 있습니다. 일단 '템플릿 적용'을 클릭해 보세요.

2 **최종 화면 템플릿 선택하기**
최종 화면 트랙이 나타납니다. 6가지 템플릿 중 원하는 형식을 클릭하세요. '동영상'이란 연결할 동영상이나 재생목록을, '구독'은 구독유도 버튼을 말합니다.

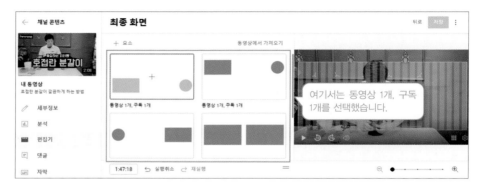

3 **최종 화면 요소 추가**
원하는 템플릿을 클릭하면 미리보기 화면에 템플릿이 적용됩니다. 템플릿에 없는 요소를 추가하고 싶다면 '+ 요소'를 클릭하세요. 동영상, 재생목록, 구독, 채널, 링크 등을 선택할 수 있습니다.

4 동영상 요소 넣기

미리보기 화면에서 동영상이 들어갈 부분을 클릭하면 '동영상 요소' 옵션이 나타납니다. '시청자 맞춤'은 유튜브가 자동으로 선정한 동영상을 이 자리에 넣는 옵션입니다. 직접 선택하고 싶다면 '특정 동영상 선택'을 클릭합니다.

5

'특정 동영상 선택' 대화상자가 나타납니다. 내 채널에 있는 동영상 중 클릭하면 됩니다. 만약 다른 채널에 있는 동영상을 넣고 싶다면 '다른 채널의 동영상 검색'을 선택한 후 검색해서 적용하면 됩니다.

6 위치와 크기 조정하기

미리보기 영역에 선택한 동영상이 나타납니다. 파란 선을 클릭한 후 드래그하면 동영상이 나타날 위치나 크기를 조정할 수 있습니다.

7 노출 시간 조정하기

최종 화면이 나타날 시각을 조정하고 싶다
면, 최종 화면 트랙에 있는 구독 요소와 동
영상 요소 앞부분의 파란 선을 앞뒤로 드
래그하면 됩니다. 또는 노출 시간 부분을
클릭해 직접 입력할 수도 있습니다. 다 되
었으면 위쪽의 '저장' 버튼을 클릭해 적용
합니다.

8 최종 화면 확인하기

프로필 이미지를 클릭한 후 '내 채널'을 클
릭합니다.

9 작업한 동영상을 클릭하면 동영상이 재
생됩니다. 최종 화면에 구독 요소와 동영상
요소가 적용된 것을 확인할 수 있습니다.
구독 요소 위로 마우스 포인터를 가져가면
하얀색 구독 버튼 박스가 나타납니다.

글로벌 시대잖아

자막, 자동번역

K컬처에 세계의 관심이 몰리는 이때 자막 설정은 각국의 구독자에게 어필할 수 있는 중요한 요소입니다. 유튜브가 설치된 기기별로 언어와 위치를 선택할 수 있으니 자막을 다양하게 작성해 보세요.

외국어를 잘하지 못해도 포기할 필요 없습니다. 동영상 제목이나 소개 정도의 메타데이터는 구글 번역이나 파파고 등 번역 사이트를 이용하면 간단하게 다양한 나라의 언어로 제공할 수 있으니까요. 사실, 귀찮아서 안 하는 것이지 하려고만 하면 전 세계 구독자를 모을 기회이기도 합니다.

유튜브 스튜디오 자동번역 기능을 활용하면 손쉽게 한글 자막을 원하는 언어로 번역해서 서비스할 수 있습니다. 자막 양이 많다면 자막 파일을 따로 만들어 올릴 수도 있으니 조금 더 관심 있게 살펴보세요. 생각보다 쉬울 겁니다.

1 기본 언어 설정하기

유튜브 스튜디오에 들어간 후 '자막' 메뉴를
클릭합니다. 동영상 제목 부분을 클릭합니다.

2 '동영상 자막' 화면이 나타납니다. 여기서

내 채널 기본 언어를 선택합니다. '언어 설정'
부분을 클릭한 후 나타나는 여러 언어 중 '한
국어'를 선택하세요. '채널 기본값으로 지정'
이 체크되어 있는지 확인한 후 '확인' 버튼을
클릭합니다.

3 자막 추가하기

내 채널 기본값이 한국어로 지정되었습니다.
오른쪽에 있는 '추가' 버튼을 클릭합니다.

4 자막을 추가할 수 있는 화면이 나타납니

다. 자막을 추가할 방법을 선택하세요.

자막 추가 – 파일 업로드 선택하기

1 '파일 업로드'를 클릭하면 '자막 파일 유형 선택' 대화상자가 나타납니다. 타이밍이 포함된 자막 파일이 따로 있다면 '타이밍 포함'을 선택하세요. 아니라면 '타이밍 제외'를 선택한 후 TXT 파일로 자막을 만들어서 올리면 됩니다. 자막 파일을 만드는 방법은 바로 뒤에 이어 설명합니다. 여기서는 '타이밍 포함'을 선택한 후 '계속' 버튼을 클릭합니다.

2 '+ 자막'을 클릭하면 나타나는 탐색기에서 자막 파일을 선택한 후 '열기' 버튼을 클릭합니다. 자막 트랙이 추가되면서 자막이 나타납니다.

3 자막 수정하기

– 내용을 수정하려면 고치고 싶은 자막을 클릭한 후 직접 다시 입력하면 됩니다.
– 삭제 아이콘을 클릭하면 해당 내용이 삭제되고, 아래쪽의 '실행 취소'를 클릭하면 직전 상태로 되돌릴 수 있습니다.
– 아래쪽에 나타난 자막 트랙을 마우스로 드래그하면 미리보기 화면에서 자막 상태를 편하게 확인할 수 있습니다.
– 작성이 끝난 후 '게시' 버튼을 클릭하면 적용됩니다.

자막 추가 – 자동 동기화, 직접 입력 선택하기

1 자동 동기화로 입력하기

'자동 동기화'를 선택하면 영상을 보면서 직접 자막을 입력하거나 스크립트를 등록할 수 있습니다. 그러면, 자막 타이밍이 동영상에 맞게 자동으로 설정됩니다. 단, 타이밍이 설정되고 영상에 반영되기까지는 시간이 꽤 걸릴 수 있습니다.

2 '동영상의 스크립트 입력'을 클릭한 후 자막을 입력합니다. 자막 트랙이나 미리보기를 재생하면서 적절한 타이밍에 자막을 넣으세요.

3 직접 입력하기

'직접 입력'을 선택하면 자막 입력란이 나타납니다. '+ 자막'을 클릭하면 아래쪽에 새로운 자막 입력란이 나타나 추가로 계속 입력할 수 있습니다. 자막 트랙을 마우스로 드래그해 자막이 적용되는 구간을 조정합니다. 작성이 끝난 후 '완료' 버튼을 클릭하면 적용됩니다.

자동번역으로 외국어 자막 넣기

한국어 자막이 있으면 자동번역 기능을 사용해 제2, 제3의 외국어 자막도 쉽게 적용할 수 있습니다.
자동번역을 사용하려면 한국어 자막이 있는 상태여야 합니다.

1 유튜브 스튜디오에 들어간 후 '자막' 메뉴의 '언어 추가'를 클릭합니다. 원하는 나라의 언어를 선택하세요.

2 동영상 자막 화면에 영어 자막이 추가됩니다. '자막'에 있는 '추가' 버튼을 클릭합니다.

3 자막 추가 화면이 나타납니다. 한글로 자막을 등록할 때와 다르게 '자동 번역'이라는 메뉴가 나타납니다. '자동 번역'을 클릭합니다.

4 원래 있던 한글 자막이 자동으로 영어로 번역되어 나타납니다. 해당 언어를 잘 몰라도 한글 자막과 함께 나오기 때문에 어떤 내용인지 쉽게 이해할 수 있습니다. 확인한 후 '게시' 버튼을 클릭해 적용합니다.

5 제목 및 설명 추가

영어 자막이 '게시됨'으로 바뀌었습니다. 외국인 구독자들을 위해 영어로 '제목 및 설명'도 추가하면 좋겠죠. '제목 및 설명'에 있는 '추가' 버튼을 클릭합니다. 최신 수정된 항목이 상위에 나타납니다.

6 한국어와 영어의 '제목'과 '설명' 항목이 나타납니다. 아쉽게도 여기서는 자동 번역이 적용되지 않습니다. 구글 번역이나 파파고 등을 통해 번역한 후 내용을 복사해서 붙여 넣으세요. 다 되었으면 '게시' 버튼을 클릭합니다.

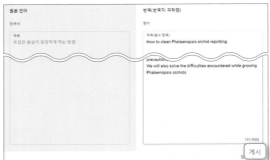

7 영어 자막의 '제목 및 설명'이 '게시됨'으로 바뀌었습니다. 여기까지 하면 끝입니다. 수정할 때는 이 화면에서 '수정'을 클릭한 후 바꾸면 됩니다.

8 동영상을 재생하면 영어 자막을 확인할 수 있습니다.

만약 자막이 나오지 않는다면 유튜브 설정 아이콘을 클릭한 후 자막을 '사용'으로 선택했는지 확인하세요.

글로벌 시대잖아
자막 파일 만들기

앞에서 자막을 추가할 때 '파일 업로드'를 선택해 타이밍이 포함된 자막 파일을 가져 왔었죠? 여기서는 그 파일을 만드는 방법을 알아보겠습니다. 기본이 되는 SubRip, SubViewer 파일을 메모장으로 만들어 보겠습니다.

자막 파일 형식

자막을 저장하는 파일 형식은 다양한데, 처음엔 그냥 .srt나 .sub로 저장하면 됩니다. 기본 타이밍 정보만 입력하면 돼서 편하고, 메모장 같은 간단한 텍스트 편집 프로그램을 사용해 수정할 수도 있습니다. 파일 형식은 이런 게 있구나 정도만 알아두고 넘어가세요.

파일형식 이름	파일 확장자	추가 정보
SubRip	.srt	이 파일의 경우 기본 버전만 지원됩니다. 마크업 등의 스타일 정보는 인식되지 않습니다. 파일은 일반 UTF-8이어야 합니다.
SubViewer	.sub 또는 .sbv	
MPsub (MPlayer 자막)	.mpsub	'FORMAT=' 매개변수가 지원됩니다.
LRC	.lrc	마크업 등의 스타일 정보는 인식되지 않지만 고급 형식이 지원됩니다.
Videotron Lambda	.cap	주로 일본어 자막에 사용됩니다.

타이밍 포함 자막 파일 만들기

.srt나 .sub 파일은 자막 시작 및 중지 시간 형식에 큰 차이가 있습니다. 다음 예시를 보고 차이를 파악해 두세요. 여기서는 srt로 자막 파일을 만들어 봤습니다. 자막 쓸 때 글자가 너무 많으면 읽기 힘들고, 자막이 영상을 가리면 안 되니 캡션당 2줄, 32자 이내로 작성합니다.

❶ '메모장'을 실행한 후 빈 메모장 파일을 만듭니다.

❷ 첫 번째 캡션이라는 표시, 즉 캡션 시퀀스를 나타내는 '1'을 입력한 후 Enter 를 누릅니다.

❸ 다음 줄에 '시:분:초,밀리초 ⇨ 시:분:초,밀리초' 형식을 사용해 시작 및 종료 타임코드를 입력한 후 Enter 를 누릅니다.

❹ 다음 줄에 자막(캡션)을 입력한 후 Enter 를 누릅니다.

❺ Enter 를 눌러 빈 행을 하나 만듭니다.

❻ '2'를 입력한 후 같은 방법으로 두 번째 자막을 입력합니다. 이런 식으로 반복하여 자막을 입력하면 됩니다.

❼ 다 한 후 저장할 때가 중요합니다. 메모장 파일 형식을 모든 파일(*.*)로 설정한 후 원하는 파일 이름을 쓰고 확장자를 .srt로 입력하면 됩니다.

자막이 나타날 시각을 알 수 있는 곳! 편집된 영상본을 보면서 시작 및 종료 타임코드를 입력하는 게 편합니다.

[.srt 예시]

1 [Enter]
00:00:00,599 --〉 00:00:04,160 [Enter]
〉〉 안녕하세요? 꽃집하는 피터팬입니다. [Enter]
[Enter]
2
00:00:04,160 --〉 00:00:06,770
〉〉 오늘은 호접란 분갈이에 대해서 알아보겠습니다.

3
00:00:06,770 --〉 00:00:10,880
〉〉 호접란은 6개월에 한 번씩 분갈이를 해주는 것이 좋습니다.

4
00:00:10,880 --〉 00:00:16,700
[시작 음악]

5
00:00:16,700 --〉 00:00:21,480
분갈이 할 때 필요한 재료들입니다.

[.sub 예시]
0:00:00,599,0:00:04,160
〉〉 안녕하세요? 꽃집하는 피터팬입니다.

0:00:04,160,0:00:06,770
〉〉 오늘은 호접란 분갈이에 대해서 알아보겠습니다.

0:00:06,770,0:00:10,880
〉〉 호접란은 6개월에 한 번씩 분갈이를 해주는 것이 좋습니다.

0:00:10,880,0:00:16,700
[시작 음악]

0:00:16,700,0:00:21,480
분갈이 할 때 필요한 재료들입니다.

오랜 친구도 새 친구도 모두 중요해
채널 트레일러(예고편)

'채널 트레일러'는 '동영상 예고편'이라고 생각하면 됩니다. 방문자가 내 채널에 들어왔을 때 프로필 아이콘 바로 아래 나타나 가장 먼저 눈에 들어오는 영상을 설정할 수 있습니다. 유튜브가 신규 방문자와 재방문 구독자를 자동으로 구분해 각각 내가 설정한 영상을 보여줍니다. 신규 방문자용으로는 흥미를 끌 만한 동영상을 선택하고, 재방문 구독자용으로는 앞으로 나올 예고편이나 최신 동영상을 선택하세요.

1 신규 구독자용 예고편 설정하기
유튜브 스튜디오에 들어간 후 '맞춤 설정' 메뉴의 '레이아웃' 탭을 클릭합니다. '비구독자 대상 채널 트레일러'의 '추가' 버튼을 클릭합니다.

2 내 동영상 목록이 나타납니다. 비구독자에게 보여주고 싶은 동영상을 클릭합니다.

3 해당 영상이 적용됩니다.

4 재방문 구독자용 예고편 설정하기

같은 방법으로 '재방문 구독자 대상 추천 동영상'의 '추가' 버튼을 클릭해 영상을 선택하면 됩니다. 다 되었으면 '게시' 버튼을 클릭해 적용합니다.

5 내 채널에 가면 채널 트레일러가 적용된 것을 확인할 수 있습니다.

이제는 쇼츠 시대!
모바일 앱으로 Shorts 동영상 만들기

쇼츠(Shorts)는 인스타그램 릴스 같은 숏폼 동영상을 말합니다. 바로 촬영하거나 이미 만들어진 동영상을 등록할 수 있습니다. 짧은 동영상이 대세라 유튜브에서도 쇼츠 수익모델을 마련하는 등 전반적으로 쇼츠를 지원하는 분위기입니다. 인스타그램 릴스가 스마트폰으로 직접 촬영해서 바로 올릴 수 있는 짧은 동영상인 것처럼, 상대적으로 긴 동영상 기반인 유튜브에서도 쇼츠만큼은 스마트폰으로 만들어 올릴 수 있는 모바일 앱을 지원합니다. 인스타그램 릴스와 효과나 사용법이 비슷해 쉽게 사용할 수 있습니다.

쇼츠 시장엔 경쟁자가 많습니다. 그래서 처음 몇 초 안에 잠재고객 관심을 확 끌어서 내 콘텐츠에 집중시킬 수 있어야 합니다. 충격적이거나 재미있는 요소를 앞쪽에 배치하고, 유명 챌린지를 활용하는 것도 좋습니다. 한마디로 '트렌디한' 콘텐츠가 필요한 거죠. 짧으니 전달하는 메시지는 단순할수록, 하나의 핵심에 집중할수록 좋습니다. 요즘엔 쇼츠 영상을 티저 광고 형태로 활용하기도 합니다. 본 영상으로 끌고 오기 위해 가장 재밌는 부분을 쇼츠로 만들어 보여주는 거지요. 꽤 효과적이니 여러분도 참신하고 강력한 티저용 쇼츠 영상을 기획해 보세요.

유튜브 모바일 앱 쇼츠 화면

왼쪽 화면 오른쪽 맨 아래에 있는 '더보기' 버튼을 탭하면 오른쪽 화면이 나타납니다.

❶ 사운드 추가   유튜브에서 제공하는 무료 음악 넣기
❷ 영상 길이   기본값은 15초, 60초
❸ 그림   기존에 촬영한 동영상 클립 추가 기능
❹ 촬영 버튼

뒤집기   카메라 앞뒤 전환, 셀카모드, 외부 촬영 모드 전환 가능
속도   0.3배, 0.5배, 1배, 2배, 3배 촬영 속도 선택
타이머   3초, 10초, 20초 카운트다운 선택, 영상 녹화 중지 지점 선택
효과   쇼츠에서 제공하는 다양한 영상효과 선택
녹색 화면   크로마키를 위해 배경을 녹색 화면으로 만들기
보정   얼굴을 뽀샤시하게 깨끗하게 만드는 효과
필터   영상 보정 필터 적용, 화면을 터치한 후 드래그해 선택하기
조명   촬영 시 화면을 밝게 만드는 조명 효과
플래시   화면이 어두울 때 사용하는 플래시 기능

1 유튜브 모바일 앱을 연 후 추가 아이콘 ⊕을 탭합니다. '만들기'에서 'Shorts 동영상 만들기'를 탭한 후 '액세스 허용' 버튼을 탭합니다.

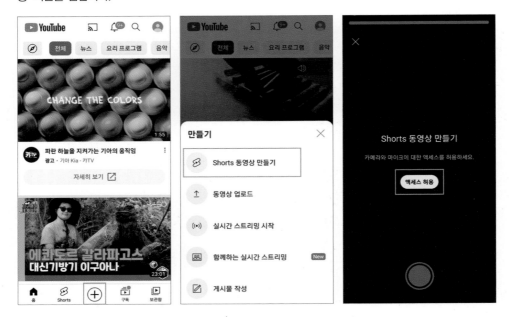

2 사운드 추가하기

– 카메라와 오디오 액세스를 허용하면 촬영 화면이 나타납니다.

– '사운드 추가'를 탭하면 '사운드' 화면이 나타납니다.

– 각 음악을 탭하면 음악이 재생되면서 ◻ 저장 아이콘과 →적용 아이콘이 나타납니다. 저장하면 '저장됨' 탭에 저장되고, 적용하면 바로 영상에 적용됩니다.

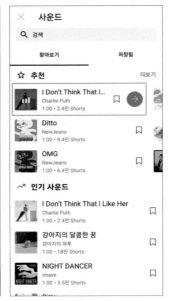

3 화면 효과 적용하기

쇼츠 화면 오른쪽에 있는 각 아이콘을 탭해 원하는 효과를 적용합니다. 메뉴 이름만 봐도 어떤 기능인지 짐작할 수 있으니 이것저것 적용하며 테스트해 보세요.

기본 화면

속도 : 촬영 속도 설정

타이머: 시작 전 카운트다운 설정

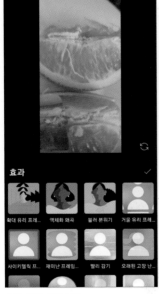

효과: 영상 효과 설정

보정: 잡티 제거 효과

녹색 화면: 크로마키 촬영

4 화면 효과 적용하기

촬영 버튼을 탭하면 촬영이 시작됩니다. 기본값은 15초라 15초가 지나면 자동으로 촬영이 멈춥니다. 편집 아이콘 ✓ 을 클릭하면 영상 편집모드 화면이 나타납니다. 여기서 '조정, 음성 해설, 텍스트, 타임라인, 필터'를 적용할 수 있습니다.

5 배경음악 볼륨 조절하기, 내 음성 녹음하기

'조정' 아이콘을 탭하면 사운드 볼륨을 조정할 수 있습니다. '음성 해설'을 탭하면 직접 내 목소리를 녹음할 수 있습니다.

'조정'을 탭했을 때   '음성 해설'을 탭했을 때   음성 해설 녹음 완료

6 사운드와 음성 녹음 소리 조절하기

녹음이 끝나면 화면 아래에 '볼륨' 아이콘이 나타납니다. '볼륨' 아이콘을 탭하면 사운드와 음성 해설 볼륨을 조정할 수 있습니다. 조정한 후 확인 버튼을 탭합니다. '텍스트' 아이콘을 탭하면 색상, 형태별로 텍스트를 입력할 수 있습니다. '타임라인' 메뉴를 탭하면 자막, 영상, 음성을 수정할 수 있습니다. 다 되었으면 '확인'을 탭합니다.

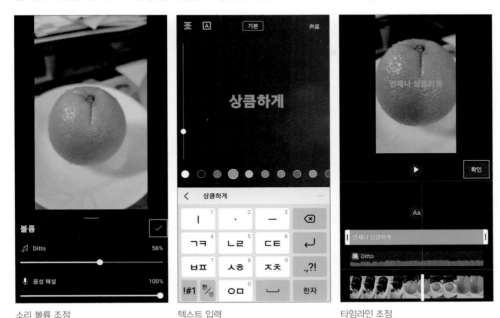

소리 볼륨 조정   텍스트 입력   타임라인 조정

7 '세부정보 추가' 화면이 나타납니다. 내용은 PC에서 영상을 올릴 때와 같으니 앞을 참고하세요. 영상 제목을 입력한 후 'Shorts 동영상 업로드' 버튼을 클릭하면 내 채널에 등록됩니다. 영상에서 더 보기 버튼을 탭하면 단축메뉴가 나타나 필요한 작업을 할 수 있습니다.

주인장 댓글이 달라야 하는 이유
댓글 관리

동영상 상세정보 화면에서 댓글 관리를 할 수 있습니다. 초반에야 댓글이 많지 않겠지만, 나중에 채널이 활성화되면 댓글도 열심히 보면서 관리해야 합니다. 보통은 동영상을 올린 후에 동영상을 설명하는 댓글을 달고 고정으로 처리합니다. 영상을 보면서 궁금한 것이 있을 때 댓글로 질문할 수도 있는데, 그럴 때 답변을 잘해야 합니다. 댓글을 쓴 사람만이 아니라 다른 사람도 채널 제작자의 댓글을 보고 소통하는 태도를 확인하니까요. 예의를 갖추되 솔직하고 재치 있게 대응하는 것이 바람직합니다.

고정 댓글

고정 댓글은 항상 맨 위에 고정되어 있어서 새로 들어오는 사람도 주인장이 전하고 싶은 말을 파악하기 쉽습니다. 새로운 댓글이 많이 올라와 페이지가 바뀌어도 항상 맨 위에 나타나죠. 영상에서 입고 있는 옷이나 소품 등에 대한 쇼핑 정보, 이벤트 등 동영상에 없는 추가적인 정보를 알려주고 싶을 때도 많이 사용합니다.

댓글 처리 방법

구독자가 쓴 댓글에 대해서는 다음과 같은 작업을 할 수 있습니다. 이 중 아래 3가지 메뉴에서 승인하거나 추가한 사람들은 '설정 메뉴 – 커뮤니티'의 각 폴더로 이동됩니다. 구독자가 안 좋은 댓글을 달았다고 무조건 삭제하면 안 됩니다. 문제성 댓글은 유튜브에 신고한 후 삭제해야 합니다.

신고 유튜브에 신고합니다.
채널에서 사용자 숨기기 이 사람이 쓴 댓글은 모두 숨깁니다.
이 사용자의 댓글 항상 승인 단골 구독자의 댓글을 무조건 승인하고 싶을 때 사용합니다.
사용자를 관리/일반 운영자로 추가 믿을 수 있는 사용자를 관리 운영자나 일반 운영자로 추가합니다.

1 고정 댓글 달기

유튜브에서 댓글을 달 영상을 재생합니다. 동영상 아래에 있는 '댓글 추가' 부분에 댓글을 입력합니다. 글을 다 입력한 후 '댓글' 버튼을 클릭합니다.

2 댓글이 화면에 입력됩니다. 입력된 댓글
위로 마우스 포인트를 가져가면 댓글 오른
쪽에 더 보기 아이콘이 나타납니다. 더 보기
아이콘을 클릭한 후 '고정'을 클릭합니다.

3 확인 대화상자가 나타나면 '고정'을 클릭합니다. 댓글 앞에 고정핀 모양의 아이콘이 나타나며 고정됩니다.

4 **댓글 수정, 삭제하기 – 댓글 메뉴**
유튜브 스튜디오에 들어간 후 '댓글' 메뉴를 클릭하면 '채널 댓글 및 멘션' 화면이 나타납니다. 다른 사람이 댓글을 남기
면 프로필 이미지와 함께 댓글 내용이 모두 이 화면에 나타납니다. 더 보기 아이콘을 클릭해 사람들의 댓글에 답변을
달거나 수정, 삭제할 수 있습니다. 댓글 아래쪽에 답변 템플릿이 제공되는데, 그중 하나를 클릭하면 그대로 입력됩니다.

5 시청자 댓글 관리하기

더 보기 아이콘을 클릭하면 나타나는 단축메뉴에서 필요한 작업을 하면 됩니다. 단, 한 번 설정하면 수정하는 데까지 시간이 걸리니 신중하게 처리하세요.

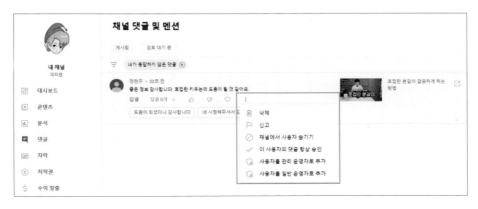

6 승인된 사용자나 관리, 일반 운영자로 추가하면 유튜브 스튜디오 '설정' 메뉴의 '커뮤니티'에 등록됩니다. 여기서 확인하고 삭제하거나 추가할 수도 있습니다.

현재 상태가 어떻지?
내 채널과 동영상 분석 방법

유튜브 시장조사를 하면서 녹스인플루언서로 기존 채널 분석 방법을 알아봤었죠? 내 채널을 운영하다가 분석할 때도 그렇게 하면 됩니다. 여기에 유튜브 분석자료도 함께 참고하세요. 동영상 하나하나에 대한 분석과 내 채널 전체에 대한 분석을 제공하는데, 유튜브가 지속적으로 강화하는 서비스 중 하나입니다. 처음에는 자료라고 할 것도 없지만 점점 채널이 성장하게 되면 큰 도움이 됩니다. 어떤 자료들을 얻을 수 있는지 확인해 봅시다.

내 채널 분석자료 보기
유튜브 스튜디오에 들어간 후 '분석' 메뉴를 클릭하면 '채널 분석' 화면이 나타납니다. 4개의 탭에서 각각 다른 정보를 확인할 수 있습니다.

'개요' 탭 – 내 채널의 현재 상태는 어떤가?

내 채널의 전반적인 상태를 한눈에 확인합니다. 조회수, 시청 시간, 구독자수를 살펴보고, 그래프를 통해 조회수 등락 추세와 인기 콘텐츠, 실시간 활동을 확인합니다.

'더보기'를 클릭하면 좀 더 자세한 정보를 제공하는데, ⬇ 버튼을 클릭하면 자료를 내려받아 보관할 수 있습니다. '트래픽 소스'란 시청자가 유입된 곳을 말합니다. 채널 페이지, 추천 동영상, YouTube 검색, 직접 입력 등 어떤 경로로 들어왔는지를 알 수 있는 거죠. '지역과 도시'는 조회수가 많이 나온 지역별 분포도를, '시청자 연령' '시청자 성별'은 시청자 정보를, '날짜'는 날짜별 상세 수치를 알려줍니다.

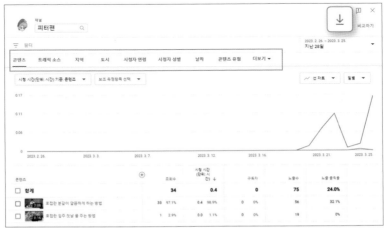

'콘텐츠' 탭 – 어떤 동영상을 가장 많이 봤고, 어떤 경로로 들어왔나?

전체 동영상 합산 조회수, 노출수, 노출 클릭률, 평균 시청 지속 시간 등 유저들이 내 채널 콘텐츠를 얼마나 자주 보는지를 분석합니다. 또 시청자가 어떻게 내 동영상을 봤는지도 알 수 있는데, 이것을 주의해서 봐야 합니다. 어떤 경로로 들어오는지를 알아야 그에 맞춰 내 채널을 더 잘 노출할 방법과 전략을 짤 수 있으니까요. 시청자가 어떤 동영상을 많이 보는지, 어떻게 들어오는지를 파악해야만 그에 맞는 동영상을 제작하고 마케팅할 수 있기 때문입니다.

'더보기'를 클릭하면 콘텐츠 유형별 조회수, 노출수, 노출 클릭률, 평균 시청 지속 시간을 알 수 있습니다.

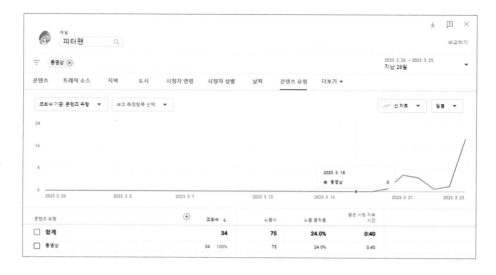

이때 '트래픽 소스'도 함께 보세요. 어떤 방법으로 시청자들이 유입되고 있는지를 확인할 수 있습니다. 현재 그래프를 보면 YouTube 검색이 가장 높고, 그다음은 탐색 기능, 채널 페이지가 비슷한 수준입니다. 이런 상황이라면 검색 쪽 키워드와 설명을 좀 더 강화하면서 시청 지속 시간을 늘릴 수 있도록 콘텐츠를 알차게 만드는 것이 필요합니다.

'시청자층' 탭 – 어떤 사람들이 내 채널을 보나?

내 채널에 관심을 보이는 시청자를 분석합니다. 재방문 시청자 수, 순 시청자 수, 구독자수가 노출됩니다. 조건이 되면 내 시청자가 YouTube를 이용하는 시간대, 내 시청자가 시청하는 채널들을 확인할 수 있습니다. 시청자 정보는 굉장히 중요합니다. 내 채널을 보는 사람들이 얼마나 되고, 그중 구독까지 눌러주는 사람은 얼마나 되는지, 어떤 시간대에 들어왔는지, 또 내 시청자가 시청하는 다른 채널은 어떤 것들이 있는지 등 시청자에 대해 궁금해하고 더 알고자 노력하세요. 아는 만큼 시청자의 마음을 얻을 가능성도 커집니다.

'더보기'를 클릭하면 재방문 시청자, 신규 시청자가 본 콘텐츠 정보가 나타납니다. 같이 확인하면 좋을 자료는 '시청자 연령', '시청자 성별'입니다. 시청자는 나이나 성별에 따라 행동하는 방식이 다를 수 있습니다. 콘텐츠를 제작할 때 참고하세요.

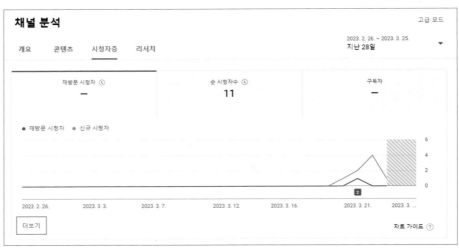

'리서치' 탭 – 요즘 자주 검색되는 단어는 무엇인가?

유튜브 시청자들이 요즘 자주 검색하는 것이 무엇인지, 또 내 시청자는 어떤 검색어를 자주 쓰는지를 확인할 수 있습니다. 검색란에 검색어를 입력하면 연관 검색어와 YouTube 검색량이 나타납니다. 각 검색어 오른쪽의 더보기 버튼을 클릭하면 단축 메뉴가 나타나 저장하거나 삭제할 수 있습니다. 이 중 'Google 트렌드로 이동'을 클릭하면 구글 트렌드가 나타나 좀 더 상세한 정보를 얻을 수 있습니다.

개별 동영상 분석자료 보기

특정 동영상 하나에 관한 자세한 정보가 필요할 때가 있습니다. 나는 다 똑같이 촬영한 것 같은데 그 동영상에만 시청자가 몰리고, 인기가 많다면 왜 그런지 알아야 하겠죠? 그럴 때 도움이 됩니다. 채널 분석과 비슷하지만 분석 범위가 동영상 하나에 집중된다는 것이 다릅니다.

1 유튜브 스튜디오에 들어간 후 '콘텐츠' 메뉴를 클릭합니다. '채널 콘텐츠' 화면에 현재 업로드한 전체 동영상이 나타납니다. 자세히 분석하고 싶은 동영상의 제목 부분을 클릭합니다.

2 **동영상 분석하기**

'채널 콘텐츠' 화면에서 '분석' 메뉴를 클릭하면 '동영상 분석' 화면이 나타납니다. 범위가 동영상 하나인 만큼 약간 다르긴 하지만 분석 내용은 채널 분석과 같으니 필요한 항목을 찾아서 보면 됩니다.

수익 첫걸음, 유튜브 파트너 신청하기
YPP 신청 방법

광고주가 유튜브에 광고를 의뢰하면 유튜브는 적합한 채널에 광고를 노출하고, 유튜브 운영자에게 수익금을 분배합니다. 유튜브가 수입 원천이 되는 이 중요한 광고를 아무 채널에나 맡기지는 않겠죠? 유튜브 파트너 프로그램이라는 것에 가입된 채널이어야 하는데, 여기 가입하려면 신청 기준을 충족해야 합니다.

이제 막 시작한 초보자라면 당연히 신청 조건을 충족하기 위해 노력해야 합니다. 알림 신청을 미리 해두면 조건을 충족했을 때 메일을 보내줍니다. 메일을 받은 후에 구글 애드센스에 신청하면 됩니다. 그때부턴 내 채널에 광고가 붙고, 수익을 받을 수 있습니다. 기준이 충족되었다고 자동으로 YPP에 참여할 수 있는 것은 아닙니다. 기준을 충족한 모든 채널은 표준 검토 절차를 거치게 됩니다. 유튜브가 신청 채널의 전반을 검토하여 유튜브 채널 수익 창출 정책을 준수하는지 확인하는데요. 유튜브 정책과 지침을 준수하는 채널이라면 대부분 큰 문제 없이 광고를 실을 수 있습니다.

유튜브 파트너 프로그램 신청 조건

유튜브 파트너 프로그램(YouTube Partner Program: YPP) 신청 조건은 구독자 1,000명을 넘기거나, 최근 1년간 공개 동영상 시청 시간이 4,000시간을 넘겨야 합니다. 또는 지난 90일간 공개 Shorts 조회수가 1,000만을 넘기거나, Shorts 구독자가 1,000명인 경우입니다. 쇼츠 조회수 기준은 2023년 1월에 생겼습니다. 이제 쇼츠 크리에이터들도 당당히 수익을 분배받을 수 있게 되었죠.

유튜브 수익 과정

① 알림 신청하기 → 유튜브 파트너 신청 기준 넘기기 → 알림 메일 도착
② YPP 약관 동의 및 신청서 작성 → 구글 애드센스 설정 및 기존 활성 계정 연결하기 → 채널 검토 통과하기(보통 1개월 정도 걸림) → 광고 시작
③ 내 통장으로 수익 받기

알림 신청하기

1 유튜브 스튜디오에 들어간 후 '수익 창출' 메뉴를 클릭합니다. '가입 방법'에서 '이메일' 버튼을 클릭합니다.

2 화면 안내에 따라 설정을 완료하면 '요건을 충족하면 이메일을 보내드립니다.'라는 문구가 나타납니다. 신청 조건이 충족되면 구글 이메일로 안내 메일이 전송됩니다.

구글 애드센스에 등록하기

YPP 신청 조건을 넘기면 알림 메일이 도착하고, 구글 애드센스 등록 기능이 활성화됩니다. 그때 구글 애드센스에 등록하면 채널 검토가 시작됩니다. 최대 한 달 정도 지나면 결과를 통보받습니다. 이제 구독자를 모을 수 있는 흥미진진하고 유익하고 볼 만한 동영상을 만드는 데 집중하면 됩니다. YPP 신청 전이라도 구글 애드센스는 미리 가입하여 계정을 받아둘 수 있습니다. YPP 신청과정에 연결만 하면 되니까요. 그때를 기다리며, 구글 애드센스에 먼저 계정을 만들어 보세요.

1 애드센스 가입하기

구글에서 검색한 후 구글 애드센스 사이트로 들어갑니다. '시작하기' 버튼을 클릭합니다.

2 계정을 여러 개 사용한다면 구글 계정이 목록으로 나타납니다. 등록하고 싶은 계정을 클릭합니다.

3 '시작 전에 필요한 설정' 화면이 나타납니다. 필요한 정보를 쭉 입력합니다. 구글 애드센스 약관에도 동의합니다. '애드센스 사용 시작' 버튼을 클릭합니다.

4 구글 애드센스 계정 등록이 완료되었습니다. 나중에 수익창출이 가능할 때 구글 애드센스를 연결만 하면 됩니다.

내 통장으로 수익 받기

가장 중요한 수익을 받는 방법입니다. 내 채널이 유튜브 조건을 달성하고 게재 여부가 결정되면 유튜브 광고를 통해 수익이 쌓입니다. 이 수익은 애드센스에 마련된 가상계좌에 쌓이고, 애드센스 잔액이 기준액을 넘으면 개인 통장으로 지급됩니다.

1단계. 세금 정보 제출하기

유튜브에서 수익을 창출하는 모든 크리에이터는 전 세계 어디에 거주하든 세금 정보를 제출해야 합니다. 구글 애드센스 계정에 로그인한 후 '결제정보'의 '설정 관리'를 클릭합니다. 이후 '세금 정보 관리'를 클릭한 후 나한테 맞는 양식을 선택해 작성합니다. 매달 20일 이전에 세금 정보를 제출해야 당월에 수익을 받을 수 있습니다.

2단계. 개인정보 확인하기

1) 본인 인증

신원을 확인하고 PIN 번호를 받는 데 필요하니 수취인 이름과 주소가 정확한지 확인합니다. 수정이 필요하면 안내에 따라 변경하세요. 본인확인은 구글에서 처음 본인 확인을 요청한 날로부터 45일 이내에 필요한 문서를 제출해야 합니다. 45일이 지났는데도 문서를 제출하지 않거나 제출된 문서로 본인 확인을 할 수 없으면 광고가 중단됩니다.

2) 주소 인증

내 채널이 광고게재 조건을 만족하면 검토 결과가 메일로 오고, 내 유튜브 동영상 중간중간 광고가 실립니다. 지금부터 구글 애드센스에 광고수익이 쌓이는데요. 잔액이 10달러를 넘으면 개인식별번호가 자동으로 만들어지고, 구글 애드센스 신청 시 입력했던 주소로 '개인식별번호(PIN)'가 들어있는 우편물을 보내줍니다. 이 우편물이 도착하려면 최대 4주 정도가 걸립니다. 만약 이 우편물을 분실하면 PIN을 재발급받은 후 또 기다려야 하니 잘 챙기세요. 우편물을 받은 다음엔 애드센스 계정에 들어가 우편물로 받은 PIN 번호를 입력하면 주소 인증이 끝납니다.

> 구글 애드센스 잔액 기준 달성 → 개인식별번호가 적힌 우편 자동 발송 → 우편물 확인 후 애드센스 계정에 PIN 번호 입력 → 주소 인증 완료

3단계: 지급 방식 선택하기

구글 애드센스에 쌓인 광고수익이 기준액에 도달하면 전자 송금(EFT), 단일유로결제 지역(SEPA) 전자 송금, 은행 송금 중 지급 방식을 선택할 수 있습니다. 구글 애드센스 계정에 로그인한 후 '지급 - 결제 정보 - 지급 수단 추가'를 클릭해 선택하세요.

만약, 은행 계좌로 받기를 원한다면 '은행 계좌로 송금'을 선택합니다. 내 계좌번호를 입력해야 하는데, 달러라서 '외화 전용 계좌'가 필요합니다. 은행에 직접 방문해 개설하세요. 외화계좌를 개설한 후 구글 애드센스에 내 계좌번호를 입력합니다. 이때, 이름은 통장에 적힌 영문명 그대로 입력해야 하니 주의하세요.

4단계: 수익 받기 - 지급 기준액에 도달

당월 말까지 현재 잔액이 지급 기준액에 도달하면, 21일간의 지급 처리 기간이 시작됩니다. 이 처리 기간 후에 수입을 받을 수 있습니다. 단, 현재 잔액이 지급 기준액에 미치지 못하는 경우 최종 수입은 다음 달로 이월되어 지급 기준액에 도달할 때까지 누적됩니다. 최소 지급 기준액은 미국 USD 달러 기준으로 100달러이며, 나라마다 조금씩 다릅니다.

21일에서 26일 사이에 '지급 대기 중'이라는 내용이 지급 페이지에 나타나면 처리가 끝나 게시자 거래 금융기관으로 송금된다는 뜻입니다. 송금 후 실제로 받기까지는 최대 7영업일이 걸리니, 월말인데 받지 못했다면 거래하는 금융기관에 문의해 보세요.

정산과 지급은 100달러마다 자동으로 이뤄지기 때문에 별도 신청은 필요 없습니다. 이때 5,000~10,000원 정도의 외화 송금 수수료가 차감되니 알아두세요. 송금 수수료를 절약하고 싶다면 지급액을 100달러가 아니라 더 높게 설정하세요. 지급 기준액을 올려서 입력하고 저장하면 됩니다.

지급액 설정: 애드센스 로그인 → 지급 → 설정관리

우리 사이에 5초 만에 건너뛰기냐?

유튜브 광고 종류와 수익 요령

유튜브 광고의 종류

유튜브 동영상을 보다가 5초 광고만 지나면 건너뛴 적 있죠? 어떤 광고는 짧긴 하지만 끝까지 다 봐야 하는 것도 있습니다. 왜 그럴까요? 광고수익이 다릅니다. 유튜브 광고 중 알아야 할 것은 크게 6가지 정도입니다. 건너뛸 수 있는 동영상 광고, 건너뛸 수 없는 동영상 광고, 범퍼 광고, 트루뷰 디스커버리 광고, 트루뷰 포 액션 광고, 쇼츠 광고입니다. 이 밖에도 유튜브 홈페이지 최상단에 노출되는 마스트헤드 광고가 있습니다. 기존에 있던 오버레이 광고는 2023년 4월 이후 없어졌습니다.

1. 건너뛸 수 있는 동영상 광고, 스킵 광고

유튜브 광고 중에 가장 많이 본 형태죠? '스킵 광고, 인스트림(Instream) 광고'라고도 부릅니다. 전에는 '트루뷰 인스트림'이라고 불렀는데 말 그대로 True view, 즉 30초 이상의 진짜 시청(True view)을 목적으로 유튜브 영상 전후, 중간에 재생되는 광고를 말합니다.

5초 동안 시청한 후 '광고 건너뛰기'라는 옵션이 나타납니다. 동영상 전후 또는 중간에 삽입되고, 광고 길이 제한은 따로 없지만 5초 후에 건너뛸 수 있습니다. 수익은 광고 시작 후 30초 이상 시청해야 발생합니다. 만약 30초 미만 광고라면 끝까지 시청해야 수익이 생깁니다. 내 동영상 콘텐츠가 10분 이상이라면 중간에도 이 광고를 삽입할 수 있습니다. 모든 기기에서 가능합니다.

이 광고는 초반 5초 안에 시청자의 눈을 휘어잡아야만 합니다. 그래야 수익이 생기는 최소 30초를 보게 됩니다. 앞에 힘을 팍팍 주세요.

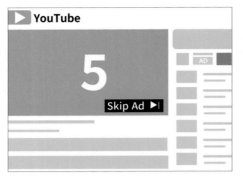 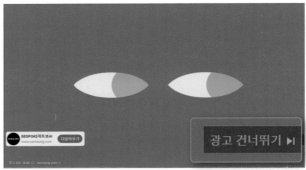

2. 건너뛸 수 없는 동영상 광고

광고를 모두 시청해야 동영상을 볼 수 있습니다. 광고 형태는 스킵 광고와 같지만 15초 또는 20초의 광고가 있고, '광고 후에 동영상이 재생됩니다.'라는 문구가 나타납니다. 이 광고는 기본 동영상 전후 또는 중간에 삽입할 수 있습니다. 시청자가 광고를 끝까지 시청하면 수익이 발생합니다. 하지만 광고 보기가 싫어서 그냥 나가버릴 수도 있으니 신중하세요. 그만큼 내 동영상 콘텐츠의 매력이 필요한 광고라 할 수 있습니다. 동영상이 10분 이상이라면 중간광고(미드롤 광고)로 삽입할 수 있습니다.

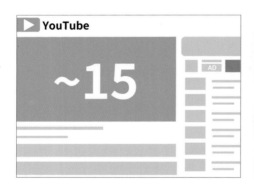 

3. 범퍼 광고

범퍼 광고란 최대 6초 길이의 건너뛸 수 없는 동영상 광고로, 광고를 시청해야만 동영상을 볼 수 있습니다. 동영상 전후 또는 중간에 재생됩니다. 광고 옵션에 따라 건너뛸 수 있는 광고와 범퍼 광고를 연달아 재생할 수도 있습니다. 광고비는 노출 수 기준, 즉 CPM으로 계산합니다.

> CPM(Cost Per Mille): 1,000회 노출당 비용. 즉, 광고단가×1,000

영상 중간에 범퍼 광고를 많이 사용하는데, 약간 강제적이지만 동영상이 매력적이라면 6초는 참을 수 있는 시간이죠. 짧고 기억하기 쉬운 메시지로 광범위한 고객에게 도달하고자 할 때 사용합니다. 특히 신규 브랜드, 신규 상품 발매 시 인지도 확보를 위해 사용하면 좋습니다.

구글에서 글로벌 캠페인을 분석한 결과, 범퍼 광고가 스킵 광고보다 파급력과 구매의도 증가폭이 더 크게 나타났다고 합니다. 짧고 강한 메시지가 긍정적인 결과를 이끈 것이죠. 브랜드 초기에 빠르게 알리는 게 목적이라면 범퍼 광고가 좋고, 어느 정도 알려진 후에는 브랜드나 상품 스토리를 길게 보여줄 수 있는 스킵 광고가 유리합니다.

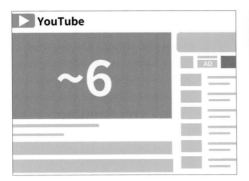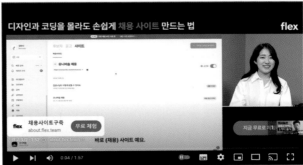

4. 트루뷰 디스커버리 광고

섬네일 형태로 홈 화면, 검색결과, 추천영상, 영상시청 페이지 영역 등에 콘텐츠처럼 광고가 나타납니다. 사용자가 클릭하면 영상시청 페이지로 넘어갑니다. 특히, 유튜브 홈이나 검색결과 화면에 자주 노출되는데요. 이미지에 '광고' 표시가 있지만 유저가 인식하지 못하는 경우가 많습니다. 구매를 목적으로 유튜브를 검색하는 고객이 대상이라면 가장 적합한 광고 형태입니다.

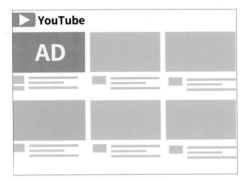

5. 트루뷰 포 액션 광고

트루뷰 포 액션(Trueview for Action)은 이름처럼 시청자 행동을 유발하는 광고입니다. 스킵 광고와 비슷하지만, 광고 종료 후 화면 가운데 클릭을 유도하는 내용이 적힌 카드 버튼이 나타납니다. 무료 체험이나 무료 상담 신청, 다운로드 같은 행동을 유도하는 앱, 모바일 게임에서 많이 사용합니다. 액션 버튼엔 '더 알아보기, 이벤트 참여, 10% 할인, 구매하기, 1+1 행사' 등 다양한 액션을 지정할 수 있습니다.

이 광고의 좋은 점은 실제 매출과 연관된다는 것입니다. 우리가 낸 광고비와 실제 다운로드 수가 바로 보이기 때문에 광고 효율 분석이 쉽습니다. 즉각적인 매출 증대나 전환이 필요할 때 사용하면 좋습니다.

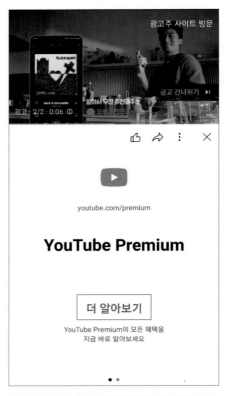

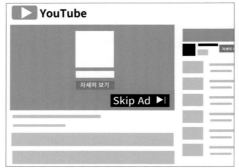

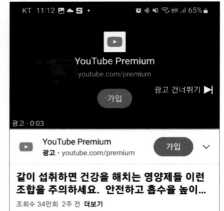

6. 쇼츠 광고

2023년 2월 1일부터 쇼츠 광고가 새로 도입되었습니다. Shorts 동영상 사이에 조회되는 광고에서 수익이 창출되고, 내 채널 기여도에 따라 수익을 배분받게 됩니다. 유튜브가 알아서 음악 쪽은 별도로 수익을 배분하기 때문에, 여러분은 맘 편하게 원하는 음악을 사용하여 멋진 쇼츠 콘텐츠를 만들면 됩니다.

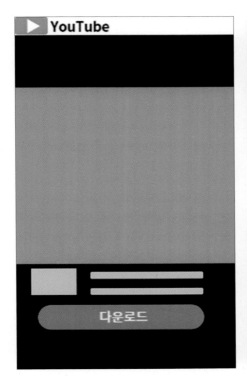 

광고수익을 늘리는 방법

구독자 늘리기

광고수익에서 구독자가 중요한 이유는 광고를 참고 다 봐주기 때문입니다. 대부분 건너뛸 수 있는 광고를 많이 넣는데, 5초 이후 나오는 '광고 건너뛰기' 버튼을 누르지 않고 끝까지 봐줄 사람은 역시 내 채널을 좋아하는 구독자들이죠. 그만큼 채널에 대한 충성도가 높고 의리 있다고 할 수 있습니다. 건너뛰는 사람도 있겠지만, 구독자가 늘수록 일부러 광고를 다 봐주는 사람도 많아집니다. 이벤트를 진행하거나 주인장과 실시간 대화하는 시간을 갖거나, 댓글에 즉각적으로 반응하는 등 구독자 충성도를 높이기 위한 노력도 필요합니다.

건너뛸 수 없는 광고를 참고 볼 만한 콘텐츠 제작하기

건너뛸 수 없는 광고나 범퍼 광고는 시청자들에겐 짜증이지만, 크리에이터는 확실하게 광고료를 챙길 수 있는 수단이기도 합니다. 콘텐츠가 부실하다면 시청자들은 기다리지 않고 나가버리기 쉽죠. 그러니 건너뛸 수 없는 광고를 넣어도 될 정도로 좋은 콘텐츠를 만드는 게 가장 먼저 할 일입니다. 초보 유튜버라면 이 광고는 구독자를 많이 모은 다음에 시도하세요. 크리에이터가 광고 종류를 미리 모두 신청하면, 유튜브가 인기도나 구독자 등 여러 가지 조건을 검토한 후 자동으로 선별해서 광고를 실어줍니다.

10분이 넘는 동영상엔 '미드롤 광고(중간광고)' 삽입하기

동영상 재생시간이 10분을 넘는다면 중간광고를 삽입할 수 있습니다. 미드롤 광고는 내가 설정한 범위 안에서, 선택한 광고 종류만 나타납니다. 미드롤 광고를 통해 추가 광고를 얻을 수도 있습니다. 요즘엔 범퍼 광고를 중간광고로 많이 이용하는 추세입니다.

다양한 콘텐츠 제작에 도전하기

Shorts 광고가 시작되었습니다. 수익을 만들 수 있는 길이 하나 더 열렸으니 적극적으로 쇼츠를 활용하세요. 지금까지 긴 영상만 만들었다면 쇼츠 영상에도 도전할 타이밍입니다. 쇼츠를 티저 광고 형태로 사용하는 전략을 사용해 보세요. 이미 만든 긴 영상 중 가장 인상적이거나 재미있는 부분을 쇼츠로 노출하는 거죠. 쇼츠를 본 시청자에게 내 채널과 영상을 직접 광고하는 효과가 있습니다. 쇼츠에 매력을 느낀 시청자들은 내 채널로 유입되고, 긴 영상을 보면서 구독자가 될 수도 있으니까요. 적극적으로 다양한 콘텐츠에 도전해야 하는 이유입니다.

PART 5

SNS 마케팅
디자인

긴 글보다는 그림 한 컷이, 그림 여러 장보다 동영상 하나가 눈에 띕니다.
하지만 구슬이 서 말이라도 꿰어야 보배.
이미지, 음악, 동영상 등 유저에게 훌쩍 다가갈 수 있는 소재를 구하고,
내 채널 콘셉트에 딱 맞게 편집하는 방법까지 몽땅 알아봅시다.
어떻게? 무료로!

무료 이미지 찾기
픽사베이

이미지 공유 사이트 – 픽사베이, 언스플래쉬

글자만 빽빽한 거보다는 아름다운 그림이 많은 게 훨씬 보기 좋습니다. 예전엔 사진 1장당 돈을 내지 않으면 마음대로 사용할 수 없었는데, 요즘은 품질 좋은 무료 이미지를 공유하는 사이트가 많아졌습니다. 추천하는 곳은 '픽사베이'입니다. 픽사베이가 크게 성공한 이후 무료 이미지 공유 사이트가 많이 생겼는데, 그 중 '언스플래쉬'는 상업적 사용이 가능한 무료 이미지뿐만 아니라 지적재산권 표시가 필요한 이미지까지 모두 제공합니다. 언스플래쉬 플러스(unsplash+) 상품을 이용하면 월정액으로 자유롭게 사용할 수 있습니다.

지적재산권 문제까지 사전에 차단하고 싶다면 그냥 픽사베이를 이용하세요. 물론 가장 안전한 것은 내가 직접 찍은 사진입니다. 픽사베이와 함께 내 콘텐츠에 맞는 사진을 직접 찍어 사용하길 권합니다.

언스플래쉬 https://pixabay.com/ko

1 회원가입하기

픽사베이 사이트에 들어간 후 '가입' 버튼을
클릭합니다.

픽사베이 https://pixabay.com/ko

2 구글, 페이스북 계정과 연동되어 있으니 각 계정을 클릭만 하면 바로
가입됩니다. 또는 이름, 이메일주소, 비밀번호를 입력한 후 '가입' 버튼
을 클릭하세요.

3 이미지 종류 선택 후 검색하기

로그인한 후 검색창 드롭다운 단추를 클릭해 원하는 이미지 종류를 선택합니다. 사진, 일러스트, 벡터 이미지, 비디오,
음악, 음향효과, GIF 이미지 중 선택할 수 있고, 기본값은 '모든 이미지'입니다. 검색창에 '풍경'이라고 입력한 후 Enter
를 눌러보세요.

4 스폰서 이미지는 유료

검색결과 화면이 나타납니다. 상단의 '스폰서 이미지'는 유료입니다. 아래쪽 이미지 중 원하는 이미지를 클릭합니다.

5 이미지 내려받기

이미지 상세화면이 나타납니다. '무료 다운로드' 버튼을 클릭하면 내려받을 수 있는 다양한 사이즈가 나타나는데, 원하는 사이즈를 선택한 후 '다운로드' 버튼을 클릭합니다.

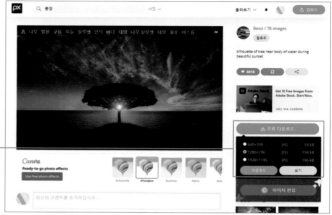

6

내려받은 파일은 탐색기 '다운로드' 폴더에 저장됩니다.

7

내려받은 후에는 이미지 출처가 나타납니다. 복사해서 이미지 출처를 표시할 수 있습니다. 댓글창에 이미지를 쓰게 해줘 고맙다는 간단한 인사를 입력해 보세요.

무료 이미지 찾기

구글

무료 이미지를 찾을 때 주의할 점 2가지

픽사베이에 마땅한 이미지가 없다면 다른 사이트도 보세요. 언드로우(unDraw), 오픈클립아트(Openclipart), 플랫 아이콘(Flaticon)에서도 이미지를 얻을 수 있습니다. 그런데 무료 이미지 사이트를 모두 검색했는데도 적합한 사진을 찾지 못했다면 어떻게 해야 할까요? 그럴 때는 구글이나 네이버 같은 포털 사이트에서 이미지를 검색할 수 있습니다. 이 방법을 쓸 때는 2가지에 주의하세요.

하나는 해당 이미지가 있는 곳에서 이미지를 쓰지 말라는 안내가 있는지 확인하는 것입니다. 쓰지 말라고 되어 있으면 안 쓰는 게 좋습니다. 문제는 주의 문구가 없는데 사용하고 싶을 때죠? 사용 가능 여부를 간단하게 알아보는 방법은 이미지를 마우스 오른쪽 버튼으로 클릭해 보는 것입니다.

단축메뉴에 '이미지를 다른 이름으로 저장' 옵션이 활성화되어 있다면 일단 사용할 수 있습니다. 주인장이 이미지 저장에 완벽한 거부 의사를 표한 것은 아니라고 판단할 수 있기 때문입니다. 그러나 이후 이미지 주인이 메일이나 쪽지 등으로 사용하지 말아 달라고 요청한다면 가차 없이 내리셔야 합니다. 아예 옵션이 활성화되어 있지 않다면 미련을 버리세요.

또 하나는 가능한 한 반드시 출처를 명시해야 한다는 것입니다. 사실, 허락유무가 명확하지 않을 때 빌려 쓰는 입장에서 할 수 있는 최선은 '이미지의 출처를 확실하게 명시하는 방법'뿐입니다. 사진 캡션에 출처를 넣어 주세요.

1 블로그에 육아나 교육 관련 내용을 포스팅하고자 합니다. 다양한 아이 사진이 필요하네요. 구글에 들어가 '육아'라고 입력한 후 검색합니다.

2 검색결과에서 '이미지' 탭을 클릭한 후 맘에 드는 사진을 클릭합니다.

3 해당 이미지가 들어 있는 화면이 나타납니다. 이미지를 마우스 오른쪽 버튼으로 클릭하면 나타나는 단축메뉴에서 '이미지를 다른 이름으로 저장'을 클릭합니다.

이 이미지는 저장 관련 기능이 활성화되어 있네요.

4 이미지 저장 팁

– 폴더를 하나 만들어 '구글육아_01'처럼 내가 바로 알 수 있는 파일명으로 저장합니다.

– 메모장 앱을 실행한 후 원래 이미지가 있던 페이지 주소를 복사해 붙여 넣으세요. 이때 메모장 파일 이름은 저장한 이미지명과 같게 합니다.

– 폴더에 이미지와 TXT 파일을 같이 넣습니다. 이렇게 하면 나중에라도 이미지와 같은 이름의 TXT 파일을 찾아 쉽게 출처를 입력할 수 있습니다.

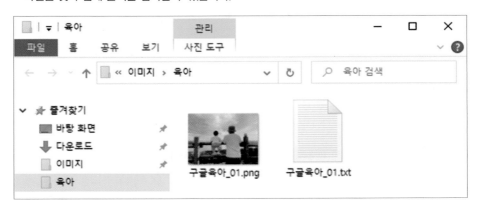

5 블로그에서 글쓰기 버튼을 클릭하면 블로그 에디터가 나타납니다. 내용을 입력하고 사진을 추가합니다. 메모장 파일을 열고 출처를 복사한 후 사진 아래 붙여 넣으면 됩니다.

무료 음원 찾기
유튜브

당당하게 내려받아도 되는 유튜브 무료 음원

채널 콘텐츠가 뭐든 가끔 배경음악이나 효과음 등이 필요하죠? 사실 요즘은 유튜브 동영상을 제외하면 딱히 배경음악을 사용하지 않는 추세입니다. 게다가 저작권 소송에 휘말리는 경우가 종종 있어서 확실하게 사용이 허락된 음원을 사용하는 게 좋습니다. 다행히 가장 많은 음원을 사용하는 유튜브는 무료로 음원을 제공합니다. 다만 이 무료 음원은 유튜브 크리에이터를 위한 것이라 유튜브 콘텐츠를 만들 때만 사용해야 하니 주의하세요.

유튜브 외 무료 음원을 구할 수 있는 곳

가장 안전한 것은 상업적으로 쓸 수 있는 무료 음원을 찾는 것입니다. 다음 사이트들은 저작권 있는 음원과 자유롭게 쓸 수 있는 음원을 동시에 제공하므로, 화면 내용을 잘 확인하고 사용하세요.

- 자멘도(https://www.jamendo.com/)
- 프리뮤직아카이브(https://freemusicarchive.org/)
- 프리사운드(https://freesound.org/)

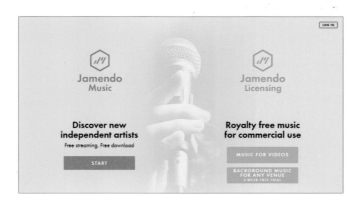

1 유튜브 스튜디오 들어가기

유튜브에 로그인합니다. 프로필 이미지를 클릭한 후 'YouTube 스튜디오'를 클릭합니다.

2 유튜브 스튜디오 화면이 나타납니다. 왼쪽 메뉴 중 '오디오 보관함'을 클릭하면 '오디오 보관함' 화면이 나타납니다.

3 음원 들어보기

들어보고 싶은 음악 왼쪽에 있는 플레이 아이콘을 클릭합니다. 음악이 재생되면서 하단에 현재 재생 중인 음악 트랙이 나타납니다. 어디서든 별표를 클릭하면 '별표표시' 탭에 따로 저장됩니다. 별표는 즐겨찾기 기능이라고 생각하세요.

❶ 오디오 트랙 오프라인 저장
❷ 별표 추가
❸ 라이선스   이 음원과 관련된 라이선스를 볼 수 있습니다.

4 원하는 음악 검색하기

'보관함 검색 또는 필터링' 글자를 클릭한 후 검색조건을 선택합니다. 상세 검색 항목이 나타나면 원하는 것을 선택한 후 '적용'을 클릭합니다.

- '장르'를 선택하면 클래식, 락, 영화음악 등 장르별로, '트랙 제목'을 선택하면 음원 이름을 기준으로 검색할 수 있습니다.
- 기본적으로 무료 음원이 나타나는데, 만약 저작권료를 주고서라도 사용할 의향이 있다면 '저작자 표시 필요'를 선택하세요.

5 음원 내려받기

검색결과가 나타나면 음원을 들어본 후 하단 트랙에서 다운로드 아이콘을 클릭합니다. 또는 음악 목록 오른쪽의 '추가된 날짜' 위로 마우스 포인터를 가져가면 '오프라인 저장' 버튼으로 바뀌는데 그때 클릭해도 됩니다.

6 음향 효과를 찾을 때도 마찬가지입니다. '음향 효과' 탭을 클릭한 후 원하는 카테고리를 선택하고 소리를 들어보며 고르세요.

이거 진짜 써도 되나?

저작권과 CCL

이미지 저작권법 – 문화관광공사 사이트 저작권 관련 정보

신문이나 인터넷에서 저작권에 걸려 '벌금을 물었네, 소송을 당했네'라는 말을 들어
본 적이 있을 겁니다. 요즘은 저작권 문제에 예민하고, 그게 아니더라도 당연히 창
작자의 권리는 지켜져야 합니다. 저작권에 대해 한 번쯤은 짚고 넘어갑시다.

저작권법을 정확히 확인하려면 한국저작권위원회 사이트에 있는 저작권 관련 정보
페이지를 참고하면 좋습니다. 저작권등록, 분쟁조정, 저작권상담 등 다양한 저작권
정보와 도움을 받을 수 있습니다.

한국저작권위원회 https://www.copyright.or.kr/main.do

특히, 저작권 침해 사례에 대한 부분은 한 번쯤 읽어두세요.

- 인터넷에서 떠도는 글, 그림, 사진 퍼서 내 홈페이지 · 카페 · 블로그 · 페이스북 등에 옮기기
- 공유 사이트 · 웹하드 등에서 자료 주고받기
- 영화 · 음악파일 게시판 자료로 올리기
- 컴퓨터 프로그램, USB에 담거나 CD로 구워서 친구들에게 나눠주기
- 멋진 음악, 내 홈피나 블로그에 배경음악으로 쓰기
- 인기 드라마, 예능 등 방송 프로그램 캡처해서 인터넷에 올리기
- 좋아하는 가수 팬클럽 카페에 음악 올리기
- 글짓기, 그리기 대회에 다른 사람 글, 그림 베껴서 내기
- 학교 과제, 인터넷 자료만 그대로 옮겨서 내 것인 양 제출하기
- 문제집, 참고서 등 학습 자료 스캔해서 학교 홈페이지에 올리기

가장 많이 사용하는 이미지부터 볼까요? 결론부터 말하면 이미지 저작권의 기본 전제는 누군가 다른 사람이 만든 사진을 내가 무단으로 사용하는 것은 모두 불법입니다. 하지만 예외 규정이 있는데요. 공공 이익을 위해 사용하는 경우 원저작권자 허락이 필요하지 않을 수 있습니다. 또 내 생각이 많이 들어가 있는 칼럼에 인용하는 이미지라면 2차 저작권을 인정하는 경우가 많다고 합니다.

가장 좋은 것은 직접 찍어서 사용하는 것이고, 그다음은 픽사베이처럼 상업적 이용, 가공도 가능한 이미지를 사용하는 것이고, 그다음은 저작권법이 허용하는 한도 내에서 사용하는 것입니다. 그러기 위해서는 원저작물에 과도하게 의존하지 않고 내 생각과 내용이 담긴 콘텐츠를 작성해야 합니다.

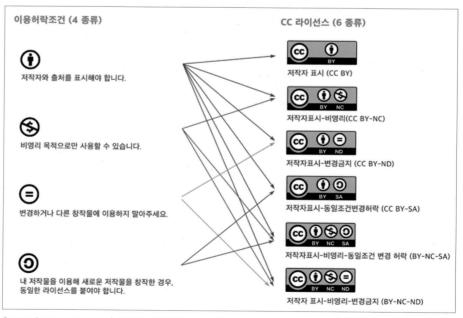

Creative Commons License 사이트 https://ccl.cckorea.org/

쓰라는 건지, 말라는 건지 애매하죠? 그래서 알아야 할 것이 저작권 허용 표시입니다. 인터넷 서핑을 하다가 CCL(creative common license) 마크를 꽤 봤을 텐데 이게 바로 그겁니다. 이 사이트에 따르면 CCL 이용허락 조건은 4가지로 구분됩니다. 저작자 표시(attribution), 비영리(noncommercial), 2차 변경 금지(no derivative), 동일조건 변경 허락(share alike)입니다. 사진, 문서, 동영상 등에 CCL 마크가 있으면 저작물에 대한 이용 방법과 조건을 쉽게 알 수 있고, 따로 저작권자 허락을 구하지 않고도 자유롭게 사용할 수 있습니다. 특성별로는 6가지로 구분할 수 있는데 풀어보면 다음과 같습니다.

저작자 표시(CC BY) 저작자 이름만 표시하면 아무 조건 없이 어떻게 변형해 어떤 목적으로 사용해도 된다는 뜻입니다. 상업적으로도 사용할 수 있고, 다른 작품을 만들 때 소스 이미지로 가져다 써도 됩니다.

저작자 표시-비영리(CC BY-NC) 저작자 이름을 표시하고 변형해 사용할 수는 있지만, 상업적인 목적으로 사용하지 말라는 뜻입니다. 저작자 이름을 표시하고 비영리 목적으론 어떠한 사용도 가능합니다.

저작자 표시-변경 금지(CC BY-ND) 저작자 이름을 표시하고, 이미지 변경은 하지 말라는 뜻입니다. 저작자를 표시하고 원본 그대로 사용한다면 상업적으로 사용할 수 있습니다.

저작자 표시-동일조건 변경 허락(CC BY-SA) 완전히 새로운 저작물을 창작한 경우라도 내 저작권을 그대로 표시해 달라는 뜻입니다. 즉, 내 저작물을 소스로 사용해 무엇을 만들든 허락하지만, 원저작자인 내 이름과 출처를 표시하라는 것이지요. 상업적 사용은 가능합니다.

저작자 표시-비영리-동일조건 변경 허락(BY-NC-SA) 내 저작물을 이용해서 새로운 저작물을 창작해도 되지만, 내 저작권을 그대로 표시해 달라는 의미입니다. 게다가 반드시 비영리 목적인 경우에만 사용을 허락한다는 뜻입니다.

저작자 표시-비영리-변경금지(BY-NC-ND) 가장 강력한 조건입니다. 내 저작물을 이용해서 새로운 저작물을 창작하는 것도 안 되고, 상업적 이용도 하지 말라는 뜻입니다. 변경 없이 비영리 목적으로 사용하고, 저작권은 꼭 표시해야 합니다.

무료 이미지 편집 프로그램

포토스케이프 X

포토스케이프 X – 배우기 쉽고, 쓰기 쉽고, 기능도 다양한데 심지어 무료!

채널을 키우다 보면 이런저런 이미지를 편집해야 할 때가 많습니다. 포토샵이 너무 어렵게 느껴지는 초보자라면 비교적 쉽고 빠르게 배울 수 있는 포토스케이프와 미리캔버스를 추천합니다. 손쉽게 멋진 이미지를 얻을 수 있는데 더구나 무료니까요. 쓰지 않을 이유가 없습니다.

포토스케이프 X는 '선명하게, 뽀샤시, 역광보정'처럼 메뉴 이름과 사용법이 직관적이고 간단한 것이 큰 장점입니다. 이미지 밝기나 색상, 크기를 조절하는 기본 기능은 물론 이미지 일부를 자르거나 글자, 말풍선 등을 넣을 수도 있습니다. 여러 장의 이미지를 한 번에 편집하거나 파일 이름을 바꿀 수 있고, GIF 애니메이션 만들기나 사진 붙이기, 분할하기 등도 가능합니다.

무료 이미지 편집 프로그램 중 가장 많은 다운로드 횟수를 자랑합니다. 네이버나 구글에서 '포토스케이프'를 검색한 후 내려받아 설치하세요. 낮은 사양의 컴퓨터에서도 잘 작동합니다. 윈도 98, Me 사용자는 포토스케이프 3.4 버전을, 윈도 10, 애플 맥(Mac) 사용자는 포토스케이프 X를 사용하는 것이 좋습니다.

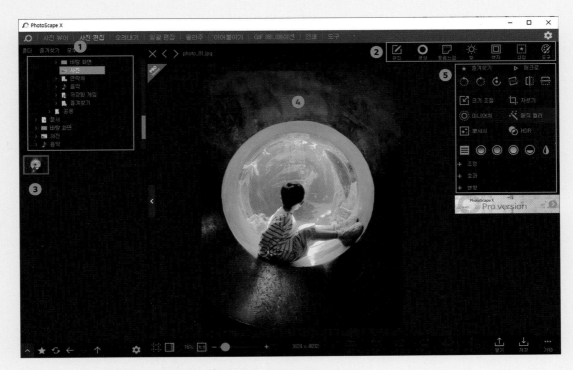

❶ 탐색기 영역   윈도 탐색기랑 똑같습니다. 원하는 폴더로 이동할 때 씁니다.

❷ 메뉴 탭   뷰어, 편집, 편집, 색상, 필름느낌, 빛, 액자, 삽입, 도구 메뉴가 나타납니다.

❸ 미리보기 영역   선택 폴더에 있는 이미지가 섬네일 형태로 나타납니다. 여기서 파일을 선택합니다.

❹ 편집 영역   선택한 이미지를 미리 보고 편집합니다.

❺ 도구 탭   세부 도구 탭입니다. 메뉴를 클릭하면 여기에 세부 도구들이 나타납니다.

❶ 격자   격자무늬 파란 안내선이 나타납니다. 구도, 자르기, 정렬, 기울어진 이미지를 바로 세울 때 편합니다.

❷ 배경   작업화면 배경색을 바꿉니다.

❸ 확대/축소   현재 미리보기 비율입니다. 1:1을 클릭하면 실제크기로 볼 수 있습니다. 숫자를 클릭한 후 비율을 입력하거나 슬라이드를 드래그해 조정합니다.

❹ 되돌리기/실행 취소/다시 실행/다른 설정으로 다시 실행/원본비교/비교하기   작업 상태를 원본으로 되돌리거나 직전 작업을 취소하는 등의 작업입니다.

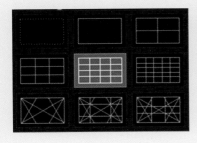

이미지 자르기

무료 이미지를 나만의 이미지로 만드는 가장 쉬운 방법은 '자르기'입니다. 내가 원하는 부분을 자르는 간단한 동작으로 새 이미지를 만들 수 있으니까요. 이때 전하고 싶은 주제 부분을 남겨두고 나머지를 자르는 게 요령입니다. 포토스케이프를 이용하면 빠르고 쉽게 작업할 수 있는데, 흔치 않은 독특한 시각을 얻고 싶다면 '회전하기'를 기억하세요. 이렇게 저렇게 자르고 뒤집고 회전하면서 새로운 이미지를 만들어 보세요.

같은 이미지를 가지고도 다양하게 보일 수 있죠?

1 포토스케이프를 실행한 후 '사진 편집'을
클릭합니다.

2 **이미지 선택하기**

이미지 편집화면이 나타납니다. 탐색기 영
역에서 원하는 이미지가 있는 폴더로 이동
합니다. 미리보기 영역에서 작업할 이미지
를 선택하면 오른쪽 편집 영역에 이미지가
크게 나타납니다.

3 **이미지 자르기**

'편집' 메뉴 탭을 클릭한 후 '자르기' 메뉴를
클릭합니다. 화면 오른쪽에 자르기 메뉴가
나타납니다. 기본값인 '자유롭게 자르기'는
마우스로 드래그한 만큼 자릅니다. 프로필
이나 인스타그램 피드에 올리려면 아래에
서 '1:1'을 선택하세요.

4 선택영역 조정하기

마우스로 자를 영역을 드래그하면 선택영역에 8개의 파란 점이 나타납니다. 조정한 후 '자르기' 버튼을 클릭합니다. 취소하고 다시 선택하려면 아무 작업 없이 다시 선택하면 됩니다.

– 파란 포인트를 마우스로 클릭한 후 드래그
  하면 선택영역 크기를 조정할 수 있습니다.
– 선택영역 안쪽을 클릭한 후 드래그하면
  선택영역 위치를 이동할 수 있습니다.
– '선택 영역 저장'을 클릭하면 현재 선택영
  역만 다른 파일로 저장합니다.

5 저장하기

잘린 이미지가 나타납니다. 하단의 '저장' 버튼을 클릭합니다.

6 '저장' 대화상자가 나타납니다. 저장 위치나 저장 품질 등을 조정한 후 '저장' 버튼을 클릭합니다. 포토스케이프 X 기본 설정은 원본을 따로 보존하는 것입니다. 원본은 'PhotoScape X'라는 폴더에 따로 저장되고, 자르기를 한 이미지는 원본 사진이 있던 폴더에 나타납니다.

이미지 보정하기

이미지 보정 효과는 쓰기에 따라 약과 독이 됩니다. 요란한 효과는 눈에 띄고 재미 있다고 생각할 수 있지만 디자인 의도를 가지고 적용하지 않는 한 내 채널을 산만하고 정신없게 만들 뿐이니 신중하게 사용하세요. 이것저것 다양한 효과를 적용해 보세요. 내 채널에 가장 어울리는 효과를 찾아 일관되게 사용해야 유저에게 개성 있는 이미지를 전할 수 있습니다.

고급스러운 분위기, 재밌는 분위기, 자연스러운 분위기 등 특징을 잡아 그 하나의 분위기를 전할 수 있는 효과를 찾는 게 요령입니다. 다른 사람의 채널을 많이 보고 어떤 이미지, 어떤 효과, 어떤 색, 어떤 크기, 어떤 테두리를 선택해야 그런 분위기 가 날지 고민하는 시간이 필요하겠죠. 요즘 디자인 트렌드는 눈에 확 띄는 효과를 적용하지 않으니 꼭 필요하다고 생각될 때 조금만 사용하세요.

포토스케이프 X에는 재밌는 효과들이 많습니다. 효과는 중복으로 사용할 수 있습니다. 추후 다른 이미지에도 똑같이 적용하길 원한다면 어떤 필터들을 어떻게 섞어 사용했는지 메모는 필수입니다. 포토스케이프 X 기능이나 효과에 대한 자세한 설명이 필요하다면 홈 화면을 이용하세요.

홈 화면 왼쪽 섬네일을 클릭한 후 오른쪽에서 다시 영상을 클릭합니다.

포토스케이프 사이트로 연결되면서 관련 유튜브 동영상 정보가 나타납니다.

콘트라스트 조정하기 – 편집 탭

효과만 다를 뿐 사용법은 대부분 비슷합니다. 이미지 보정의 기초인 콘트라스트를 적용하면서 기본 사용법을 알아보겠습니다. 콘트라스트(contrast)란 밝고 어두운 차이를 말합니다. 사진이 안개가 낀 듯 흐리멍텅할 때 콘트라스트를 보다 강하게 조정하면 밝고 어두운 차이가 강해지면서 좀 더 선명해집니다.

1 '편집' 탭이 선택된 상태에서 '+ 조정'을 클릭합니다. 조정 도구들이 나타나면 '자동 콘트라스트'를 클릭합니다.

2 **효과 전후 비교하며 조정하기**
'자동 콘트라스트' 도구가 나타납니다. 프리셋을 '강'으로 선택하면 대비가 강해집니다. '임계값'을 드래그해 조정하면 강약을 미세하게 조정할 수 있습니다.

– '비교하기' 버튼을 클릭한 후 '비교하기' 아이콘을 누르면 After와 Before 화면으로 나뉩니다. 효과 전/후를 쉽게 비교하며 조정할 수 있습니다.

– '취소' 버튼을 클릭하면 적용된 효과가 취소됩니다.

색상 조정하기 – 색상 탭

'색상' 탭에는 다양한 색상 조정 도구들이 들어 있습니다. 어둡게, 진하게, 생동감, 부분대비(선명도), 어두운 영역 밝게, 밝은 영역 어둡게, 대비, 채도, 색온도, 색조 (Tint) 등을 조정해 보세요. 너무 강하게 적용하면 부자연스러워질 수 있으니 '비교하기' 버튼을 이용해 전후 상태를 확인하면서 작업합니다. '재설정' 버튼을 클릭하면 초기화하고 다시 할 수 있습니다.

분위기 있는 필터 효과 적용하기 – 필름느낌 탭

필름느낌은 이미지 전체에 다양한 필름 느낌을 줄 수 있습니다. '오래된 사진'부터 듀오톤, 룩, 오버레이, 오래된 사진, 먼지, 텍스처, 기타 탭을 사용할 수 있습니다. 필름 효과가 적용된 상태에서 색상 메뉴를 클릭해 더 밝게 어둡게 조정하는 등 중복 적용도 가능합니다.

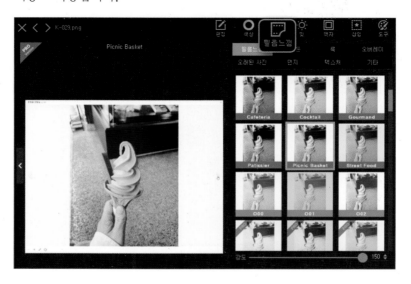

이미지 프레임 만들기 – 액자 탭

이미지에 다양한 테두리를 넣을 수 있습니다. 액자, 모양, 테두리 탭을 선택해 원하는 모양을 만들어 보세요. 특히 사진 프레임 효과를 주거나 독특한 모양으로 자른 듯한 효과를 줄 때 유용합니다.

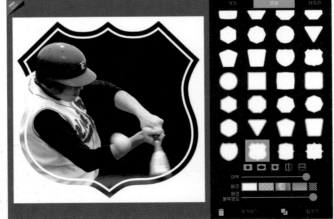

모자이크 효과 적용하기

포토스케이프에서 가장 유용한 작업 중 하나가 바로 모자이크 기능입니다. 블로그나 인스타그램 등을 운영하면서 사람 얼굴이나 차량 번호판이 나오면 소송까지 휘말릴 수 있으니 꼭 주의해야 합니다. SNS에 사진을 올리기 전에 개인정보나 허락받지 않은 사람의 얼굴은 꼼꼼히 모자이크 처리한 후 사용하세요.

1 포토스케이프 X의 '사진 편집' 메뉴를 클릭한 후 작업할 이미지를 불러옵니다. '삽입' 탭을 클릭한 후 '필터'를 클릭합니다.

2 '필터' 메뉴가 나타나면 먼저 모자이크 모양을 선택합니다.

3 이미지에 한가운데 모자이크 선택영역이 나타납니다. 선택영역 안쪽을 클릭한 후 드래그해서 필요한 부분으로 이동합니다. 8개의 파란 점을 드래그해 크기도 조정하세요.

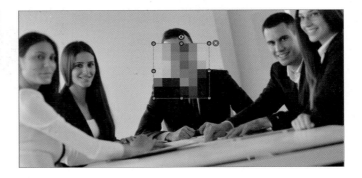

4 이미지를 보면서 모자이크 강도, 각도, 불투명도, 혼합 모드를 조절하면 바로 적용됩니다. 모자이크 강도는 모자이크 픽셀 크기라고 생각하면 됩니다.

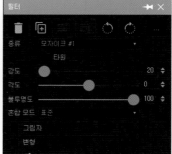

5 '복제하기' 아이콘을 클릭해 같은 설정의 모자이크를 하나 더 만듭니다. 필요한 위치로 가져다 놓습니다.

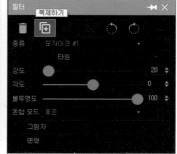

6 강도를 조정해 모자이크 차이를 확인해 보세요.

필요 없는 부분 감쪽같이 지우기

이미지를 수정할 때 자주 사용하는 기능 중 하나가 필요 없는 부분 삭제하기입니다. 불필요한 부분을 지우면 시선을 끄는 요소를 없애 이미지 주제를 돋보이게 할 수 있습니다.

1 포토스케이프 X의 '사진 편집' 메뉴를 클릭한 후 작업할 이미지를 불러옵니다. 상단 메뉴에서 '도구' 메뉴를 클릭한 후 '스팟 복구 브러시'를 클릭합니다.

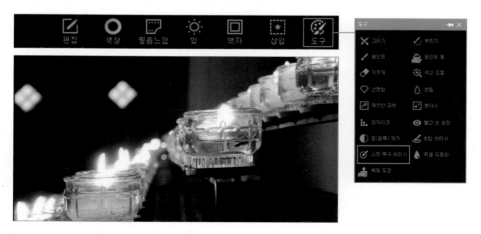

2 지우고 싶은 부분의 크기에 맞춰 브러시 크기를 조정합니다. 이미지에서 지우고 싶은 부분을 마우스로 드래그하면 주변 이미지를 복제해서 드래그한 부분의 이미지가 사라집니다.

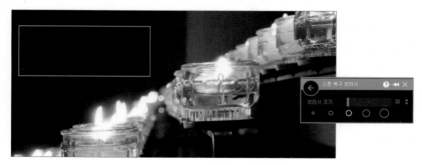

빨간 눈 보정하기

'빨간 눈 보정'은 어두울 때 찍어 눈이 빨갛게 찍힌 사진을 보정합니다. '도구' 메뉴에서 '빨간 눈 보정'을 클릭합니다. 브러시 크기와 경도를 정한 후 빨간 부분을 마우스로 드래그합니다. 빨간색이 사라지면서 자연스럽게 보정됩니다.

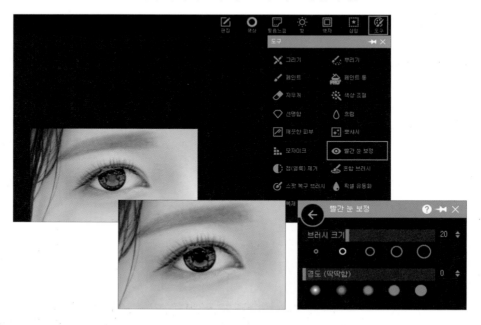

점과 잡티 제거하기 – 점(얼룩) 제거

인물 사진에서 얼굴 잡티를 지우고 싶을 때 '점(얼룩) 제거' 도구를 이용하세요. '도구' 메뉴에서 '점(얼룩) 제거'을 클릭합니다. 브러시 크기를 정한 후 보정 부분을 드래그합니다. 크기를 바꿔가면서 여러 번 작업하면 자연스럽게 보정됩니다.

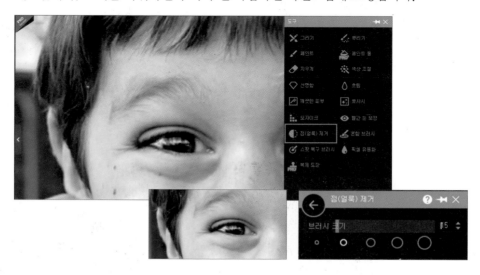

무료 이미지 편집 프로그램

미리캔버스

미리캔버스 – 어마어마한 템플릿을 자랑하는 디자인 플랫폼

외국에 '캔바 Canva'가 있다면, 한국엔 '미리캔버스'가 있습니다. 미리캔버스는 3만 개 이상의 템플릿을 제공합니다. 처음엔 모두 무료였지만, 현재는 유료 템플릿도 판매 중입니다. 하지만 여전히 무료 템플릿이 많고, 쉬운 UI로 초보자도 쉽게 이미지를 편집할 수 있습니다.

로고/프로필, 카드뉴스, 동영상, 유튜브 섬네일, 소셜 미디어 정사각형, 인스타그램 스토리 게시물, 유튜브 채널아트 등 디지털 디자인 템플릿과 인쇄할 수 있는 오프라인 디자인 템플릿을 다양하게 제공합니다. 게다가 직접 디자인한 템플릿을 올리면 로열티를 받을 수도 있습니다. N잡을 고려 중이라면 또 하나의 수익 모델이 될 수 있다는 말이지요.

미리캔버스는 쉬운 UI로 구성되어 있습니다. 어디서 무엇을 하는지만 알면 사용하는 데 크게 무리가 없습니다. 텍스트, 색상, 이미지, 모양, 효과 등 템플릿에 있는 모든 것을 바꿀 수 있지만, 큰 구조는 템플릿을 따라가는 것이 좋습니다. 디자이너들이 만든 템플릿이라 디자인적인 요소가 고려되어 있기 때문이죠. 이후 템플릿 사용에 익숙해지고, 내 채널 디자인에 확고한 생각이 자리 잡으면 그때는 나만의 템플릿에 도전해 보세요.

미리캔버스 '작업 공간' 화면 훑어보기

미리캔버스에서 로그인하면 나타나는 첫 화면입니다. 홈 화면에서 '작업 공간 – 내 디자인 – 디자인 선택'을 해도 이 화면이 나타납니다.

① 템플릿　홈 화면에서 봤던 템플릿이 목록으로 나타납니다.

② 작업 공간　편집이 이뤄지는 공간으로 기존에 디자인한 작품들이 나타나고 편집할 디자인을 선택할 수 있습니다.

③ 사진　사진 이미지들이 제공됩니다. 필요한 사진 이미지를 가져옵니다.

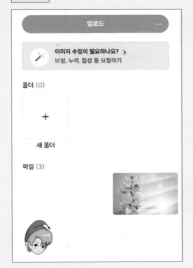

④ **업로드**　외부 이미지나 동영상을 가져옵니다.

⑤ **요소**　일러스트, 아이콘, GIF 애니, 도형, 선, 프레임, 차트, 표, AI 드로잉 등 이미지 요소가 나타납니다.

⑥ **텍스트**　텍스트를 추가하고 편집합니다.

⑦ **테마**　이미지 테마 색상을 알려주고, 새로운 색상으로 바꿀 수 있습니다. 원하는 분위기를 내기 위한 색 조합을 맞추기 힘들 때, 사용하세요.

⑧ **오디오, 동영상**　음악이나 동영상을 선택해 편집합니다(무료, 유료).

1 미리캔버스 가입하기

미리캔버스 사이트에 들어가 '5초 회원가
입'을 클릭합니다.

미리캔버스   https://www.miricanvas.com

2 원하는 방법을 선택합니다. 여기서는 구
글 계정을 선택했습니다. '계정 선택' 화면
이 나타나면 선택합니다.

3 '소셜 계정으로 가입' 대화상자가 나타나
면 동의한 후 '가입하기' 버튼을 클릭합니
다. '로그인 유지하기'를 클릭합니다.

4 미리캔버스 가입 축하 안내 화면이 나타
나면 '시작하기'를 클릭합니다.

5 미리캔버스 화면이 나타납니다.

투명 로고, 구독버튼 만들기

디자인 작업에서는 사실 워터마크나 로고나 프로필 이미지나 만드는 방법은 거의 똑같습니다. 중요한 건 '이 저작물이 내 꺼!'라고 표시하는 것이죠. 용어에 상관없이 내 도장을 만든다고 생각하면 됩니다.

워터마크란 저작권 정보 등을 식별할 수 있도록 디지털 이미지나 오디오, 비디오 파일에 삽입하는 비트 패턴 이미지를 말합니다. 쉽게 블로그에 올라가는 사진에 내 블로그 이름이나 로고를 넣는 것을 생각하면 됩니다. 이미지에 워터마크를 붙이면 저작권 보호받기도 쉽고, 내 도장이 찍힌 이미지 자체가 홍보 역할을 할 수도 있습니다.

흰색 배경의 로고 이미지

배경을 제거한 워터마크용 이미지

투명 로고 만들기 과정

① 템플릿 선택하기 – 로고/프로필
② 캔버스 크기 바꾸기 – 직접 입력
③ 글자 편집하기
④ 이미지 바꾸기 – 업로드
⑤ 로고 내려받기 – 웹용, PNG, 고해상도 다운로드
⑥ 배경 제거하기

템플릿 선택하기 – 로고/프로필

1 '템플릿' 메뉴를 선택한 후 '더보기'를 클릭합니다.

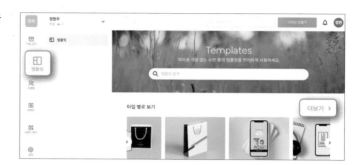

2 바둑판 형태로 템플릿 종류가 나타납니다. 화면 아래쪽으로 스크롤바를 드래그한 후 '로고/프로필'을 클릭합니다.

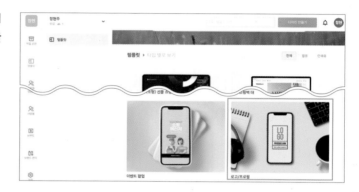

3 '로고/프로필' 템플릿 화면이 나타납니다. 여기서 마음에 드는 스타일을 선택하면 되는데, 왕관 모양이 있으면 월정액 유료버전이니 주의하세요. 처음엔 무료버전만으로도 충분합니다.

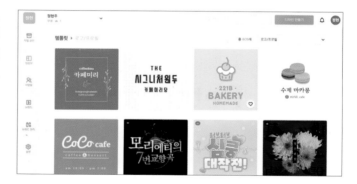

4 템플릿을 클릭한 후 '이 템플릿 사용하기' 버튼을 클릭합니다. 템플릿이 적용된 작업공간이 나타납니다.

캔버스 크기 바꾸기

1 현재 템플릿 사이즈의 드롭다운 단추를 클릭한 후 '직접 입력'을 클릭합니다.

2 입력란에 원하는 사이즈를 입력한 후 '적용하기'를 클릭합니다. 여기서는 가로로 길고 좀 더 큰 로고를 만들기 위해 3000, 1500으로 입력했습니다.

3 캔버스 사이즈가 바뀌어 나타납니다. 간혹 템플릿 이미지가 작게 변할 때가 있는데, 당황하지 말고 캔버스 크기에 맞도록 다시 크게 드래그하면 됩니다.

글자 편집하기

1 글자 부분을 더블클릭하면 글자가 선택
되면서 왼쪽에 텍스트 수정 패널이 나타납
니다.

2 원하는 글자를 입력한 후 편집합니다.
일반적인 문서 편집 기능과 똑같이 사용하
면 됩니다. 글꼴과 글자색, 자간 등을 조정
하고, 글자 위치를 바꾸려면 마우스로 클릭
한 후 드래그하면 됩니다.

이미지 바꾸기 – 업로드

1 템플릿에 있는 이미지를 내 이미지로 바
꿀 차례입니다. '업로드' 메뉴를 클릭한 후
탐색기가 나타나면 미리 작업해 둔 이미지
를 불러옵니다.

2 업로드 패널의 '파일' 부분에 불러온 이
미지가 나타납니다.

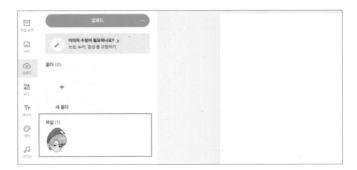

3 템플릿 이미지 삭제하기

템플릿 이미지를 마우스 오른쪽 버튼으로 클릭하면 나타나는 단축메뉴에서 '삭제' 버튼을 클릭합니다. 또는, 이미지를 선택한 후 Delete 키를 눌러도 됩니다.

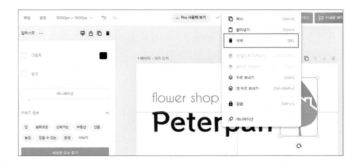

4 '업로드' 메뉴를 클릭한 후 패널에서 이미지를 클릭합니다. 업로드 패널에서 바로 원하는 위치로 드래그해도 됩니다.

5 복제하기

이미지가 템플릿에 삽입됩니다. 작업을 여러 가지 버전으로 해볼 때 페이지를 복제해서 사용하면 좋습니다. 로고 위쪽의 복제 아이콘을 클릭합니다.

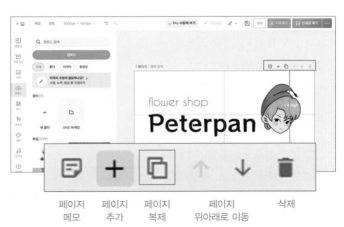

6 아래쪽에 똑같은 로고가 복제되어 나타납니다. 다른 색상이나 폰트를 적용하면서 최적의 작업물을 만들어 보세요.

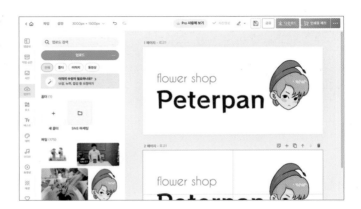

이미지 내려받기

디자인 작업이 완료되었다면 저장합니다. SNS 매체에서 사용해야 하니 웹용, PNG, 투명한 배경으로 선택합니다. PNG는 JPG보다 압축률이 좋은 이미지 파일 형식이고, 투명한 배경 처리를 지원합니다. 특히 워터마크로 사용할 이미지라면 꼭 '투명한 배경'을 선택하세요.

제목을 미리 입력하면 그대로 파일명으로 저장되면서 '파일명 01, 파일명 02, 파일명 03' 식으로 이미지들이 순서대로 다운로드됩니다. 여러 버전으로 작업해 놓았을 때 숫자 구분까지 되면 편리하겠죠? 특히나 여러 장을 만들어 제공하는 '카드뉴스' 이미지를 작업할 때 제목 순서대로 인스타그램이나 페이스북에 업로드하면 편합니다.

카드뉴스란 주요 이슈나 뉴스를 이미지와 텍스트로 디자인해서 보여주는 정보 소통 방식입니다. SNS에서 주로 사용하고 제목+이미지로 구성된 카드를 여러 장 제작하여 한 번에 제공합니다.

1 저장하기

'제목을 입력해주세요' 부분에 디자인 파일명을 입력한 후 저장 아이콘을 클릭합니다. 이 디자인은 나의 디자인에 저장되고, 나중에 수정할 수 있습니다.

2 다운로드 옵션 설정하기

'다운로드' 버튼을 클릭한 후 옵션을 설정합니다. SNS 매체에서 사용해야 하니 웹용, PNG 파일, 투명한 배경으로 선택하면 됩니다. 저장은 미리캔버스에 하는 거고, 내가 사용하기 위해 내 컴퓨터로 내려받으려면 '다운로드'해야 합니다.

3 다운로드 방법 선택하기

'빠른 다운로드'와 '고해상도 다운로드'의 차이는 파일 용량입니다. '빠른 다운로드'는 압축률이 높아서 '고해상도 다운로드'보다 파일 용량이 작습니다. 로고는 고해상도로 다운로드한 후 포토스케이프에서 사이즈를 조정하는 게 좋습니다. 작은 로고는 자칫 깨져 보일 수 있으니까요.

4 작업이 진행된 후 '다운로드' 버튼을 클릭합니다. 내 컴퓨터의 '다운로드' 폴더를 열면 파일을 확인할 수 있습니다.

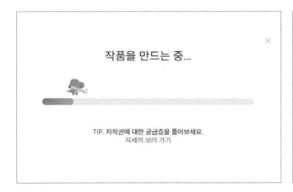

배경 제거하기 – 리무브 사이트

만약 그냥 내려받았는데 나중에 흰 배경을 제거해야 한다면 구글 사이트를 이용해 보세요. 구글에 '배경 지우기'로 검색하면 무료로도 제법 만족스러운 결과를 보여주는 다양한 사이트들이 나옵니다. 여기서는 UI가 가장 간단한 리무브를 사용해 보겠습니다. 단, 리무브에서 배경을 제거하면 파일 사이즈가 원본보다 작아지니 참고하세요.

1 리무브 사이트에 들어간 후 '이미지 업로드' 버튼을 클릭합니다.

2 탐색기가 나타나면 배경을 제거할 파일을 선택한 후 '열기'를 클릭합니다.

3 바로 작업이 시작되고, 배경이 제거된 파일이 나타납니다. '다운로드' 버튼을 클릭해 파일을 내려받습니다.

유튜브 채널아트 만들기

'유튜브 채널에 올리는 간판' 기억하나요? 이번에는 미리캔버스를 활용해서 유튜브 채널아트를 만들어 보겠습니다. 스마트폰이나 PC, 태블릿, TV 등 기기에 따라 화면 크기가 다르기 때문에 가장 작은 화면인 모바일 영역에 맞춰 채널명이 나오도록 해야 합니다.

또 유튜브에서 클릭을 유도하는 '유튜브 섬네일'도 미리캔버스를 이용하면 쉽게 만들 수 있습니다. 작업 방식은 다 비슷합니다. 유튜브 템플릿을 선택한 후 내 채널에 맞게 바꾸면 됩니다. 동영상 개수가 많은 만큼 섬네일에는 내 채널의 특색이 마구 뿜어져 나와야 합니다. 이렇게 만든 섬네일을 일관성 있게 사용해 내 채널만의 정체성을 구축하는 일도 중요합니다. 미리캔버스엔 1,000개 이상의 템플릿이 있습니다. 템플릿을 살펴보면서 내 채널 섬네일을 어떤 스타일로 할지 연구해 보세요.

> 내 채널 섬네일만의 색, 테두리, 폰트, 분위기 등을 정해 일관성 있게 사용하면 유저의 머릿속에 기억될 수 있어요. 디자인에 자신 없다면 일단 템플릿을 변형해 시작해 보세요.

채널아트 만들기 과정

① 템플릿 선택하기 – 채널아트
② 이미지 바꾸기 – 이미지 업로드, 적용하기
③ 글자 편집하기
④ 로고 이미지 – 업로드, 적용하기
⑤ 채널아트 내려 받기 – 웹용, PNG, 고해상도 다운로드

템플릿 선택하기 – 채널아트

템플릿에 있는 요소는 모두 바꿀 수 있지만, 가능하면 템플릿 디자인을 그대로 활용하는 것이 좋습니다. 전문 디자이너가 만든 것이라 아무래도 우리가 신경 쓰지 못하는 디자인 요소들이 적용되어 있으니까요.

템플릿 고를 때, 내가 강조하고 싶은 부분이 잘 적용된 템플릿을 고른 후 나머지를 내 스타일로 바꾸는 게 요령입니다. 예를 들어 내 배경 이미지가 사진이라면 사진이 부각된 템플릿을, 일러스트라면 일러스트가 적용된 템플릿을 고르는 식입니다. 여기서는 사진을 배경으로 할 거라 사진이 있는 템플릿 중에서 고르겠습니다.

1 '템플릿' 메뉴를 선택한 후 '모든 템플릿'을 클릭합니다. '유튜브'를 클릭하면 유튜브에 필요한 템플릿 종류가 나타나는데, 이 중 '채널아트'를 클릭합니다.

2 왼쪽 패널에 유튜브 채널아트 템플릿이 나타납니다.

3 템플릿을 선택하면 작업공간에 나타납니다. 현재 템플릿은 배경과 중앙에 2개의 그림이 있죠? 내 이미지를 불러와 이 그림들 위로 드래그하면 바로 현재 느낌 그대로 적용됩니다.

이미지 바꾸기 – 업로드

1 템플릿에 있는 이미지를 내 이미지로 바꿀 차례입니다. '업로드' 메뉴를 클릭한 후 탐색기가 나타나면 미리 작업해 둔 이미지를 불러옵니다.

2 업로드 패널의 '파일' 부분에 불러온 이미지가 나타납니다. 이미지를 클릭하면 작업화면에 나타납니다.

3 **필터 효과 적용하기**
이미지를 클릭하면 화면 왼쪽에 이미지 편집 패널이 나타납니다. '필터 효과'에서 원하는 것을 클릭하면 적용되고, 필터를 원하지 않으면 '없음'을 선택하면 됩니다.

4 '직접 조정' 탭에서는 이미지의 색상부터 특수효과까지를 직접 보정할 수 있습니다.

5 배경으로 만들기

이미지를 마우스 오른쪽 단추로 클릭하면 나타나는 단축메뉴에서 '배경으로 만들기'를 클릭합니다.

6 템플릿 배경 이미지로 나타납니다.

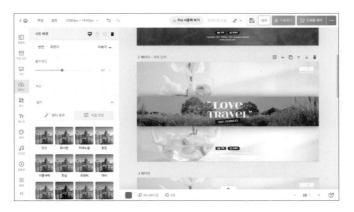

7 이미지 크기 편집하기

배경 이미지를 더블 클릭하면 '배경 편집' 메뉴가 나타납니다. 파란 안내선을 드래그해 크기를 더 크게 조정한 후 적용 버튼 ✓ 을 클릭합니다.

8 타이틀 이미지 편집하기

템플릿 타이틀 이미지를 클릭합니다. 선택된 상태에서 불러온 이미지를 타이틀 부분으로 드래그하면 바로 적용됩니다.

9 타이틀 이미지를 클릭합니다. 왼쪽 패널의 '필터 효과' 탭에서 원하는 필터를 클릭해 원하는 분위기를 적용합니다.

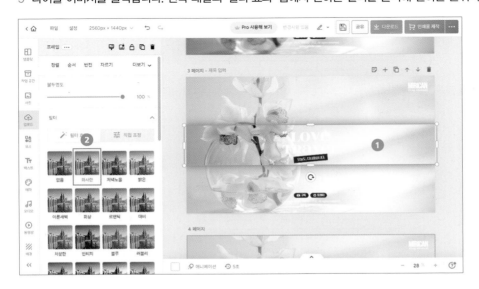

글자 편집하기

1 글자 부분을 더블클릭합니다. 화면 왼쪽에 텍스트 패널이 나타나고, 글자가 파란색으로 선택되어 수정할 수 있는 상태가 됩니다.

2 **글자 영역 크기 조절하기**
원하는 글자를 입력합니다. 템플릿 글자 영역 그대로 적용되기 때문에 2줄로 입력됩니다. 선택영역을 클릭한 후 드래그해 한 줄로 만드세요.

가운데 길쭉한 부분을 클릭한 후 드래그하면 됩니다.

3 글자 영역이 선택된 상태에서 텍스트 패널을 이용해 폰트, 색상, 그림자, 글자 크기 등을 조정합니다. 다른 글자도 모두 수정한 후 타이틀이 잘 보이도록 위치도 이동합니다.

4 **로고 바꾸기**
앞에서 작업한 로고의 글자 부분만 가져와 교체합니다. 자, 이제 나만의 유튜브 채널아트가 생겼습니다.

무료 동영상 편집 프로그램

곰믹스

왜 프리미어가 아니라 곰믹스를?

현재 동영상 전문 편집자들이 가장 많이 사용하는 프로그램은 어도비 프로미어 프로입니다. 다양한 트랙과 엄청난 편집 기능이 있지만 그만큼 배우는 데 시간이 걸리고 어렵습니다. 처음 시작하는 단계에서 너무 많은 준비가 필요하기 때문에, 여기서는 쉽게 배워 바로 써먹을 수 있는 '곰믹스' 사용법을 안내합니다. 프리미어나 곰믹스나 편집의 기본 작동 방식은 비슷하니 곰믹스로 영상 편집의 맛을 좀 느껴본 후 시간을 가지고 프리미어 프로를 배우세요. 계속 이쪽 분야에서 일하고 싶다면 어도비 프리미어 프로를 제대로 배우는 게 좋습니다.

곰믹스는 동영상 플레이어로 유명한 곰플레이어에서 제작한 프로그램입니다. 다른 앱처럼 귀찮은 광고가 없고, 기능이 제한된 무료 버전과 곰믹스 프로라는 유료 버전이 있습니다. 무료 버전에서는 10분 이상 길이의 영상 편집이 불가능하고, 5분이 지나면 워터마크가 나타납니다. 유료로 전환하면 동영상 길이에 상관없이 영상 편집이 가능하며 당연히 워터마크도 없습니다. 그 외 고급 샘플 미디어, 이미지, 템플릿, 오버레이 효과, 필터 효과 등을 추가로 사용할 수 있습니다. 자, 정리되셨죠? 그럼 시작합니다.

곰믹스 화면 살펴보기

곰믹스를 설치한 후 실행하면 나타나는 첫 화면입니다. 직관적으로 이해하기 편리한 UI가 자랑이지만 그래도 처음이라 낯설죠? 곰믹스의 장점은 버튼 위로 마우스 포인터를 가져가면 메뉴명이 한글로 나온다는 것이니 뭔지 잘 모르겠다 싶을 때는 일단 마우스를 가져가 보세요.

❶ **미리보기 영역** 편집 중인 영상을 미리 볼 수 있습니다.

❷ **소스 및 효과 영역** 동영상, 배경, 이미지, 오디오 등을 추가하거나 텍스트 또는 색상 필터, 영상 전환 같은 특수효과를 적용하는 곳입니다.

❸ **타임라인** 실제로 동영상을 편집합니다. 자르고 붙이고 이전, 이후, 음향 편집 등의 작업을 할 수 있습니다.

❹ **프로젝트 관리 메뉴** 작업 중인 동영상 편집 소스 전체를 '프로젝트'라고 표현합니다. 간단하게 동영상 원본 소스라고 생각하세요. 현재 프로젝트를 저장하거나 새 프로젝트를 만듭니다.

❺ **트랙** 미디어 소스, 오버레이 클립, 오디오, 텍스트, 이미지 트랙에서 각 소스를 편집합니다.

❻ **인코딩 영역** 인코딩이란 편집이 끝난 영상을 PC 또는 스마트폰에서 재생할 수 있도록 동영상 파일로 압축해 밖으로 내보내는 작업을 말합니다. 출력 파일 종류와 크기를 설정할 수 있습니다.

1 곰믹스 내려받기

구글이나 네이버 같은 검색포털에서 '곰믹스'를 검색한 후 곰랩 사이트로 이동합니다. '영상 편집' 메뉴를 클릭한 후 '곰믹스 PC'를 선택하고 '다운로드' 버튼을 클릭합니다.

2 다운로드 대화상자가 나타나면 '다운로드' 버튼을 클릭합니다.

3 윈도 탐색기에서 '다운로드' 폴더로 이동한 후 설치 파일을 더블클릭합니다. 압축이 해제된 후 설치를 시작합니다. 화면 안내에 따라 쭉 진행하면 되는데, 설치 과정에서 코덱 설치를 묻는 대화상자가 나타나면 '예'를 선택하세요.

영상 편집하기
재생 순서 바꾸기, 페이드 인/아웃, 일부 삭제

이제 본격적으로 편집해 볼까요? 짧은 동영상 파일을 여러 개 준비한 후 따라해 보세요. 파일 여러 개를 불러와 하나로 만든 후 영상 순서를 바꾸고, 자연스러운 시작과 끝을 위해 페이드인/아웃 효과를 넣고, 필요 없는 동영상 일부를 지우는 것까지 연습하겠습니다.

곰믹스는 비디오, 오디오, 자막 트랙이 하나씩이라 쉽습니다. 곰믹스 무료 버전의 경우 5분이 지나면 워터마크가 붙고, 10분 분량까지만 동영상 편집이 가능하니 참고하세요.

❶ 실행취소/다시 실행 작업했던 것을 취소하거나 다시 실행합니다.

❷ 삭제 선택한 동영상 부분을 삭제합니다.

❸ 자르기 선택한 동영상 부분을 자릅니다.

❹ 영역 선택하기 작업할 영역을 선택합니다.

❺ 선택영역 제거/선택영역만 유지/분할 선택한 영역을 제거하거나, 유지, 분할합니다.

❻ 비디오 조정(반전/회전/배속) 비디오를 반전시키거나 회전, 빠르게 재생되도록 조정합니다.

❼ 화면 크롭 선택한 동영상 부분을 오려냅니다.

❽ 영상 페이드 인/영상 페이드 아웃 영상을 서서히 밝아지거나 어두워지도록 합니다.

❾ 음량 조절 소리 크기를 조절합니다.

❿ 선택된 오디오 편집 선택된 오디오를 편집합니다.

⓫ 영상 전환 여러 개의 영상을 이어 붙일 때 사용합니다. 영상이 이 화면에서 다음 화면으로 넘어갈 때 다양한 효과를 넣어 재미있게 편집할 수 있습니다.

1 파일 불러오기

곰믹스를 실행한 후 소스 및 효과 영역에 있는 '파일 추가'를 클릭합니다. '열기' 대화 상자가 나타나면 원하는 파일을 선택한 후 '열기' 버튼을 클릭합니다. 편집 작업을 하기 전에 필요한 파일을 미리 추가해 놓으면 편하니 작업에 사용할 여러 개의 파일을 한 번에 불러와도 됩니다.

2 파일 삭제하기

'소스 및 효과 영역'의 '미디어 소스' 탭에 불러온 순서대로 파일이 나타납니다. '동영상, 이미지, 오디오' 버튼을 클릭하면 파일 종류별로 볼 수 있습니다. 파일 하나를 선택한 후 삭제 아이콘을 클릭해 보세요. 여기서 파일을 삭제해도 타임라인에 넣은 파일은 삭제되지 않는다는 메시지가 나타납니다. 소스 따로, 트랙 따로 관리된다는 걸 기억하세요.

동영상   이미지   오디오

3 트랙 삽입하기/삭제하기

불러온 영상 파일 하나를 '미디어 소스' 트랙으로 드래그하면 파일이 삽입됩니다. '미디어 소스' 트랙에서 해당 파일을 선택한 후 Delete 를 누르면 삭제됩니다.

4 동영상 재생 순서 바꾸기

트랙에 한 번 삽입된 동영상은 트랙에서 순서를 바꿀 수는 없습니다. 일단 필요 없는 파일을 선택한 후 삭제하고 '미디어 소스' 탭에서 다시 가져오면 됩니다. 원하는 파일을 드래그해 '미디어 소스' 트랙의 원하는 위치에 놓으세요. 여기서는 세 번째와 네 번째 파일 사이로 가져왔습니다.

5 페이드인/아웃 효과 넣기

페이드인할 영상을 클릭한 후 '영상 페이드 인' 버튼을 클릭합니다. 해당 영상 위에 녹색 역삼각형이 표시됩니다. 같은 방법으로 맨 끝 영상을 선택한 후 타임라인에서 페이드아웃 버튼을 클릭하세요. 영상을 재생해 보면 서서히 밝아지고 서서히 어두워지는 것을 확인할 수 있습니다. 보통 영상 처음과 끝에 이 작업을 해주면 시작과 끝부분이 자연스럽게 연결됩니다.

6 동영상 일부 자르기

영상을 미리보기로 재생하면서 보다가 필요없는 장면이 있으면 '자르기' 버튼을 클릭합니다. 현재 재생 위치를 알려주는 빨간 선이 있는 곳이 잘라져 분리됩니다. 삭제하고 싶은 끝부분에서 다시 한 번 '자르기' 버튼을 클릭하세요. 자른 부분을 클릭한 후 [Delete]를 눌러 지우면 됩니다.

자르기 시작부분 선택

자르기 끝부분 선택

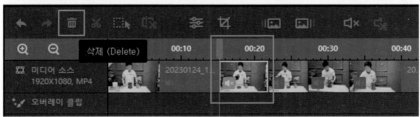

삭제

영상 사이를 매끄럽고 세련되게 이어가기

영상 전환

여러 개의 영상이 이어지는데 각 영상이 이어지는 부분이 뚝뚝 끊기면 보기에 불편하겠죠? 영상과 영상 사이가 자연스럽게 이어지도록 화면전환 효과를 넣을 수 있습니다. 재미를 주기 위해 이런저런 효과를 많이 넣을 수 있지만 꼭 필요한 경우가 아니라면 자제하세요. 너무 과하면 보기 불편합니다.

가장 많이 사용되는 효과는 '사라지기'로 부드럽게 화면이 전환됩니다. '왼쪽 밀어내기'를 선택하면 다음 영상이 앞에 있던 영상을 밀어내면서 전환됩니다. 보통 사라지기 효과를 선택하면 안정적인 영상이 되는데, 분위기를 전환할 필요가 있거나 잠깐의 재미를 주고 싶다면 다른 효과를 선택해 보세요.

곰믹스 영상 전환 효과

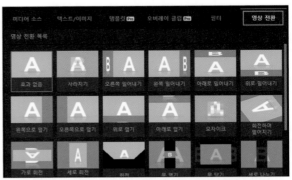

사라지기

왼쪽 밀어내기

가로 나누기

모자이크

1 트랙에서 영상 전환 효과를 줄 파일을 클릭합니다. 소스 영역에서 '영상 전환' 탭을 클릭한 후 '사라지기' 효과를 선택하고 '적용' 버튼을 클릭합니다.

2 미리보기 화면에서 사라지기 효과가 적용된 것을 볼 수 있습니다. 영상 전환이 들어간 영상 사이에는 작은 막대가 나타납니다. 맨 앞 영상 파일에는 전환을 적용할 수 없으니 참고하세요.

뭔가 밋밋하다 싶으면 영상에도 필터를!

영상 필터

어떤 종류의 필터든 필터는 액세서리 같은 거라서 과하면 안 쓰는 것보다 못합니다. 하지만 제대로 쓰면 남과 다른 개성을 강하게 어필할 수 있는 무기가 되기도 하지요. 영상에도 필터를 쓸 수 있습니다. 영상 일부나 전체의 색상을 변경하거나 다양한 효과를 넣을 수 있으니 잘 사용해 보세요.

곰믹스는 색상 보정 4개, 색상 필터 20개, 질감 필터 8개까지 총 32개의 필터를 제공합니다. 필터별 세부 조정도 가능해서 실제로는 더 많은 분위기를 만들 수 있습니다. 필터를 선택한 후 세부 조정을 하고, 적용 범위가 '현재 영상'인지 '전체 영상'인지를 선택하면 해당 범위에 맞게 필터가 적용됩니다.

곰믹스 영상 필터

색상/채도/명도

세피아

옛날 사진

무지개

1 필터 적용하기

트랙에서 필터 효과를 줄 파일을 선택합니다. 소스 영역에서 '필터' 탭을 클릭한 후 필터를 선택하면 '미리보기 영역'에서 바로 확인할 수 있습니다. 필터 종류에 따라 '상세 조정 영역'이 나오면 강도를 조정하세요. 해당 필터를 적용할 범위를 선택한 후 '적용' 버튼을 클릭합니다.

2 필터 효과 해제하기

'필터' 탭에서 '효과 적용 해제' 버튼을 클릭한 후 '적용' 버튼을 클릭합니다.

요즘은 음성보다 자막이지
자막 편집

요즘은 일상이 SNS인지라 밥 먹을 때도, 잠들기 전에도, 쉬는 시간에도 스마트폰을 손에 들고 있죠. 음성 없이 자막으로 영상을 볼 때도 많아서 이제는 꼭 필요한 기능이 되었습니다. 자막을 넣을 때 편한 툴 중 하나가 바로 곰믹스입니다. 손쉽게 자막을 넣을 수 있어서 좋지만, 사용할 수 있는 폰트가 제한적이라 아쉽습니다. 예능에서 보는 것 같은 다양한 자막을 넣고 싶다면 프리미어 프로를 사용해야 합니다.

❶ 폰트 종류　원하는 폰트를 선택합니다. 단, 산돌 폰트가 포함된 영상을 상업 용도로 사용하면 반드시 영상 안에 산돌 폰트를 사용했음을 안내해야 하니 주의하세요.

❷ 순서대로 글자 크기, 글자 스타일, 굵게, 기울임꼴, 밑줄 / 정렬 – 왼쪽 맞춤, 가운데 맞춤, 오른쪽 맞춤 / 글자색, 글자 윤곽선 색, 글자 배경색, 그림자입니다.

❸ 나타내기/사라지기/위치　자막이 등장하거나 사라질 때 효과를 주고, 자막 위치를 정합니다.

❹ 텍스트 입력란　텍스트를 입력합니다.

❺ 지속 시간　텍스트를 입력한 후 미리보기 화면을 보면서 원하는 장면까지 지속 시간을 늘리거나 줄일 수 있습니다. 노출하고 싶은 시간이 정해져 있을 때 사용하세요.

❻ 시작 시각　자막이 나타나는 시각을 정합니다. ❼ 종료 시각　자막이 사라지는 시각을 정합니다.

1 자막 입력하기

트랙에서 자막을 넣을 영상 파일을 선택합니다. 소스 영역에서 '텍스트/이미지' 탭을 클릭한 후 '텍스트 추가' 버튼을 클릭합니다.

2 소스 영역에 글자를 넣을 수 있는 '텍스트 추가' 편집기가 나타납니다. 트랙의 빨간 선이 노란색으로 바뀌면서 자막 위치를 알려줍니다.

3 자막 편집하기

자막을 입력합니다. 미리보기 영역을 보면서 원하는 글꼴이나 글자 크기 등으로 편집하세요. 일반 워드 프로그램에서 쓰는 그대로 사용하면 됩니다. '텍스트 스타일'을 클릭하면 이미 만들어진 글자 효과를 빠르게 적용할 수 있습니다. 나만의 스타일을 만든 후 '현재 스타일 추가' 버튼을 클릭해 추가할 수도 있습니다.

4 자막 노출시간 조정하기

'텍스트/이미지' 탭에서 노출시간을 조정한 후 '적용' 버튼을 클릭합니다.

– 지속 시간: 자막이 보이는 시간을 말합니다. 지속 시간의 '+' 를 클릭할 때마다 1초씩 추가되고, 자막을 노출하고 싶은 장면까지 이동할 수도 있습니다.

– 시작 시각 조정하기: 왼쪽이 시작 시각입니다. 클릭하면 노란색으로 바뀌는데 자막이 나타날 부분에 가져다 놓으세요.

– 종료 시각 조정하기: 오른쪽이 종료 시각입니다. 자막이 사라지게 할 부분에 가져다 놓으세요. 시작과 종료 시각을 정하면 자연스럽게 지속 시간이 나타납니다.

5 자막 수정, 삭제하기

만든 순서에 따라 T1, T2 형식으로 '텍스트/이미지' 탭과 '텍스트' 트랙에 자막 파일이 나타납니다. 파일 아래 있는 '수정, 복제, 삭제' 버튼을 이용해 편집할 수 있습니다. '텍스트' 트랙에 만들어진 자막 파일을 마우스 드래그해 자막 위치를 조정해도 됩니다.

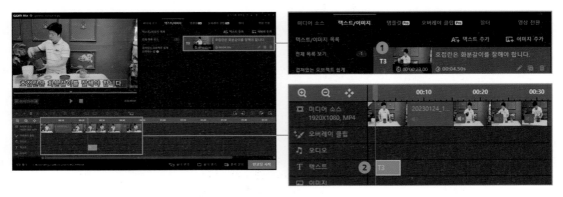

영상에 이미지와 로고 추가하기
텍스트/이미지 삽입

동영상 중간중간 상황에 따라 귀엽거나 재밌는 이미지를 넣을 수 있습니다. 블로그에 이모티콘을 넣는 목적과 똑같이 분위기를 바꿀 수 있죠. 하지만 더 중요한 활용법은 로고나 채널명을 이미지로 만들어 동영상이 재생되는 내내 나타나도록 하는 것입니다. 시청자들이 내 채널명을 기억하게 하는 데 큰 도움이 되니까요.

곰믹스 기본 이미지는 156개 정도 제공되고, 유료 프로그램을 활용하면 애니메이션 이미지 284개를 더 사용할 수 있습니다. 기본 이미지에는 다양한 말풍선, 이모티콘, 사물, 캡션 등이 있으니 잘 찾아 사용해 보세요.

곰믹스 이미지

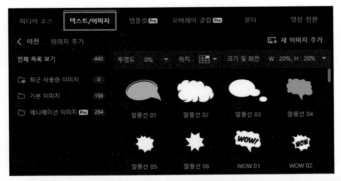

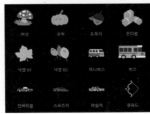

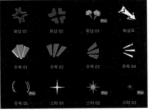

1 이미지 넣기

트랙에서 이미지를 넣을 영상을 선택한 후 이미지를 넣을 위치로 이동합니다. 소스 영역에서 '텍스트/이미지' 탭을 클릭한 후 '이미지 추가' 버튼을 클릭합니다.

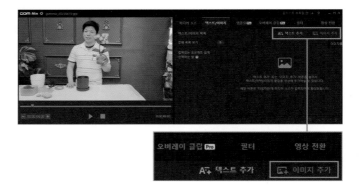

2 다양한 클립아트가 나타납니다. 클립아트 중 하나를 클릭하면 화면에 나타납니다.

3 이미지 편집하기

입력된 이미지를 마우스로 클릭한 후 드래그하여 크기나 위치, 각도를 자유롭게 조정할 수 있습니다. 이미지 박스 위쪽의 '투명도'에서는 투명 강도를 수정하세요. '위치'와 '크기 및 회전'에서는 숫자를 입력해 디테일하게 조정할 때 사용합니다.

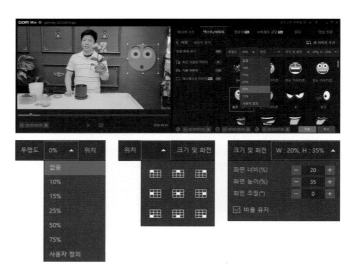

4 노출시간 조정하기

시간 조정 방법은 자막과 똑같습니다. '텍스트/이미지' 탭에서 노출시간을 조정합니다.

영상 재생 후 3.70초에 이미지가 나타났다가 9.70초에 사라집니다. 6초 동안 이미지가 보인다는 뜻입니다.

5 새로운 이미지 추가하기

로고나 프로필 이미지 등을 가져와 현재 영상에 추가할 수도 있습니다. '새 이미지 추가' 버튼을 클릭합니다. '열기' 대화상자가 나타나면 원하는 이미지를 선택한 후 '열기'를 클릭합니다. 앞에서 만든 로고를 불러와 보세요.

6 이미지가 나타납니다. 외부 이미지도 모든 이미지 옵션을 사용할 수 있습니다. 노출시간을 조정한 후 '적용' 버튼을 클릭합니다. 로고가 동영상 재생 내내 나타나게 하려면 미리보기 아래쪽의 시계를 참고하여 영상 시작하는 시간을 '시작 시각'에 입력하고, 끝나는 시간을 '종료 시각'에 입력하면 됩니다.

7 '텍스트/이미지' 탭을 보면 I5라는 새 이미지가 적용되었고, 46초 동안 나타난다는 것을 알 수 있습니다. 아래쪽 '이미지' 트랙에 I5 이미지가 전체 영상 중 얼마 동안 나타날지 직관적으로 표시됩니다.

로고가 46초 동안 나타난다는 것을 알 수 있죠?

영상 수준을 끌어올리는 오디오 다루기

음악 편집

영상에서 음악의 중요성은 말할 필요도 없을 정도입니다. 의사소통의 중요한 축이자 감동을 전하는 방법이기도 합니다. 몇 가지만 알면 내려받은 음악을 편집하여 영상에 자연스럽게 녹아들도록 적용할 수 있습니다. 곰믹스로 음악을 편집해 봅시다.

곰믹스 오디오 편집기 대충 훑어보기

❶ 작업 되돌리기/다시 실행하기 작업 이전 상태로 돌아가거나 다시 실행합니다.

❷ 선택영역 제거 선택영역을 제거합니다. ❸ 선택영역만 유지 선택영역을 뺀 나머지를 모두 삭제합니다.

❹ 영역 선택 해제 선택했던 영역을 취소합니다.

❺ 페이드 인/아웃(소리 서서히 키우기/줄이기) 음악도 영상처럼 처음 시작할 때 소리를 천천히 크게 하고 끝날 때 천천히 작아지게 해야 안정감을 줄 수 있습니다.

❻ 음량 조절 음량을 조절합니다. 최소 0~1,000%까지 조정할 수 있습니다. 기본은 100%입니다.

❼ 오디오 타임라인 영역 '보기 설정'에서 지정한 채널의 오디오 파형이 표시됩니다.

❽ 미리듣기 영역 오디오 타임라인 영역에 표시된 오디오를 재생합니다.

❾ 시작구간 선택, 종료구간 선택 오디오 파형에서 선택한 부분을 시작 지점이나 종료 지점으로 지정합니다.

❿ 길이 오디오 파형에서 선택한 부분의 길이를 지정합니다.

1 오디오 파일 불러오기

소스 영역 '미디어 소스' 탭에서 '파일 추가'를 클릭합니다. '열기' 대화상자가 나타나면 음원 파일을 찾아 선택하고 '열기' 버튼을 클릭합니다.

2

소스 영역에 파일이 추가됩니다. 파일을 선택한 후 '오디오' 트랙으로 드래그합니다. 음원 파일이 '오디오' 트랙에 나타납니다. 오디오가 비디오 파일보다 훨씬 길죠? 이런 경우 오디오 파일을 편집해야 합니다. 일부 구간에서만 특정 음악이 나오도록 하고 싶을 때도 편집이 필요합니다.

3 오디오 파일 편집하기

오디오 파일을 마우스로 클릭해 선택한 후 왼쪽으로 드래그해 길이를 줄입니다. 영상과 길이는 맞췄지만 이렇게 하면 소리가 압축되어 빠른 템포로 바뀝니다. 반대로 오른쪽으로 드래그하면 더 느려지겠죠? 편하긴 하지만 소리가 뭉개집니다. 원래대로 되돌리려면 '선택된 오디오 편집' 아이콘을 클릭한 후 '원래대로 되돌리기'를 클릭합니다. 여기서는 간단히 Ctrl + Z 를 눌러 취소합시다.

처음 원본을 불러왔을 때

왼쪽으로 드래그하여 영상 길이에 맞춰 오디오 파일을 줄였을 때

4 영상 길이 체크하기

제대로 해볼까요? 마지막 영상을 클릭해 체크해 보니 49.61초에 화면이 종료되지요? 여운을 주기 위해 영상보다 음악을 조금 더 길게 할 수도 있지만 여기서는 영상 길이에 맞춰 음악을 끝내 봅시다.

5 곰믹스 오디오 편집기 실행하기

트랙에서 오디오 파일을 선택한 후 '선택된 오디오 편집' 아이콘을 클릭하고 '편집'을 클릭합니다.

6 재생구간 선택하기

'GOM Mix 오디오 편집기' 대화상자가 나타납니다. 타임라인 영역에서 오디오 구간을 선택할 수 있습니다. 왼쪽 선을 적당한 위치로 드래그해 시작 부분을 정합니다. 끝부분도 마찬가지로 선택하세요. 세밀하게 선택하려면 아래 구간 선택 입력란에 직접 시간을 입력해도 됩니다. 어떻게 해도 되니 영상 길이에 맞춰 조정해 보세요.

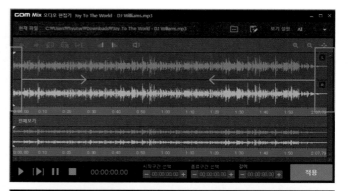

시작구간을 선택한 후 '길이'에 현재 영상 길이인 49.61초를 지정해도 되겠죠?

7 '선택영역만 유지' 버튼을 클릭합니다.
그럼, 선택된 영역의 오디오만 오디오 타임
라인 영역에 남게 됩니다. 다 되었으면 '적
용' 버튼을 클릭합니다.

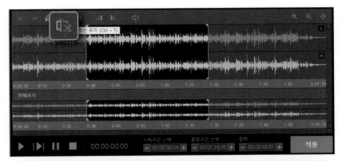

8 '오디오' 트랙의 오디오 길이가 조정되었
습니다. 이제 영상 길이랑 비슷하죠?

9 **음량 조절하기**
영상이 재생될 때 배경음악 소리가 너무 크
면 안 되므로 부드럽게 깔리도록 전체적으
로 볼륨을 20% 정도로 조정합니다. '음량
조절' 버튼을 클릭한 후 '음량 조절' 대화상
자가 나타나면 원하는 수치를 입력하고 '적
용' 버튼을 클릭하면 됩니다.

10 볼륨 페이드 인/페이드 아웃

이제 소리가 갑자기 빵 하고 재생되거나 훅 끝나지 않도록 조절하겠습니다. '페이드 인' 버튼을 클릭합니다. '페이드 인' 대화상자에서는 앞쪽 몇 초까지를 어느 정도 볼륨으로 시작할지 설정할 수 있습니다. 여기서는 기본값인 5초를 29.22초로 바꾸었습니다. 재생 시작부터 29.22초 동안 서서히 커지도록 조정한 것입니다. '적용' 버튼을 클릭합니다. 같은 방법으로 '페이드 아웃' 버튼을 클릭한 후 끝나기 5초 전부터 천천히 소리가 줄어들게 조정하고 '적용' 버튼을 클릭합니다.

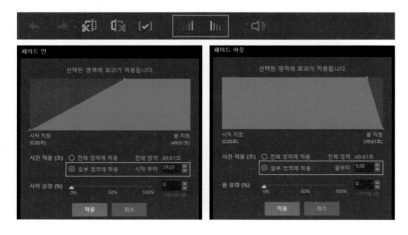

11 페이드 인/ 페이드 아웃을 적용하면 오디오 파장의 양옆이 점차 가늘게 바뀝니다. 자, 이제 모든 작업을 마쳤으니 오디오 편집기에서 '적용' 버튼을 클릭하세요. 편집한 음원이 오디오 트랙에 적용됩니다.

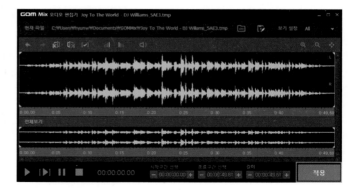

12 뭔가 복잡해 보였는데 직접해 보니 어떤가요? 여기까지 곰믹스를 이용해 영상, 자막, 이미지, 음악까지 모두 편집해 보았습니다. 어떤 동영상 프로그램을 사용하든 여기서 해본 작업들이 기본이니 너무 겁먹지 말고 도전해 보세요.

여기까지 하면 동영상 편집 끝!

인코딩

동영상 인코딩 시 주의할 점

동영상을 스마트폰으로 촬영하고 컴퓨터로 옮겼습니다. 곰믹스를 이용해 여러 동영상을 하나의 파일로 합치고, 그림과 로고를 넣고, 음악과 자막을 넣어 편집을 마쳤다면 이제 마지막 작업인 인코딩이 남았네요. '인코딩'이란 여러 가지로 조합되어 있는 파일을 압축하여 컴퓨터나 핸드폰에서 볼 수 있는 파일로 변환하는 것을 말합니다.

곰믹스 홈 화면에서 '출력 설정' 버튼을 클릭하면 '출력 설정' 대화상자가 나타납니다. 원하는 출력 형식이 있다면 이곳에서 조정할 수 있는데, 특별한 경우가 아니라면 기본 설정을 유지하는 것이 좋습니다. 조금이라도 더 빠른 인코딩을 하고 싶다면 '인코딩 시작'을 클릭한 후에는 아무것도 손대지 말고 그냥 놔두는 게 좋습니다. 짧은 영상은 금방 끝나지만, 조금 긴 영상이거나 편집 요소가 많이 들어간 영상은 인코딩 시간이 길어집니다. 에러가 생겨 처음부터 다시 인코딩해야 하면 정말 괴롭죠. 인코딩 중엔 컴퓨터를 이용하지 않는 것이 상책입니다.

1 편집이 다 끝났으면 곰믹스 화면 오른쪽 아래에 있는 '인코딩' 시작 버튼을 클릭합니다.

2 '인코딩' 대화상자가 나타나면 파일 저장 위치와 이름을 입력한 후 '인코딩 시작' 버튼을 클릭합니다. 파일이 인코딩되는 과정이 나타납니다. 그냥 놔두면 인코딩이 끝나고 '인코딩 작업이 완료되었습니다.'라는 안내가 나타납니다. 이제 정말 끝!

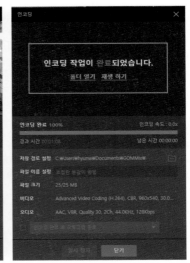

PART 6

그 결과 우리가 원하는
최종 목표, 수익

SNS 마케팅, N잡, 광고 수익, 제휴마케팅……
듣는 말은 많은데 헷갈리기만 할 뿐입니다.
정작 알려고 덤벼도 구체적으로 알려주는 사람도 없죠. 왜 그럴까요?
SNS로 잘 키운 내 채널로 뭘 어떡해야 돈이 될지 속 시원하게,
그리고 꼼꼼하게 하나씩 알아봅시다.

광고 제휴업체랑 일하기

내 채널을 운영하기 시작한 초기부터 광고 제휴업체를 통해 돈을 벌 수는 있습니다. 하지만 꼭 기억할 것도 있습니다. 순수하게 콘텐츠만 올리다가 갑자기 광고를 게재하면 배신감을 느끼는 사람들이 생길 수 있다는 것입니다. 당장 큰돈이 되지 않더라도 내 채널 주제와 어울리는 광고 콘텐츠를 조금씩 올리면서 채널을 활성화하는 것이 결과적으로는 광고수익을 더 크게 만드는 지름길일 수 있습니다.

광고 제휴업체가 뭐죠?

광고 제휴업체란 광고주와 실제로 광고하는 사람을 연결해 주는 회사들을 말합니다. 간단히 '광고 중개업체'라고 생각하면 쉽습니다. 내 채널에 제휴업체가 소개한 광고주의 광고를 올리고, 그 효과에 따른 광고비는 제휴업체를 통해 받는 거죠. 시작한 지 얼마 안 된 SNS 마케터가 돈을 벌 수 있는 가장 쉬운 방법입니다.

주의할 점　광고 제휴업체 광고는 외부 링크를 제공하는 경우가 많습니다. 네이버, 유튜브, 인스타그램 어디를 막론하고 플랫폼은 광고성 콘텐츠를 좋아하지 않습니다. 광고성 콘텐츠가 유저에게 좋은 영향을 주지 않는다고 생각하기 때문입니다. 광고성 링크가 있는 콘텐츠를 왜곡 콘텐츠로 판단하고, 적극적으로 노출을 배제하기도 합니다.

가장 안전한 방법은 수익을 원하는 크리에이터를 위해 플랫폼에서 제공하는 광고 채널을 이용하는 것입니다. 네이버 블로그에서는 '네이버 애드포스트'를 신청해서 활용하세요. 유튜브에서는 'YPP(유튜브 파트너스 프로그램)'을 활용합니다. 티스토리라면 '구글애드센스'를 붙여서 활용하면 됩니다.

그런데도 적용하고 싶다면? 어느 정도 팔로워가 있으면 광고 제휴마케팅이 기본적인 수익을 만드는 방법입니다. 이때도 내 채널 콘텐츠와 유사성이 높고, 내 팔로워에게 도움이 될만한 광고를 선별해서 적용하는 것이 좋습니다. 예를 들어, 영화 채널을 운영하는 크리에이터라면 신규 영화와 관련된 광고 콘텐츠를 제작해서 올리는 것입니다.

가장 중요한 것은 내 채널의 콘셉트입니다. 제휴마케팅이든 N잡이든 체험단이든 첫 번째 기준은 '내 채널의 콘텐츠와 팔로워에게 도움이 될 것인가'입니다. 수익성이 높더라도 내 채널에 도움이 되지 않는다면 과감히 거르세요. 정상 콘텐츠와 광고성 콘텐츠 비율은 9:1이 가장 좋다는 것도 기억해 두세요. 매번 광고성 콘텐츠가 노출된다면 하나둘 팔로워들이 떠나게 될 것입니다.

광고에도 종류가 있다면서요?

아무래도 온라인 마케팅 쪽은 실질적인 광고 결과에 더 중심을 두기 때문에 과금방식에 따라 광고 형태가 다릅니다. 크게 CPC, CPS, CPA, CPI, CPM까지 5가지로 구분합니다. 광고 종류와 해당하는 업체들을 소개합니다. 업체별 UI가 어렵지 않아서 초보자도 쉽게 도전할 수 있습니다.

CPC(Cost Per Click) 클릭당 광고수수료 – 구글 스폰서, 네이버 파워링크

익숙한 키워드 광고가 이 방식인데, 검색결과 상단에 나오는 네이버 파워링크나 구글 GDN 등이 대표적입니다. 배너광고가 전부였던 시절에 광고주의 광고효율을 높이기 위해 나온 모델인데, 계속 발전하면서 지금도 많이 사용하고 있습니다. 광고를 본 유저가 광고를 클릭하면 광고주의 광고계좌에 있는 금액이 자동으로 빠져나가고, 그 광고를 올린 사이트나 블로그, SNS 주인에게 광고비가 지급됩니다. 클릭당 단가가 크지 않지만, 클릭 수가 많아지면 말이 다르죠. 그래서 개인보다는 큰 포털에서 많이 사용하고 판매되는 광고방식입니다.

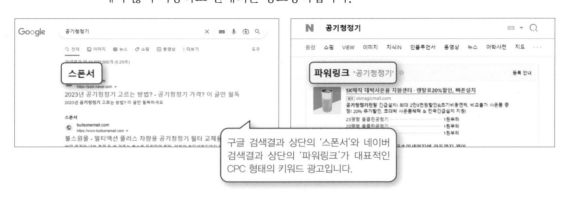

구글 검색결과 상단의 '스폰서'와 네이버 검색결과 상단의 '파워링크'가 대표적인 CPC 형태의 키워드 광고입니다.

CPS(Cost Per Sale) 판매당 광고수수료 – 쿠팡 파트너스, 링크프라이스

내가 올린 광고를 보고 유저가 물건을 살 때마다 광고비를 받는 형식입니다. 대표적인 것이 아마존인데요. 판매에 성공한 쇼핑리더에게 3~10%가 넘는 수수료를 제공합니다. 해외에선 굉장히 활발하게 진행되고 있는데, 광고를 게재하는 사람의 능력에 따라 천차만별의 수익을 낼 수 있는 모델입니다. 보통 '어필리에이트 마케팅 affiliate marketing'이라고 부르는데, 제휴마케팅 일종입니다. 한국에선 쿠팡 파트너스, 링크프라이스 등이 유명합니다.

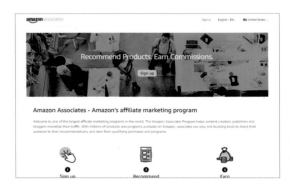

아마존 associates 서비스
상거래 리더에게 3~10%의 광고비용을 제공합니다.

쿠팡 파트너스
상거래 성공자에겐 3~N%의 광고비용을 제공합니다.

링크프라이스
다양한 매체의 인플루언서들이 CPS 광고를 자신의 매체에 올려서 홍보하고 수익을 냅니다.

CPA(Cost Per Action) 액션당 광고료 – 텐핑, 디비디비딥

내가 올린 광고를 보고 유저가 특정한 행동을 했을 때 광고수수료를 받을 수 있습니다. 예를 들어, 사이트의 회원가입이나 상담신청 등의 액션이 발생하면 광고비가 지불됩니다. 판매당 광고비를 받는 CPS 모델보다는 액션이 덜 해서 참여확률이 높습니다.

이 모델에 주력하는 업체는 디비디비딥, 텐핑 등입니다. 시장에선 이해하기 편하게 나눠 놓는 경우가 많아 나눠서 설명하고 있지만 크게 보면 CPS나 CPI도 결국 액션을 요구하는 CPA 광고라고 할 수 있습니다. 광고주가 제시하는 전환금액은 천차만별이지만, 어려운 액션일수록 비싼 금액을 제시하는 경우가 많습니다.

텐핑(https://tenping.kr/)

디비디비딥(https://www.dbdbdeep.com/ma2/)

CPI(Cost Per Install) 설치당 광고수수료 – 애드픽, 애드릭스

프로그램이나 앱을 설치할 때마다 광고비를 받을 수 있습니다. 스마트폰이 나오면서 최근 가장 많이 생긴 광고모델이며, 주요 광고주는 게임업체인데 점점 다른 앱들도 광고주로 들어오고 있습니다.

CPI 방식은 보상형(Reward)으로 진행되는 경우가 많습니다. 보상형이란 매체가 유저에게 보상(리워드)을 대가로 앱 설치를 유도하는 것을 말합니다. 광고 효과를 높이기 위해 앱을 내려받고 실제 앱을 이용하는 경우에만 리워드를 주기도 합니다. 제휴업체로는 애드픽, 애드릭스 등이 있습니다.

애드픽(https://www.adpick.co.kr/)

애드릭스(http://www.adlix.co.kr/)

CPM(Cost Per Mile) 1,000회 노출당 광고료 - 기업용

내 광고를 유저에게 노출하고 노출수가 1,000회를 넘기면 책정된 광고비를 받을 수 있습니다. 엄청난 노출수가 필요해서 개인이 하기는 어렵고, 주로 대형 포털 사이트에서 배너광고를 CPM 방식으로 판매해 왔습니다. 유명한 카페에서 카페 메인에 배너를 올리고 CPM 방식으로 판매하기도 합니다. 노출량이 많은 채널이라면 고려해 볼 만합니다. 하지만 요즘 광고추세는 실제 액션을 중요하게 생각하기 때문에 브랜드 인지도를 올리려는 기업들을 제외하면 선호하지는 않습니다.

네이버 포털 위쪽의 배너 광고가 CPM 방식입니다.

다음 포털 위쪽의 배너 광고가 CPM 방식입니다.

N잡 플랫폼이랑 일하기

투잡, 쓰리잡을 넘어서 N잡이 유행입니다. 그저 다양한 수익을 만드는 방법의 하나가 아니라, 또 다른 자아실현의 방편으로 접근하는 일도 많죠. 여러분이 SNS 마케팅을 배우고, 자신의 채널을 잘 가꾸면 생각보다 할 수 있는 일들이 많습니다. 물론 모든 일에는 공력이 들어갑니다. N잡 플랫폼에서 활동할 때도 지금까지 배운 SNS 마케팅 기법을 적용하기를 바랍니다. 기억하세요. '콘셉트 구축과 꾸준함, 원활한 커뮤니케이션'

N잡, N잡러, N잡 플랫폼?

'N잡'이란 2개 이상의 복수를 뜻하는 N과 직업을 뜻하는 잡(Job)이 결합하여 2개 이상의 다양한 일을 한다는 의미입니다. 'N잡러'란 N잡에 사람을 뜻하는 러(~er)가 합쳐진 신조어로, 본업 외에도 부업 및 취미 활동을 즐기며 전업 혹은 겸업하는 사람을 일컫는 말입니다.

코로나19 이후 재택근무 형태가 많아지면서 N잡러가 된 사람들이 많습니다. 고물가 시대라 N잡을 준비하는 사람도 많지요. 아마, 이 책을 보고 있는 여러분들 중에도 SNS를 통해 새로운 수익을 창출하고자 하는 사람이 적지 않을 것입니다.

N잡 플랫폼은 N잡과 부업 아이템을 제공하고 부업할 사람을 모아서 사용주와 연결해 주는 곳입니다. 점차 더 세분화된 다양한 종류의 N잡 플랫폼들이 나오고 있습니다. N잡 플랫폼 종류와 대표적인 플랫폼 사용방법을 알아보겠습니다.

재능을 팔자, 재능마켓 플랫폼

한 분야에 전문적인 지식을 갖고 있다면 '재능마켓' 플랫폼을 통해 나의 전문성을 수익화할 수 있습니다. 예를 들어, 블로그를 오랫동안 운영해 온 노하우가 있다면 블로그 포스팅을 대신 써줄 수도 있고, 영상편집일을 해왔던 사람이라면 유튜브 영상을 대신 편집해줄 수도 있습니다. 사람들에게 필요한 재능을 올려놓고, 내 재능을 사줄 사람을 찾는 거죠. 대표적인 재능마켓 플랫폼은 '크몽, 숨고, 긱몬, 긱, 재능넷' 등입니다. IT 전문가라면 이력을 올려놓고 '위시켓'을 통해 프로젝트를 받아 일할 수 있습니다.

크몽(https://kmong.com/)
대표적인 재능마켓 플랫폼으로 인지도가 높은 편입니다.

숨고(https://soomgo.com/)
숨어있는 고수를 찾아서 연결합니다. 전문 업체도 많이 등재된 곳입니다.

긱몬https://gigmon.albamon.com/services/gigmon)
잡코리아가 운영하는 재능마켓 앱입니다. 앱을 내려받아 활용해야 합니다.

긱(https://www.saramingig.co.kr/products)
사람인이 오투잡을 100% 인수해 서비스하고 있습니다.

재능넷(https://www.jaenung.net/)
2012년에 설립한 3대 재능마켓 중 하나입니다.

위시켓(https://www.wishket.com/)
IT 전문가들이 프로젝트를 찾아 지원하고 수익을 올릴 수 있습니다.

배워서 남 주기 전문, 강의 플랫폼

재능마켓 플랫폼이 내 재능으로 남의 일을 해주는 것이라면, 강의 플랫폼은 내 재능을 타인에게 가르쳐 주는 일을 합니다. 보통 동영상 강의, 온라인 직강을 판매하거나 원데이 클래스처럼 오프라인으로 회원을 모아 진행하기도 하죠. 예를 들면, 아이패드로 캐릭터 그리는 방법부터 경제적 자유를 얻는 방법까지 다양한 강의를 판매합니다. 이런 강의 플랫폼으로는 '클래스101, 탈잉, 프립' 등이 있습니다.

클래스101(https://class101.net/)
다양한 동영상 클래스를 월정액으로 판매하고 있습니다.

탈잉(https://taling.me/)
튜터가 직접 가르치는 지역별 오프라인 클래스를 중심으로 판매하고 있습니다.

프립(https://www.frip.co.kr/)
취미 중심의 원데이 클래스 위주로 판매합니다.

잠깐만 일하고 싶다니깨! 초단기 선호, 구인구직 플랫폼

취업 사이트에서 직장이나 아르바이트 정보를 구하는 것처럼 단기 부업 정보도 구할 수 있습니다. 구조는 기존의 구인구직 앱들과 비슷하고, 다양한 단기 일자리 공고를 보고 지원하면 됩니다.

대표적인 플랫폼은 '긱플, 이지태스크, 더벌자, 쏜' 등이 있습니다. 플랫폼마다 일자리가 조금씩 다릅니다. '더벌자'나 '쏜'은 내 위치를 기반으로 할 수 있는 N잡 일거리를 소개하고, '이지태스크'나 '긱플'은 가입 시 선택한 희망 일거리가 등록되었을 때 이를 추천해 줍니다.

긱플(https://www.gigplanner.kr)   이지태스크(https://easytask.co.kr/)

우리 동네 선호, 심부름 플랫폼

우리 동네에서 벌레 잡기, 짐 옮기기 등 간단한 심부름만으로도 부수입을 얻을 수 있습니다. 대표적인 심부름 플랫폼은 '해주세요, 애니맨' 등입니다. 심부름 플랫폼에 헬퍼로 등록하면 내 위치 근처에서 도움이 필요한 사람의 심부름 요청을 확인할 수 있습니다. 출퇴근 시간이 유동적이거나 다른 일을 병행해야 할 때, 정기적이고, 시간이 오래 걸리는 부업을 하기 어려운 사람들에게 적당합니다. 넓게 보면 '쿠팡이츠, 배달의 민족, 요기요' 같은 배달 플랫폼도 심부름 플랫폼에 속한다고 볼 수 있습니다.

해주세요   **애니맨**   **쿠팡이츠 배달파트너**

AI야! 내 말 들리니, 데이터라벨링 플랫폼

데이터라벨링이란 AI 알고리즘 고도화를 위해 AI가 스스로 학습할 수 있는 형태로 데이터를 가공하는 작업을 말합니다. 이 작업을 하는 이들을 '데이터라벨러'라고 부릅니다. 만약, 고양이에 대한 학습이 필요하다면 이미지 내의 고양이를 선택 후 라벨을 달면 됩니다. 간단한 교육을 받으면 누구나 할 수 있는 작업이라서 부업으로 삼는 사람들이 늘고 있습니다. 대표적인 플랫폼은 '크라우드웍스, 마이크라우드, 캐시미션' 등입니다.

크라우드웍스   마이크라우드   캐시미션

강아지 산책도 부업인 세상, 반려동물 돌봄 플랫폼

이제는 강아지 산책도 부업이 되는 시대입니다. 동물을 좋아하는 사람들이라면 반려동물 돌봄 플랫폼을 이용해 보세요. 펫시터로 지원하면 강아지 산책이나 방문돌봄, 위탁돌봄 등을 통해 부수입을 올릴 수 있습니다. 소중한 반려동물에 대한 이해와 전문지식이 있어야 할 수 있는 일이라, 각 플랫폼에서 제공하는 교육 과정을 이수해야만 활동할 수 있습니다. 대표적인 플랫폼으론 '와요, 도그메이트' 등이 있습니다.

와요(https://wayopet.com/)   도그메이트(https://www.dogmate.co.kr/)

재능마켓 플랫폼 대표선수

크몽

잘 팔리는 판매자 되는 법

크몽은 재능을 판매하는 재능마켓 플랫폼 대표선수라고 할 수 있습니다. 초기 N잡 시장을 알린 곳이기도 하죠. 이제 크몽을 이용해 수익을 올리는 구체적인 방법과 자주 사용하는 몇 가지 기능을 알아보겠습니다. 재능을 판매하겠다고 용기 냈지만, 내 재능이 아무리 훌륭하고 자신 있어도 고객이 알아주지 않으면 소용없죠. 나를 알리기 위한 몇 가지 요령이 있습니다.

첫 번째, 가급적 서비스 설명과 포트폴리오를 성실하게 잘 입력해 놓으세요.

두 번째, 가장 확실한 방법은 재능을 판 이력, 즉 판매이력을 늘리는 것입니다. 초기 판매 이력을 쌓을 때는 가격을 좀 저렴하게 설정해 일감을 많이 받는 것이 좋습니다. 이후 판매 요청이 많아지면 그때 점점 가격을 올리면 됩니다.

세 번째, 성실하게 응대합니다. 일을 시키는 쪽에선 성실도가 가장 중요한 요소일 수 있습니다. 메시지가 들어오면 가능한 한 빨리 응답하세요. 공손한 태도로 자세하게 설명하고, 성실한 태도로 빠르게 응대하는 것이 최선입니다.

네 번째, 객관적으로 판단한 후 광고도 고민해 보세요. 내용도 성실하고 가격도 저렴한 편인데 판매 요청이 들어오지 않는다면, 서비스 설명 카피가 매력적이지 않거나 서비스 경쟁력이 없을 가능성이 높습니다. 주변 친구들에게 객관적으로 서비스 내용을 읽게 하고 비판을 받아보는 것도 좋습니다. 이래저래 수정했어도 판매 이력을 쌓기 힘들다면 그땐 크몽 내부 광고도 방법이 됩니다.

크몽 판매 상황 한눈에 보기 – 마이크몽

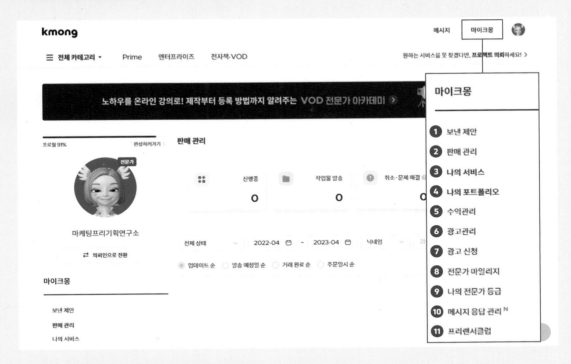

❶ **보낸 제안** 1일 5건까지 프로젝트에 제안을 보냅니다.

❷ **판매 관리** 판매 내역과 관련된 정보를 다양하게 제공합니다.

❸ **나의 서비스** 내가 승인 요청한 서비스, 진행 중인 서비스를 볼 수 있습니다.

❹ **나의 포트폴리오** 전문가 포트폴리오를 올릴 수 있습니다. 디자인, IT · 프로그래밍, 영상 · 사진 · 음향(영상 / 애니메이션 / 사진 / 성우) 포트폴리오만 지원합니다.

❺ **수익관리** 수익을 그래프로 볼 수 있습니다.

❻ **광고관리** 크몽 안에서 진행 중인 내 광고를 관리합니다.

❼ **광고 신청** 크몽 안에서 내 광고를 신청합니다.

❽ **전문가 마일리지** 서비스 판매 후 구매확정 시점 또는 이벤트 등을 통해 적립되는 마일리지입니다. 크몽 내부 광고 시 사용하면 좋습니다. 현금 환불 불가.

❾ **나의 전문가 등급** 나의 전문가 등급이 나타납니다.

❿ **메시지 응답 관리** 응답 시간을 설정합니다. '지금 상담 가능'은 의뢰인 문의에 30분 이내로 응답할 수 있다는 뜻입니다. '야간 응답 제외'를 선택하면 야간에 받는 문의 메시지는 응답 시간에서 제외합니다.

⓫ **프리랜서클럽** 프리랜서들을 위해 제공하는 무료 커뮤니티입니다. 프리랜서에게 필요한 강연 수강권, 뉴스레터 구독권, 프리랜서클럽 굿즈, 크몽 이용 할인권, 각종 제휴 · 혜택을 제공합니다.

크몽 회원가입하기

1 크몽 사이트에 들어가 '무료 회원가입' 버튼을 클릭합니다.

2 회원가입 방법을 선택합니다.

3 서비스를 선택합니다. 우리는 서비스를 의뢰하는 게 아니라 내 전문성을 판매하고 싶은 거니까 '전문가로 가입'을 클릭합니다.

4 화면 안내에 따라 관련 정보를 입력합니다. 직업, 비즈니스 분야, 관심사 선택 등을 진행한 후 모두 동의하고, '버튼만 누르면 가입완료!' 버튼을 클릭합니다.

5 본인 인증하고 약관에 동의한 후 '전문가 등록 완료' 버튼을 클릭합니다. 가입이 완료되었습니다.

6 내 프로필 작성하기

내가 어떤 사람인지를 알릴 차례입니다. '프로필 작성하기'를 클릭합니다.

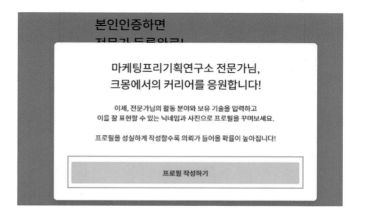

7 나에게 맞는 내용으로 프로필을 채우면 됩니다. 다 선택한 후 '프로필 저장' 버튼을 클릭합니다. 자기소개는 모두에게 노출되는 영역이므로 신경 써서 작성하세요.

8 은행 정보 입력하기 – 사업자 인증하기

완료 대화상자가 나타납니다. 이제 수익금 출금을 위한 결제 정보를 입력할 차례입니다. '전문가 정보 입력하러 가기'를 클릭하세요.

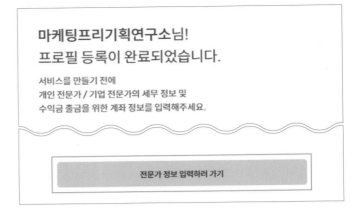

9 은행 정보를 입력합니다. 사업자등록증이 있다면 '사업자 인증하러 가기' 버튼을 클릭합니다.

10 정보와 자료를 모두 입력한 후 저장하면, '사업자 인증 요청 완료' 대화상자가 나타납니다. 승인 이후 인증 완료 안내 메일을 보내 줍니다.

11 프로필 등록/수정하기

'프로필 등록하기'를 클릭하면 내 홈 화면이 나타납니다. 훑어보고 고칠 부분이 있으면 '프로필 등록/수정' 버튼을 클릭한 후 수정하면 됩니다.

서비스 등록하기 – 내 재능 알리기

1 내 홈 화면에서 아래로 주욱 내려가면 서비스 등록 영역이 나타납니다. '+서비스 등록하기' 버튼을 클릭합니다.

2 서비스 등록 화면이 나타납니다. 내가 제공할 서비스 정보를 등록합니다. '기본정보 – 가격설정 – 서비스 설명 – 이미지 등록 – 요청사항' 순으로 입력하세요.

3 수익금 계산하기
수익금을 미리 계산해 볼 수 있습니다. 카테고리를 설정하면 나타나는 '수익금 확인하기' 버튼을 클릭합니다.

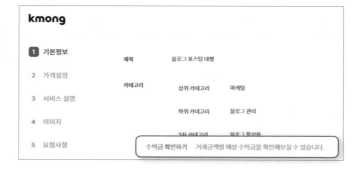

4 '수익금 계산기'가 나타나 내가 제시하는 수익금에서 세금, 크몽 수수료 등을 뺀 후 내가 실제로 받게 되는 금액이 얼마인지를 확인할 수 있습니다.

5 **서비스 기본정보 등록하기**
제목, 카테고리, 서비스 타입, 검색 키워드를 등록합니다. '저장' 버튼을 클릭한 후 '다음' 버튼을 클릭하세요. 저장하지 않으면 입력했던 자료들이 모두 사라집니다.

6 **서비스 가격 등록하기 – 패키지로 가격설정**
'패키지로 가격설정'을 선택하면 STANDARD, DELUXE, PREMIUM으로 나누어진 가격 정보를 등록할 수 있습니다. 소비자 선택지가 다양한 게 유리하니 이렇게 등록하세요. 다 되었으면 '저장' 버튼을 클릭해 저장한 후 '다음' 버튼을 클릭합니다.

7 서비스 설명 입력하기

내가 제공할 서비스 설명을 고객에게 어필할 수 있도록 매력적으로 작성합니다. 안내한 내용을 참고하여 작성하세요.

8 이미지 등록하기

메인 이미지와 상세 이미지를 등록한 후 저장하고 '다음' 버튼을 클릭합니다.

크몽 이미지 만들기

메인 이미지는 내 첫인상을 좌우하는 만큼 신경 써서 제작해야 합니다. 이미지는 픽사베이 같은 무료 이미지
사이트에서 구하고, 편집은 미리캔버스 섬네일 템플릿을 활용해서 작업하세요. 4:3 비율(최소 652×488픽셀),
jpg, png 파일로 제작하면 됩니다.

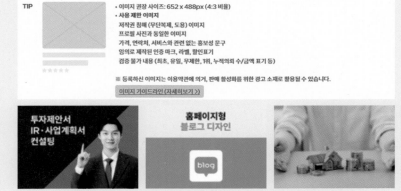

프로필 사진형 예시
– 신뢰감 있는 전문가 강조하기
– 서비스명과 사진 활용하기

서비스 로고형 예시
– 명확한 정보 전달이 목적
– 서비스명과 로고 활용하기

사진 강조형 예시
– 서비스를 한눈에 전할 사진 찾기

9 고객에게 요청하고 싶은 것이나 질문이 있으면 입력할 수 있습니다. 다 되었으면 저장한 후 '제출하기' 버튼을 클릭합니다.

10 서비스 승인 요청 안내 대화상자가 나타납니다. 전체 내용을 다시 확인하고 보충하고 싶다면 '다시 한 번 확인하기' 버튼을 클릭합니다. 괜찮으면 '이대로 심사 받기' 버튼을 클릭합니다. 등록 심사는 영업일 기준 약 7일이 걸립니다. 승인을 통과하지 못했다면 수정해서 다시 도전하면 됩니다.

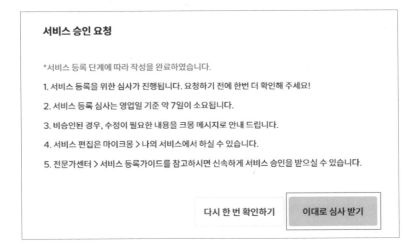

언제까지 기다려? 찾아나서는 크몽 활용법

앉아서 기다리지만 말고 좀 더 적극적으로 나서야겠다는 판단이 서면, 기존 프로젝트에 제안을 넣을 수 있습니다. 먼저 제안이 오면 두말할 것 없겠지만 전문가가 너무 많으니 쉽지 않죠. 그럴 때는 프로젝트에 내가 직접 제안해서 경력을 쌓는 것이 좋습니다. 진행 중인 프로젝트를 살펴보고, 관심 있는 프로젝트가 있다면 도전하세요. 하루 5개까지 제안을 보낼 수 있습니다.

1 '마이크몽' 화면에서 '보낸 제안' 메뉴를 클릭합니다. '제안하러 가기'를 클릭하세요.

2 '프로젝트 리스트' 화면이 나타납니다. 내가 해당하는 분야를 찾아보세요. 왼쪽 카테고리를 활용하거나 위쪽에서 검색하면 됩니다.

3 원하는 프로젝트를 클릭합니다. 모집 기간 내라면 '제안하기' 버튼이 활성화되어 있습니다. 프로젝트를 맡아서 할 수 있을 것 같으면 '제안하기' 버튼을 클릭합니다.

4 확인 대화상자가 나타납니다. '해당 프로필로 제안하기'를 클릭합니다.

5 제안할 상세 내용, 제안할 금액, 작업 기간을 입력한 후 '다음' 버튼을 클릭합니다.

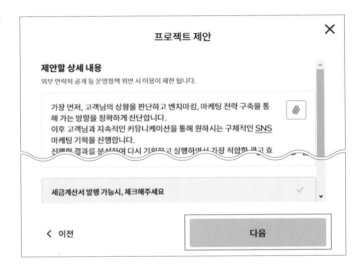

6 마이크몽 화면 '보낸 제안'에 내가 보낸 제안이 나타납니다.

7 의뢰인은 선결제!

의뢰인이 내 제안을 보고 맘에 들면 메시지로 연락이 옵니다. 주로 업무 범위나 가격 등을 협상하는데, 거래가 성사되면 의뢰인이 선결제해야 합니다. '메시지' 화면에서 '크몽 안전결제요청' 버튼을 클릭합니다.

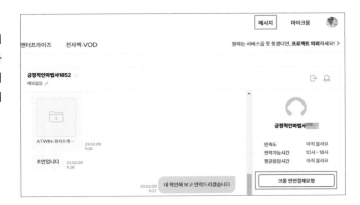

8 '안전결제요청' 대화상자가 나타납니다.

서비스 선택, 제공 서비스 내용, 작업일, 금액을 입력합니다. '안전결제 요청하기' 버튼을 클릭합니다.

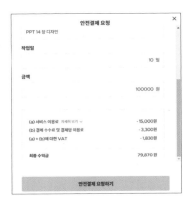

9 '메시지' 화면에 안전결제요청 내용이 나타납니다.

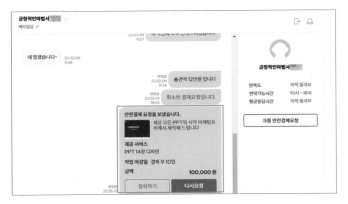

10 의뢰인 '메시지' 화면에도 같은 내용이 나타납니다.

의뢰인은 '결제하기' 버튼을 눌러 결제하면 됩니다. 크몽이 금액을 보관하고 있다가 의뢰인이 서비스나 제품을 받은 후 허락했을 때 내 계좌로 들어옵니다.

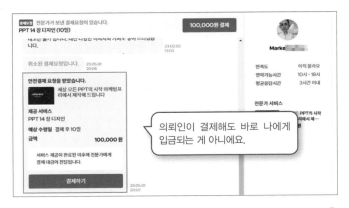

의뢰인이 결제해도 바로 나에게 입금되는 게 아니에요.

체험단 플랫폼이랑 일하기

체험단 플랫폼이 뭐죠?

N잡에도 도움이 되고 SNS 마케팅에서도 중요한 체험단 플랫폼을 소개합니다. '체험단 플랫폼'이란 상품 체험 후 콘텐츠로 만들어 내 SNS 채널에 노출하면 비용을 받도록 도와주는 플랫폼을 말합니다. 앞서 살펴본 제휴마케팅 플랫폼과 비슷하다고 생각할 수 있지만, 제휴마케팅은 주로 링크를 공유하고 해당 액션에 따라 수익을 받지요. 이에 비해 체험단 마케팅은 해당 마케팅 건에 지원하여 내 채널이 당첨되어야 체험할 수 있고, 내 콘텐츠로 만들 수 있다는 점이 다릅니다. 광고수익을 얻으면서 콘텐츠로 확보할 수 있다는 장점이 있습니다.

SNS가 중요해지자 기업들이 SNS 마케팅 전략을 펼치면서 입소문을 내주는 체험단 플랫폼이 우후죽순 격으로 많아졌습니다. 언뜻 떠올려도 레뷰, 공팔리터(0.8리터), 모아스픽, 서울오빠. 모두의 블로그(모블), 강남맛집, 체험뷰, 티블, 놀러와체험단, 리뷰플레이스, 리뷰노트 등이 있습니다. 주로 활용하는 매체는 블로그와 인스타그램입니다. 각 체험단 플랫폼마다 약간씩 성격은 다르지만, 결국 체험단을 원하는 업체에서 의뢰가 들어오면 그에 맞는 채널 주인장을 찾아 연결하는 방식입니다.

돈을 벌 창구가 많아졌으니 언뜻 좋은 것 같지만 정말 주의해야 합니다. 채널 콘셉트가 한번 무너지면 다시 세우는 게 쉽지 않으니까요. 무분별한 광고는 유저를 떠나게 하는 이유가 될 뿐입니다. 득보다 실이 훨씬 크니 부디 체험단에 신청할 때 내 카테고리, 내 채널 콘셉트와 유사한지를 먼저 고려한 후 신청하세요.

체험단 당첨 노하우

블로그 체험단에 당첨되고 싶다면 '블로그 지수'를 올리도록 노력하세요. 업체에서 원하는 것은 돈을 쓴 만큼 내 상품이 블로그에 잘 노출되는 것입니다. 이왕이면 사람들이 많이 몰려서 블로그 지수가 높은 블로그, 해당 분야에 정통한 블로그를 선호하지요.

블로그 지수 블로그 부분에서 설명했듯이 네이버의 C랭크, 다이아로직에서 원하는 블로그가 되어야 원하는 키워드로 첫 페이지에 노출되고 블로그 지수도 오릅니다. 가능하면 카테고리 하나, 즉 하나의 주제를 다루는 블로그 포스팅을 작성하고 전문성이 돋보일 수 있도록 운영하세요. 거듭 강조하지만 체험단도 해당 카테고리에 맞는 건에 신청하는 것이 좋습니다. 예를 들어, '생활서비스' 카테고리 중 '여행'을 주로 하고 소개하는 블로거라면 여행 숙박 관련 체험단에 응모하는 게 당첨률을 높이는 방법입니다.

이웃수 당연히 많을수록 유리합니다. 매일 꾸준히 서로이웃을 신청하세요. 노력으로 5천 명까지는 만들 수 있습니다. 이웃만 만들고 서로 소통이 없다면 훌륭한 블로거라고 할 수 없겠지요. 이웃과의 관계가 좋다면, 더 나아가 콘텐츠가 좋다면 내 블로그에 새로운 포스팅이 올라갈 때 공감과 댓글이 넘칠 것입니다. 관계 관리 방법은 한마디로 'Give and Take'입니다. 이웃이 포스팅을 올리면 적극 반응해 주세요. 여러분의 포스팅 반응률을 올리는 길입니다.

인스타그램 체험단도 원리는 유사합니다. 단, 인스타그램은 내가 주로 올리는 카테고리를 더 잘 지켜야 합니다.

체험단 플랫폼 종류와 특성

레뷰(https://www.revu.net/) – SNS 마케터라면 여기 추천!

체험 플랫폼 중 가장 많은 인플루언서와 최다 성공사례를 자랑합니다. 블로그 체험단, 인스타 체험단, 유튜브 체험단, 네이버 인플루언서 마케팅을 운영하고 있습니다.

> 요즘 가장 잘나가는 곳입니다. 추천할 만하니 뒤에서 자세히 설명할게요.

공팔리터(https://www.08liter.com/try) – 제품에 강한데 쇼핑도 겸업 중

사이트에 올라와 있는 최신 제품을 선택해서 체험한 후 체험후기를 올리는 구조입니다. 체험 제품을 무료로 얻는 기쁨도 있고, 체험해서 올렸을 때 최신 제품을 리뷰하는 콘텐츠의 신선함으로 유저에게 어필할 수도 있습니다. 현재 판매를 겸하는 쇼핑몰로 발전하고 있습니다.

모아스픽(https://www.moaspick.com/) – 체험단 모아보기

체험단 정보를 모아서 제공하는 곳입니다. 여기저기 체험단 플랫폼을 살펴보지 않아도 여기서 한 번에 신규 체험단 모집 정보를 알 수 있어서 편합니다.

서울오빠(https://www.seoulouba.co.kr/) – 배송+구매평 체험을 원한다면 여기!

서울오빠에선 다양한 제품, 서비스를 체험할 수 있습니다. 방문형, 배송형, 기자단, 구매평, 서비스별 체험단을 모집 운영하고 있습니다. 일반 체험형 체험단도 운영하지만, 집으로 배송되는 배송형이 많은 편입니다.

모두의 블로그(https://modublog.co.kr/) – 뷰티에 강하다!

모두의 블로그(모블)는 다양한 체험을 진행하지만 뷰티 관련 체험이 많은 편입니다. 인기 체험단, 선정 확률 높은 체험단, 마감 임박 체험단, 새로운 체험단 등으로 카테고리가 구분되어 메인에 제공되고 있습니다.

강남맛집(https://강남맛집.net/) – 맛집이라면 여기!

이름에 정체성이 있지요? 주로 맛집 체험단 정보가 많습니다. 점점 영역이 넓어져서 숙소, 배송형 제품 리뷰도 올라오고 있습니다. 카테고리가 맛집, 먹거리, 여행인 블로거라면 도전.

체험뷰(https://chvu.co.kr/) – 초보 블로거에게 추천

광고주가 월 일정액을 내면 직접 리뷰어를 검색해서 고를 수 있는 서비스를 제공하고 있습니다. 초보 블로거들이 체험단 플랫폼에 도전할 때 진입장벽이 조금 더 낮은 편입니다.

티블(https://www.tble.kr/) – 영수증 체험단

티블은 방문형, 배송형, 기자단, 구매평, 영수증 체험을 주로 제공합니다. 생소하죠? 영수증 체험단이란 선정되면 매장에 방문해서 영수증을 받아 영수증을 올리고 리뷰를 작성하는 캠페인입니다. 자세한 요구사항이 적혀 있어 지원할 때 편합니다.

놀러와체험단(https://www.cometoplay.kr/index.php) – 놀러 갈 때 필요할 건 뭐?

지역, 제품, 기자단 서비스를 제공하고 있습니다. 다양한 아이템을 접할 수 있습니다.

체험단 플랫폼 대표선수
레뷰

체험단 플랫폼 중에 가장 많은 회원수를 자랑하는 곳입니다. 책에서는 레뷰만 소개하지만 다른 플랫폼 이용방법도 비슷하니 잘 활용해 보세요. 회원가입 후 체험단 신청하는 과정을 함께 진행해 보겠습니다.

레뷰 주요 메뉴 훑어보기

❶ 오늘 오픈   오픈된 최신 캠페인들이 나타납니다.

❷ 프리미어   영향력 높은 인플루언서를 위한 메뉴입니다. 블로그는 방문자수 3,000명 이상, 인스타그램은 팔로워수 5만 명 이상, 네이버 인플루언서는 인플루언서 자격을 획득한 사람만 이용할 수 있습니다. 열심히 내 채널을 키워서 프리미어에 도전합시다!

❸ 기자단   직접 체험한 게 아니라 관련 정보를 소개합니다. 가이드라인과 사진, 동영상 자료를 이용해 리뷰를 작성하면 됩니다.

❹ 유튜브   맛집 또는 상품을 체험한 후 만든 콘텐츠를 유튜브에 올립니다.

❺ 이벤트   레뷰에서 운영하는 이벤트 목록이 나타납니다.

❻ 커뮤니티   '레뷰톡톡'이라는 이름으로 회원들이 다양한 주제로 의견과 공감을 나눕니다.

레뷰 회원가입하기

1 레뷰 사이트에 들어가 '회원가입' 버튼을
클릭합니다.

https://www.revu.net/

2 일반 계정으로 가입하는 방법과 SNS 계
정으로 가입하는 방법이 있습니다. 여기선
일반 계정으로 가입해 보겠습니다. 이메일,
닉네임, 비밀번호 등을 입력하고 약관에 동
의합니다. '회원 가입' 버튼을 클릭합니다.

3 체험하고 싶었던 제품 카테고리를 선택
합니다. '다음' 버튼을 클릭 후, 체험가능한
지역을 선택합니다. 아무래도 실제 방문이
가능한 지역을 선택하는 것이 좋습니다. '다
음' 버튼을 클릭합니다.

4 편한 미디어를 순서대로 선택한 후 '시작하기' 버튼을 클릭합니다.

5 회원가입이 완료되고 안내 화면이 나타납니다. '내 미디어 연결하기' 버튼을 클릭합니다.

6 **내 정보 등록하기**

'내 정보' 화면이 나타납니다. 체험단이 되면 물건을 받아야 하니 휴대 전화도 인증하고, 배송받을 주소도 입력합니다. 다 되었으면 '기본정보 저장' 버튼을 클릭합니다.

미디어 연결하기 - 블로그, 인스타그램, 유튜브

레뷰 체험단으로 사용할 미디어를 연결할 차례입니다. 한두 개만 연결해도 되지만, 진행 중인 캠페인에 모두 참여하고 싶다면 미디어를 모두 등록하는 것이 좋습니다.

1 내 블로그 연결하기
왼쪽 '미디어 연결' 메뉴를 클릭한 후 미디어를 하나씩 연결합니다. 먼저 '블로그 연결하기'의 '연결하기' 버튼을 클릭합니다.

2 '블로그 연결' 대화상자가 나타납니다. 블로그 주소를 입력한 후 '연결하기' 버튼을 클릭합니다.

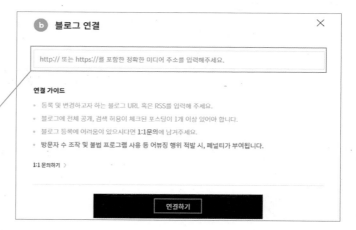

3 블로그가 연결되었습니다. 연결을 끊고 싶으면 하단의 '연결해제' 버튼을 클릭하세요.

4 내 인스타그램 연결하기

'인스타그램 연결하기'의 '연결하기' 버튼을 클릭하면 '인스타그램 연결' 대화상자가 나타납니다. 연결 가이드를 참고해 연결하세요. 크게 3단계로 진행되는데, 문제가 생기면 레뷰에서 제공하는 인스타그램 연결 화면(https://www.revu.net/help/notice/250) 설명을 보면서 찬찬히 따라해 보세요.

– 인스타그램을 프로페셔널 계정으로 설정합니다. 3부 인스타그램 부분을 참고해 설정하세요.

– 페이스북 로그인 후 인스타그램 계정과 연결합니다.

– 인스타그램과 연결된 페이스북 페이지에서 레뷰 권한을 허용하면 끝입니다.

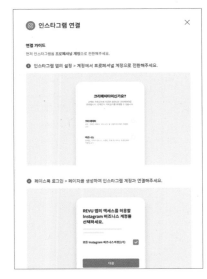

5 인스타그램이 연결되었습니다.

인스타그램 연결완료

[marketer.hyun]

2023년 05월 01일 20시 39분 연결

연결해제

6 내 유튜브 연결하기

'유튜브 연결하기'의 '연결하기' 버튼을 클릭합니다. '유튜브 연결' 대화상자가 나타나면 '연결하기' 버튼을 클릭합니다.

7 구글 계정이 나타나면 노출할 계정을 선택합니다.

8 레뷰 허용 여부를 묻는 화면이 나타납니다. '허용' 버튼을 클릭합니다.

9 드디어 모든 미디어를 연결했습니다.

10 **추가정보 입력하기**
추가정보를 입력하면 캠페인을 추천받을 수 있습니다. 화면 오른쪽 위에 있는 '추가정보'를 클릭한 후 관련 정보를 입력하세요. 미디어 정보, 주제설정, 주 활동정보, 인플루언서 활동정보, 사이즈/피부정보, 라이프 정보 등을 입력하게 됩니다.

미션 수행 OK? 그렇다면 체험단 신청하기

1 레뷰 화면에서 '오늘 오픈' 메뉴를 클릭
합니다. '오늘 오픈 캠페인' 화면이 나타나
면 원하는 캠페인을 클릭합니다. 체험단 활
동에 쓸 미디어가 따로 있다면 선택할 수
있습니다.

2 캠페인 상세화면이 나타납니다. '캠페인
정보' 탭의 '캠페인 미션' 부분을 잘 살펴보
세요. 어떤 체험자를 원하는지, 어떤 글과
이미지를 원하는지 등이 자세히 나와 있습
니다. 어떡하면 내 채널의 정체성을 해치지
않으면서 이 캠페인을 녹여 콘텐츠로 만들
수 있을지 생각하면서 봐야 합니다. 캠페인
미션 수행이 가능하다고 판단되면 '캠페인
신청하기' 버튼을 클릭합니다.

3 '캠페인 신청하기' 화면이 나타납니다.
초상권, 캠페인 유의사항 동의 부분을 확인
하고 동의에 체크합니다. 화면 오른쪽 '캠페
인 신청하기' 버튼을 클릭합니다.

4 신청 완료 화면이 나타납니다.

5 마이페이지를 클릭하면, '나의 캠페인'에 신청목록이 나타납니다. 캠페인에 선정되면 '선정된 캠페인'으로 항목이 이동합니다. 캠페인에 선정되면 미션 수행 후 '등록한 캠페인'에 정보를 등록하면 됩니다.

광고대행사랑 일하기
내 채널이 어느 정도 커졌다면 도전!

내 채널이 어느 정도 커졌다면 제휴업체나 N잡 플랫폼을 통해 수수료를 챙기는 게 아니라 광고대행사에 내 채널을 소개하고 직접 일감을 받을 수도 있습니다. '광고대행사'란 광고주 대신 광고를 집행하는 곳입니다. 우리는 이 광고대행사를 통해 광고를 수주받아 수수료를 받는 거죠. 어떻게 하는 건지 자세히 알아보겠습니다.

광고대행사가 뭐죠? 왜 필요하죠?

광고대행사란 광고주 의뢰를 받아 광고를 제작하고 매체를 선정하고 실행하는 업체입니다. 전체 광고전략부터 TV CF까지 종합적으로 모든 것을 대행하는 종합 광고대행사와 전문적인 분야를 정하고 운영하는 전문 광고대행사로 나눌 수 있습니다. 온라인 광고나 SNS 광고, 마케팅을 전문으로 하는 곳들이 있는데, 우리 목표가 바로 이런 전문 광고대행사입니다.

앞에서 실컷 제휴업체, N잡 플랫폼, 체험단 플랫폼을 알아보고 갑자기 광고대행사를 찾아보라고 하는 이유가 뭘까요? SNS 마케팅이 업이 되면 수익이 고민일 수밖에 없기 때문입니다. 내 채널을 크게 키워 제휴플랫폼으로 수익을 만들 수는 있지만 부족하거나 고정적이진 않으니까요. 수익 다각화를 위해 광고대행사를 활용할 필요가 있습니다.

적극적으로는 직접 광고주를 물색한 후 광고를 제안해서 기업의 SNS 채널 운영권을 따낼 수도 있습니다. 하지만 다양한 경험과 전문적인 기술이 필요한 일이죠. 이 책을 보는 현재로서는 그 중간 과정인 광고대행사까지가 적합합니다. 광고대행사는 고정적으로 믿고 노출할 만한 채널을 확보해서 좋고, SNS마케터는 일감을 더 받을 수 있어서 좋습니다.

대부분의 SNS 마케팅 전문 광고대행사는 믿음직한 SNS 채널들, 즉 고정적인 거래처를 정리해 관리합니다. 광고대행사가 원하는 수준에 도달한 채널이 되었다면 충분히 어필해서 고정 거래처에 들어갈 수 있습니다.

광고대행사는 어떻게 찾나요?

내 채널을 소개할 광고대행사를 어떻게 찾는지 알아보겠습니다. 네이버나 다음 포털에 가서 'SNS광고대행사'라고 검색하면 위쪽에 꽤 많은 광고가 보이죠? 네이버 파워링크나 다음 프리미엄 링크에 광고할 정도의 대행사라면 어느 정도 자본력이 있다고 볼 수 있는 업체입니다.

네이버 파워링크

다음 프리미엄링크

아래쪽으로 쭉 내려가면 카페나 블로그에 노출하고 있는 업체도 있고, 네이버 비즈사이트 광고, 다음의 와이드링크에 노출하고 있는 업체들도 있습니다. 이 업체들을 자세히 살펴보고 선택하면 됩니다.

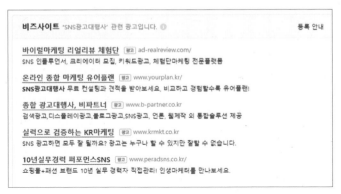

네이버 비즈사이트

다음 와이드링크

광고대행사와 일하는 순서

업체에 내 채널을 소개하는 대략적인 순서는 이렇습니다.

Step 1 광고대행사를 검색한 후 업체정보를 수집합니다. 업체들을 한 곳씩 클릭해서 하단에 나와 있는 업체 정보를 엑셀에 하나씩 입력합니다.

Step 2 내 채널을 소개하는 채널소개서를 만듭니다.

Step 3 채널소개서를 각 대행사 이메일로 보냅니다.

Step 4 광고대행사에 전화해서 채널소개서를 받았는지 확인하고, 홍보 업무를 줄 수 있는지 문의합니다.

Step 5 광고대행사에 연락한 내용과 상황을 엑셀에 기록합니다. 추후 업무진행에 참고하기 위해 자세히 적어두는 것이 좋습니다.

Step 6 업무를 주기로 한 업체와 계약을 맺습니다. 계약을 맺지 않고 일을 맡아야 할 경우라면 반드시 이메일로 기록을 남기는 것이 좋습니다.

업체정보 수집해 엑셀 표 만들기

엑셀을 실행한 후 다음과 같이 정리하세요. 대행사 이름, 주소, 연락처, 팩스번호, 메신저 ID, 이메일주소, 주요채널, 담당자명, 비고 항목을 만듭니다. 이 항목에 맞게 업체 정보를 입력하면 됩니다. 네이버 상단 파워링크에 광고하고 있는 업체를 클릭합니다. 업체 홈페이지 아래쪽을 보면 우리가 원하는 기본정보들이 있습니다. 이런 방식으로 각 업체에 대한 정보를 수집합니다.

대행사 이름	주소	연락처	팩스번호	메신저 ID	이메일주소	주요채널	담당자명	비고

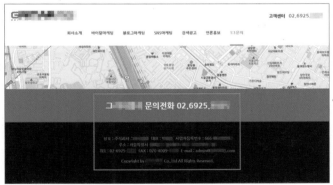

내 채널을 알리는 가장 좋은 방법

채널 소개서.pdf

파워포인트 템플릿, 사진 자료 모으기

광고대행사 정보를 다 모았다면 이젠 내 채널 소개 자료를 만들어야 합니다. 광고대행사도 사람이 하는 일이고, 사람 사이에 믿고 해야 하는 업무이기 때문에 기본적인 자기소개는 필수입니다.

파워포인트 템플릿　키노트 등 다른 툴을 사용해도 됩니다. 하지만 최종적으로 PDF 파일로 변환해서 보내야 하니 파워포인트를 추천합니다. 디자인에 자신 없다면 파워포인트 상단에 있는 '새로 만들기' 메뉴를 클릭한 후 디자인 템플릿을 적용하세요.

포털 사이트 템플릿　구글이나 네이버, 다음 등의 포털에서 '파워포인트 템플릿'으로 검색해 맘에 드는 템플릿을 내려받을 수도 있습니다.

미리캔버스 템플릿　또는 앞서 배운 미리캔버스 '프레젠테이션' 템플릿을 활용하는 것도 좋은 방법입니다.

픽사베이 이미지 이 소개서를 볼 사람이 광고대행사니까 내 채널 주제가 무엇보다 잘 보여야겠죠. 이왕이면 내 채널 특성이 드러나는 좋은 품질의 사진을 구하세요. 예를 들어, 음식점 방문을 주로 하고 블로그에 음식점을 소개하고 있는 마케터라면 음식 사진을, 반려견이나 반려묘를 주제로 하는 마케터라면 이쁜 강아지나 고양이 사진을 준비합니다. 직접 잘 찍은 사진이 없다면 무료 이미지 공유 사이트인 픽사베이(https://pixabay.com/ko/) 등을 활용해 마음에 드는 사진을 내려받으세요.

딱 6쪽, 광고주 지갑을 통째로 가져오는 채널 소개서 만들기

이제 본격적으로 만들어볼까요? 채널을 소개하는 것이기 때문에 자기소개서라고 생각하고 작성하면 됩니다. 꼭 들어가야 할 내용은 채널 소개, 채널 통계수치, 채널정보(채널 URL, 메인이미지, 서브이미지), 제작자 이력, 연락처 등입니다.

1 첫 번째 페이지 – 표지

미리 구해두었던 내 채널 특성을 보여주는 사진을 이용해 배경을 만들고, 채널 이름, 작성자 이름, 연락처를 입력합니다. 배경 이미지를 넣을 때는 너무 다양한 색상이 있는 것보다는 차분하고 단순한 색상의 사진이 더 좋습니다.

2 두 번째 페이지 – 채널 소개

채널 소개 부분은 내 채널의 성격과 성과를 알리는 곳입니다. 채널을 만들게 된 배경, 몇 개월 운영해서 어느 정도의 인기를 얻었다, 이웃이 몇 명이고 팔로워가 몇 명이다 등 흥미를 보일 만한 요소를 적습니다. 이 채널을 소개하는 목적도 적으세요.

그다음 내 채널 URL과 메인 이미지, 서브 이미지 등을 넣습니다. 바로 클릭해서 내 채널을 볼 수 있도록 링크를 제공하는 것입니다. 이때 가장 인기 있는 콘텐츠를 소개하거나 장점을 말할 수도 있습니다.

3 세 번째 페이지 – 통계 수치

그다음으로 중요한 것이 내 채널의 통계 수치입니다. 어느 정도의 수치가 증명되어야 광고매체로서 힘을 발휘할 수 있으니 그 부분에 신뢰를 줘야 합니다. 수치는 통계 부분을 캡처해서 삽입하면 됩니다.

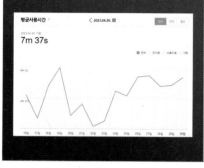

4 네 번째 페이지– 제공 서비스

내 채널이 제공할 수 있는 서비스를 정리해서 알려주세요. 광고대행사가 내 채널을 어떤 식으로 활용할 수 있을지를 알려주는 것입니다.

5 다섯 번째 페이지 – 제작자 이력

너무 이력서 같을 필요는 없지만 어필할 수 있는 부분을 중심으로 적으면 좋습니다. 웬만하면 제작자 사진도 같이 넣으세요. 사진은 신뢰를 주기에 좋은 방법입니다. 채널 소개서 목적이 광고담당자가 내 채널에 관심을 보이도록 유도하고, 신뢰감을 전하기 위해서니까 사실을 기본으로 분명하게 전달하는 것이 좋습니다.

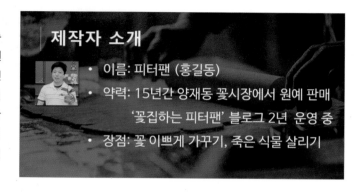

6 마지막 페이지 – 인사, 요청내용

마지막에는 읽어줘서 감사하다는 인사말과
요청할 내용, 연락처를 적습니다.

7 채널 소개서를 PDF 파일로 변환하기

파일을 보낼 때는 파워포인트 PPT 파일보
다는 PDF 파일로 보내는 것이 좋습니다.
용량도 줄이고, 내 자료가 함부로 도용되는
것도 막을 수 있으니까요. 파워포인트 프로
그램에서 '파일' 메뉴의 '다른 이름으로 저
장'을 클릭합니다. '파일 형식'에서 'PDF'를
선택한 후 '저장' 버튼을 클릭하면 됩니다.

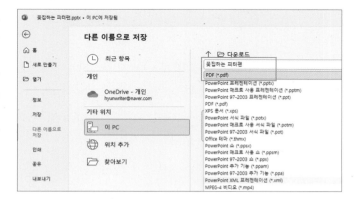

광고대행사와 소통하기
메일, 전화, 계약, 보수문제

채널 소개서가 준비되었다면, 이제 직접 대행사에 연락해 봐야죠. 광고대행사는 광고주의 광고를 효과적으로 대행하기 위해서 항상 광고 효과가 좋은 채널이나 인플루언서가 누구인지를 찾고 있습니다. 광고대행사에 내 채널이 효과적이고 좋은 파트너가 될 수 있다는 의지를 보이세요.

1. 메일 보내기

앞서 엑셀로 작성했던 대행사의 메일주소로 메일을 보내세요. 여기저기 한 번에 단체 메일로 보내지 말고 예의를 갖춰 업체마다 따로 보내야 합니다. 이 메일을 보내는 이유, 연락처와 내 메인 매체의 링크도 함께 적으면 좋습니다. 다른 곳에서 일했던 경험이나 홍보했던 업체가 있었다면 그 링크도 자세하게 정리해서 보내주면 대행사에서 관심을 가질 확률이 올라갑니다.

> (메일 내용 샘플)
> 안녕하세요? OOO사 담당자님.
> 저는 인플루언서 정현주입니다.
> 인플루언서 마케팅 업무를 받아 일해보고 싶어서 이렇게 연락드리게 되었습니다.
> 제가 운영 중인 '꽃집하는 피터팬' 블로그는
> 일일 조회수 5,000회 이상, 일일 순 방문자수 2,500명이 넘습니다.
> 주로 올리는 글은 원예, 꽃, 자연, 여행, 건강 쪽이며,
> 최대 조회수 1만 회를 달성한 콘텐츠도 있습니다.
> 귀사와 함께 인플루언서 마케팅을 하고 수익을 배분받고 싶습니다.
> 특히, 원예, 여행, 건강과 관련된 상품 리뷰나 광고정보를 실어드릴 수 있습니다.
> SNS 광고 채널을 구성할 때, '꽃집하는 피터팬' 블로그를 기억해 주세요.
> 채널소개서 검토 부탁드립니다. 연락해주시면 감사하겠습니다.
>
> 정현주 연락처 010-0000-0000
> 꽃집하는 피터팬 블로그 링크: https://blog.naver.com/OOOOO

2. 예의 갖춰 확인 전화하기

메일을 보냈는데도 연락이 없다면 전화해 보세요. 메일이 담당자에게 전달되었는지 확인차 전화한다는 마음가짐으로 전화하면 됩니다.

"저는 얼마 전에 메일을 보냈던 정현주라고 합니다. 인플루언서 마케팅에 참여하고 싶어서 채널소개서를 보냈는데, 제 자료가 담당자에게 잘 전달되었는지 궁금합니다."

또는 "함께 일할 인플루언서를 모집하나요? 아니면 모집하는 부서에 연결해 주실 수 있을까요?"라는 말로 문의 전화를 합니다. 대행사들은 대부분 광고주를 상대하기 때문에 험악하게 전화를 받거나 예의 없게 전화를 끊지 않으니 너무 겁먹지 않아도 됩니다. 편안한 마음으로 물어보면 대부분 친절한 답변을 들을 수 있습니다. 어쩌면 이것이 기회가 되어 대행사에 직접 취업해서 일하는 경험을 쌓을 수도 있고, 대행사별로 필요한 시점에 연락을 취해 홍보를 맡길 수도 있습니다. 가만히 있지 말고 적극적으로 도전해 보세요.

3. 계약하기

광고대행사에서 일을 주기로 했다면 계약하게 됩니다. 처음부터 용역 계약 후 진행할 수도 있지만, 어떤 업체는 계약 없이 필요한 때 업무를 주고 진행 후에 입금하기도 합니다. 업계 기본은 선입금, 후처리입니다. 광고 후 바로 모든 일이 끝나 버리는 온라인 특성 때문입니다. 하지만 SNS 채널은 입금 후 광고를 바로 지워버리면 안되기 때문에 일정 시간이 지나고 결과를 검토한 후 입금하는 업체도 있습니다.

광고대행사는 대부분 자체 계약서가 있습니다. 가끔 마케터에게 불리한 조항이 있으니 내용을 꼼꼼히 살펴보세요. 계약서 없이 이메일로 처리한다면 이메일을 꼭 따로 보관하세요. 혹시 모를 사태에 증거자료로 확보하는 것이 좋습니다. 표준 계약서가 필요하면 한국디지털광고협회에서 받을 수 있습니다. 사이트에 들어가 '계약서'로 검색하면 유형별 표준 계약서가 있는데, 그중 '표준계약서-대행사_매체'의 계약서를 살펴보면 좋습니다.

한국디지털광고협회(http://kodaa.or.kr/)

4. 보수 문제 – 보통 1명당 1원~100원 사이, 원고료 5~20만 원 사이

보수는 많이 받을수록 좋겠지만 상황에 따라 다른 것이 현실입니다. 팔로워를 기반으로 계산할 것이냐, 아니면 그냥 건당 얼마로 계산할 것이냐에 따라 달라집니다. 블로그에서는 포스팅 후 키워드별 상위 노출되었을 때만 돈을 받는 일도 있습니다. 매체별, 조건별, 키워드별, 광고주별로 보수체계가 모두 다르니 참고하세요.

이 부분에 대해선 광고 전에 미리 협의를 끝내는 것이 좋습니다. 예를 들어, 이번 건은 팔로워수나 순방문자수를 기반으로 1명당 얼마로 계산한다든지, 아니면 원고료 개념으로 1건 올릴 때 얼마로 받는다고 미리 정해야 합니다. 팔로워수나 방문자수, 진짜 콘텐츠를 본 사람 수(도달률)로 받을 땐 보통 1명당 1~100원 사이로 책정되며, 원고료로 하면 5~20만 원으로 책정됩니다. '강남음식점' 같은 비싼 키워드가 상위노출에 성공하면 많게는 100만 원까지 책정하기도 합니다. 업체마다 다르지만 원칙은 선입금 후결과입니다. 광고대행사들도 선입금을 받고 움직이니 당당히 요구하세요. 매체력을 키울수록 광고를 받거나 진행했을 때 효과가 커집니다. 이래저래 내 매체를 키우는 게 가장 중요합니다.